KB073619

인생, 계획대로 되지 않아

인생, 계획대로 되지 않아

중년을 위한 인생 지도

안트예 가르디얀 지음
김희상 옮김

청미

레비를 위하여

차 례

제 3 장

이젠 관계의 규칙을 새로 쓸 때

제 4 장

새로운 출발점에 선 이들을 위한 이정표

"그 반대의 것을 가지지 않은 진리란 없다."

_ 마르틴 발저Martin Walser*

* 독일 작가로 1927년에 태어났다. 영웅적 관점을 거부하고 소시민의 내면적 갈등을 충실하게 그려내 명성을 얻었다.

서문

이 책은 중년 이후의 삶을 다룬 일종의 메모장이며 항해일지이자 이 시기를 운항하게 해주는 내비게이션이다. 소파든 지하철이든 침대든 항상 지니고 다니면서 메모를 달아보고 기록해보고 그림으로 그려보자. 요컨대 이 책에서 하는 이야기를 귀담아듣고 당신의 책으로 만들어라.

나는 진리를 이야기한다든지, 찾아내거나 심지어 지어낸다든지 하려는 게 아니다. 단 하나의 진리란 어차피 존재하지 않는다. 이상적인 레시피를 담아 단계적으로 지시를 따르기만 하면 되는 요리책을 쓰려는 것은 더더구나 아니다. 나는 누구에게도 이렇게 저렇게 하면 된다고 말하고 싶지 않다. 어떻게 하면 된다는 만능 해결법은 나도 결코 알지 못한다.

물론 직업상 10년 이상 나는 변화 상황에 처한 사람과 조직을 만나고 함께 일했다. 말이 그럴듯해 변화 상황이지, 당사자에게는 혹독한 시련, 특히 개인적인 생활을 송두리째 뒤흔드는 끔찍한 위기 상황이다. 내게 의견을 구했던 사람들은 대개 직업상의 질문을 가지고 찾아왔다. 그러나 중년에 맞닥뜨리는 직업상의 질문은 인간으로서의 가치관, 희망, 인생 계획 등 사적인 영역에 깊게 관여한다. 10년이 넘게 나는 수많은 질문을 귀담아들으며 주의 깊게 관찰하고 그 배경을 알아내려 노력했다. 그리고 대화를 통해 미래를 성공적으로 꾸려갈 행동 방안을 함께 모색했다.

그러면서 나 또한 나 자신의 중년을, 그동안 수없이 곱씹어온 단절과 상실을 돌이켜봤다. 어머니는 알츠하이머로, 아버지는 췌장암으로 돌아가셨다. 아버지가 돌아가시기 6주 전 나는 건강하고 사랑스러운 아들을 출산했다. 꿈의 남자였던 남편과는 이혼했으며 앞으로 살 집을 한 채 지었다. 나는 조직 관련 상담가이자 비즈니스 코치인 동시에 싱글 맘이다. 중년이 되어 모든 것이 말도 안 되게 꼬이고 삶의 밑바탕이 사정없이 흔들려 어디로 가야 좋을지 몰라 전전긍긍하는 게 어떤 것인지 조금은 안다고 말할 수 있다.

그동안 나는 분명하게 깨달았다. 사람들과 내가 겪은 이 모든 사례들은 무엇인가 더 큰 것을 위한 기회라는 점을! 인생의 한복판에 놓인 중년은 예기치 못한 새 출발의 기회라는 사실을! 그래서 나는 몇 년 전부터 그 모든 사례를 다른 관점에서 바라보기 시작했다. 사건들의 흐름 가운데 어떤 본보기라는 것이 있을까? 우리를 함께 묶어주는 것은 무엇일까? 중년에는 대체 무슨 일이 일어날까? 숱한 물음표와 걱정과 새로운 갈망과 희망과 소망은 어디에서 올까? 우리가 행복하고 충만한 삶을 살기 원하는 인생 단계에서 왜 이런 난장판이 벌어지는 걸까? 나는 그 이유를 명확히 깨달았다. 이 책은 그 깨달음을 이야기하고자 한다. 내가 중년의 성배를 찾았다는 주장이 아니다. 흔히들 입 밖에 써내지 않으려 하는 중년의 혼란을 나는 근본부터 철저히 연구하고 고민하며 분류해서 마침내 좀 더 파악하기 쉽게 만들었다.

누구에게나 맞춤한 해결책을 내가 제시할 수는 없는 노릇이다. 하지만 분명히 말할 수 있는 건 나 자신과 내가 만났던 사람들로부터 얻은 깨달음을, 어떤 것이 올바른 질문인지를, 그래서 함께 혼란을 헤쳐나갈 좋은 제안을 해주고 싶다는 것이다.

이 책이 당신이 틀에 박힌 사고방식을 깨고 나올 수 있게 도와주길 기대한다. 그래서 지금 당신이 누구인지, 앞으로 무엇이 되려는지 목표를 놓치지 않는 법을 배우길 바란다.

중년은 한동안 열려 있는 시간의 창이다. 이 창은 지금까지의 인생을 돌아보도록, 이로부터 깨달음을 얻을 수 있도록, 그래서 우리 앞에 놓인 미래를 바라볼 신선한 전망을 얻도록 초대한다. 이 미래는 바로 우리 자신이 꾸며주기를 기다리고 있다.

원래대로라면 우리는 어른이었어야 한다. 이미 우리는 원했던 곳에 도착했어야 한다. 멋진 직업, 아름다운 주택, 사랑이 넘치는 가족, 환상적인 휴가 여행을 우리는 남김없이 누려야 마땅하다. 원래 중년은 그동안 그려온 꿈의 목적지여야 하니까. 오랜 세월을 힘들게 일해 마침내 꿈을 이룬 장소여야 하니까. 열심히 일하면 중년에는 꿈을 이룰 수 있다는 말은 인생의 약속이 아니었던가?

언제부터인가 우리는 깨닫는다. 도착하기는 했는데 꿈이 현실보다 너무 크고 아름다웠다는 사실을 말이다. 명확히 말해 그런 약속은 일종의 과대 포장이다. 좋고 만족스러운 점이 없지는 않겠지만 많은 사람들에게 중년은 온갖 상처와 변화로 얼룩지기 일쑤다. 오랜 세월 동안 동고동락했던 배우자와의 이별, 갑작스러운 경력상의 변화, 간절히 원했음에도 가지지 못한 아이, 생각조차 해본 적이 없는 병에 걸리거나 가족의 간병 또는 부모의 죽음으로 지난 삶은 조각조각 깨져버린다. 자의든 타의든 우리는 새 길을 찾아나서야 한다. 중년은 기분 좋은 산책이 아니라 굴곡진 비탈길을 내려가야만 하는 모굴스키다.

물론 모든 것이 원하는 대로 풀리던 좋은 시절이 없진 않았다. 그러나 속으로 참고 이겨내야만 하는 일들이 거듭되면서 이제는 좋을 수만은 없다는 점이 분명해진다. 잘 되겠지 하다가도 불안이 엄습한다. 그것도 매일.

크고 작은, 내적이고 외적인, 원했든 아니든 상관없이 일어나는 갑작스럽거나 완만한 변화의 한복판에서 최소한 한 가지만큼은 분명해진다. 우리가 어린 시절에 그리고 젊었을 때 받아들였던 많은 모범과 믿음, 그래서 우리 머릿속에 확실하게 뿌리 내렸던 가치관은 이제 더는 맞지 않다. 아니, 전혀 맞은 적이 없다는 게 더 정확한 말이다. 그리고 우리의 내면에는 의문과 문제의 끝없는 풍경이 펼쳐진다. 모두 전혀 알지 못하며 어렵기만 한 의문과 문제다. 말 그대로 미지의 땅이다. 그리고 이런 질문은 오로지 우리 자신의 몫이다. 하나같이 답을 간단히 찾을 수 없는 중대한 질문이다.

- 왜 하필 내게 이런 일이 일어날까?
- 좋아서 간직하고 싶은 것은 무엇인가?

- 나는 무엇과 작별해야 하는가?
- 오늘날의 나를 만든 것은 무엇인가?
- 나는 어디로 가기 원하는가? 가족, 배우자와 함께 가길 원하는가?
- 무엇이 중요한가? 나는 누구를 믿을 수 있는가?
- 어떻게 해야 나는 지금의 나를 깨끗이 받아들일까?

우리가 이런 질문들을 전혀 새롭게, 또 대개 그렇듯 처음인 것처럼 고민해야 한다는 사실은 놀랍고 아프며 신경이 곤두서는 일이다. 혼란스럽고 실제 자신의 모습보다 더 초라하고 한심해 보여 견딜 수가 없다. 그러나 우리는 이런 질문으로 마침내 깨어나는, 이를테면 각성한다는 느낌도 받는다. 그런 다음 현재 자신의 모습이 그저 덧없는 것임을 확인한다. 현재 상태로 머무를 사람은 아무도 없다.

물론 위기는 그럭저럭 넘길 수 있다. 이혼 서류에 서명하고 죽은 어머니를 묻으며, 다시 동종 업계에서 비슷한 일자리를 얻고 평범한 일상으로 우리는 아무렇지도 않게 돌아간다. 그러나 그걸로 충분하지 않은 때는 언제나 불현듯 찾아온다. 몇 주 또는 몇 달이 지난 뒤 이별은 너무나 아프기만 하고, 슬픔은 좀체 삭여지지 않으며, 새로운 직장은 찾아지지 않거나 얼마 지나지 않아 다시금 지루해진다. 누구도 자신을 알아주지 않아 비참하다는 느낌을 지우기 힘들다.

그럼에도 이 모든 것을 열린 자세로 이야기하는 일이 드물다는 사실이 놀랍기만 하다. 저마다 한사코 입을 다물고 어떻게든 홀로 이겨내려 안간힘을 쓸 뿐이다. 나는 상담을 하면서 이런 경우를 자주 경험한다. 상담하는 과정에서 사람들은 처음으로 자신의 속내를 내비친다. 그리고 이런 속내를 털어놓는 것을 불편하게만 여긴다. "나처럼 힘든 사람이 또 있을까요?" 이 말은 거의 모든 사람이 빠짐없이 하는 말이다. 그들이 본래 하고 싶은 말은 아무래도 이런 게 아닐까. "나는 좋은 것을 많이 이루고 해냈어. 그런데도 왜 이 모양이지."

회의감, 어찌하면 좋을지 모르겠는 무력감, 이렇게 살아도 좋은지 하는 의문을 사람들은 한사코 자신의 속에만 담아둔다. 하긴 직장을 때려치우면 좋겠다는 말을 배우자에게 누가 할 수 있을까? 그랬다간 아내는 어떻게 먹고살라고 그러냐며 꼭지가 돌아버릴 게 분명하다! 늙어 병든 부모와 사별하는 것은 아닐까 하는 근심을 친구에게 털어놓는다? 그런 이야기를 듣고 싶어 할 친구가 있기는 할까. 물론 친구는 부모가 어떻게 지내냐며 물어보기는 하겠지만 간병 단계가 어느 정도인지, 대소변의 실금 증세가 어떤지에 관심을 가질 리 없다. 얼마 전만 해도 건강했던 부모가 갑자기 몸져누운 데 대한 심란함을 누가 함께 나누려고 할까.

예나 지금이나 중년은 마땅히 이래야 한다는 식으로 이뤄지는 사회적 담론에서 우리는 왜 자신의 인생은 그런 표준이 되지 못하는지 할 말을 잃을 뿐이다. 이런 주먹구구식의 고정관념을 떨

처버리지 않는 한, 질문의 답을 찾기는 더더욱 어려워지고 고립감과 외로움에 시달리게 된다.

이 책은 새롭게 출발하자는 격려다. 중년을 위기로 여기거나 체념하지 말고 기회로 삼자. 이 책은 변화를 적극적으로 받아들이고 이후의 삶을 더 나은 모습으로 꾸며갈 기회를 제시한다. 이런 기회를 보여주고자 나는 중년을 맞이해 인생의 중심에 선 우리의 내면에 자리 잡은 깊은 갈망, 그러나 이런 갈망을 해결할 적절한 답을 찾지 못해 우리의 발길을 허청거리게 만드는 갈망에 무엇이 있는지 집중적으로 조명하고자 한다. 이런 갈망을 실현하기란 힘들다. 철저한 변화가 요구되기 때문이다. 간절하면 간절할수록.

이 책에는 그동안 내가 변화 관리 코치로 활동하며 접한 수많은 사례뿐 아니라 이제 우리가 정면으로 마주해야 하는 질문들을 담고자 했다. 말하자면 이 책은 아직 누구의 발길도 닿지 않은 새로운 땅을 헤쳐나갈 수 있도록, 이제 막 발을 떼려는 중년들을 위해 만든 지도다.

이 책의 목표는 새로운 사고방식으로 중년을 바라보는 새로운 태도를 일궈내자는 것이다. 더는 새롭게 느껴질 게 없어 보이는 이 시기에 어떤 새로운 기회가 숨어 있는지 보여주고자 한다. 이 기회를 인정하고 받아들이도록 당신에게 힘을 북돋워주고 싶다. 내면에 새로운 길을 개척하며 적극적으로 인생을 꾸려가길 간절히 바란다.

비유하자면 중년은 15년 이상 살아온 집을 개축하는 것이다. 난방 시설을 손보고 필요한 부분은 새것으로 교체해줘야 한다. 공간을 새롭게 정리하고 각 공간은 새로운 쓰임새를 얻어야 한다. 원하는 새로운 환경을 위해서는 벽을 허무는 일도 필요하리라. 벽은 기둥 역할을 하기에 허물기가 불가능해 보인다. 그러나 간절히 원한다면 철골 구조물로 대체해 떠받들어주는 과감함이 있어야 한다. 이런 개축은 당연히 인생 전반을 아우르는 포괄적인 것이어야 한다. 중년의 새로운 출발이 완전히 새집으로 이사가는 것인 경우는 드물다. 그래서 나는 기존의 집을 손보는 일에 초점을 맞췄다. 우리는 건축가이자 설계자이며 인테리어 전문가, 현장 소장이다. 이 모든 것을 스스로 감당해야 한다.

이런 개축이 언제 어떤 규모로 일어나야 하는지는 대단히 개인적인 문제다. 중년은 거칠게 말해서 30대 말에서 50대 초반이다. 물론 이런 규정은 개인이 살아온 인생 여정에 따라 달라진다.

- 교육과정은 몇 살에 마쳤는가? 사회 초년생일 때는 몇 살이었는가? 10~15년 정도 직업 활동을 했다면 당신의 나이는 어떻게 되는가?
- 몇 살에 결혼했으며 첫아이는 언제 얻었는가?
- 부모의 연령대와 건강 정도는 어떤가?
- 자녀는 몇 살인가? 아직 초등학교를 다닐 정도로 어린가, 아니면 거의 다 자랐거나 독립했는가?

이런 질문의 답에 따라 중년의 시작이 정해진다. 그리고 우리가 직면해야만 하는 주제의 성격도 달라진다. 예를 들어 아이를 늦게 가진 경우 자녀를 독립시킨 이후의 생활이라는 문제는 성격이 달라질 수밖에 없다. 20대 초반이나 그보다 더 일찍 생업 현장에 나선 사람은 아마도 이미 35세에 같은 일을 계속해야 할지 같은 질문과 씨름했으리라. 20대 말에야 학업을 마치고 직업을 가진 사람에게 이런 질문은 훨씬 더 나중에 찾아온다. 아직 건강하고 젊은 부모를 가진 사람은 노환에 시달리는 부모를 가진 사람과는 다른 중년을 겪는다.

내 어머니는 너무 일찍 병환과 씨름해야 했다. 당시 어머니는 60세였고 나는 30세였다. 어머니는 9년 동안 병을 앓고 병수발을 받은 끝에 돌아가셨다. 39세는 인생 단계로 볼 때 어머니를 잃기에는 비교적 이른 시점이다. 당연히 나는 부모님을 상실한 중년이라는 문제와 일찌감치 직면할 수밖에 없었다.

오늘날의 중년이 1970년대 '중년의 위기'와 다른 이유

1970년대에 주로 회자된 중년의 위기는 남자의 위기 또는 남성성의 위기로 받아들여졌다. 전형적인 증상은 포르쉐를 구입하고 젊은 여자를 옆자리에 태우는 것이었다. 이는 인간이 자신의 늙어감을 바라보는 태도에 그 원인이 있다. 돌연 외모에 신경 쓰고

재력을 과시하며 젊은 애인을 자랑하는 태도는 상실한 젊음을 보상받으려는 행동이다. 말하자면 어떤 대가를 치러서라도 젊음을 유지했으면 하는 집착이 중년의 위기였다. 일차원적인 단순한 분석이지만 이런 것이 1970년대의 중년이 몸살을 앓은 위기였다.

유감스럽게도 중년의 위기를 둘러싼 여론의 논의는 이후 이와 같은 진부한 틀을 벗어나지 못했다. 우리가 나이를 먹고 여전히 이런 진부한 틀, 곧 신분과 신체의 매력 따위로 평가를 받는다면 이보다 더 한심한 일이 또 있을까. 나이를 먹어가며 풍부해지는 경험으로 우리가 누릴 풍요로움, 이를테면 가족, 친구, 인맥, 여유 등을 가려볼 안목을 키우지 못한다면 우리네 인생은 한숨만 나오는 궁색함에 지나지 않는다. 오로지 주름살과 빠지는 머리카락, 나빠지는 관절에 한탄만 늘어놓는다면 아마도 모두가 늙어가는 것을 마땅치 않게 바라볼 것이다. 중년을 주제로 나누는 이런 논의는 너무 빈한할 뿐만 아니라 많은 것을 도외시한다는 점에서 우리에게 전혀 도움이 되지 못한다.

사실 중년의 위기라는 낡은 발상은 추하기 그지없는 것이라 누구도 그 이야기를 하지 않으려 한다. 따라서 인생 중심의 변화를 긍정적으로 나타낼 개념, 그래서 누구나 쌍수를 들어 환영할 만한 개념이 우리 모두에게 절실하게 필요하다. 지금껏 중년, 곧 인생의 중심은 충분히 정의되지 않았을 뿐만 아니라 다른 시기와는 차이가 있는 것으로 따로 논의된 바도 거의 없기 때문이다. 참으로 불공평한 일이다. 중년을 논의하면서 보다 더 건실한 인생을 위한 개인적인 해결책과 행동 방안을 모색하는 일은 갈수록 더 중요해질 것이다.

오늘날 이 주제는 1970년대보다 훨씬 더 절박하다. 현재 인구 변동의 추세는 아주 뚜렷한 변화, 예를 들면 오늘날의 사람들이 예전보다 더 오래 일하게 된 것 같은 현상을 반영한다. 이제 사람들은 58세나 60세 또는 63세에 은퇴하지 않으며 심지어 70대까지도 현장에서 일하거나 일하기를 원한다. 중년에 직업적으로 새롭게 방향을 정립해야 하는 중요성은 그래서 훨씬 더 커졌다.

1970년대에 사람들은 금장 손목시계를 받으며 정년퇴직할 좋은 기회를 누렸다. 그러나 이런 시절은 지나갔다. 직업 세계의 변화, 기업과 시장의 구조조정은 많은 이에게 중년의 변혁을 요구한다.

지난 30~40년 동안 일어난 가치관의 변화는 모든 인생 단계에서 욕구의 수준을 높여놓았다. 자아실현과 독립성의 희망은 그 어느 때보다도 더 커졌으며 '정말 행복하게' 살고 싶은 욕구는 높아졌다. 반대로 변화를 이겨내거나 감수하려는 각오는 낮아졌다. 또 바로 그렇기 때문에 인생의 중심에서 새 출발이라는 주제는 오늘날 1970년대에 비해 훨씬 더 큰 비중을 가진다.

관계와 결혼이 가지는 의미의 변화 역시 오늘날 중년에 초점을 맞춰야 할 중요한 근거다. 여성의 높아진 교육수준과 이로써 생겨난 경제적 독립성은 제대로 기능하지 않거나 불행한 결혼 생활에 종지부를 찍을 가능성을 높였다. 우리가 인생에서 감당해

야 하는 다양한 역할, 이를테면 부모, 배우자, 직장인, 친구, 자아
에 충실한 나 등의 역할에서 중년에 새롭게 방향을 잡아야 하는
문제는 더욱 절박해졌다.

중년의 그 어디에도 '완벽한 인생'은 없다

우선 분명히 해두고 싶은 점은 시대마다 다른 가치관이 빚어내
는 모범적 역할이라는 것이 나쁘지만은 않다는 사실이다. 이런
모범을 통해 우리는 미래의 그림을 그린다. 이는 '내가 원하는 것
은 무엇인가?', '우리가 원하는 것은 무엇인가?'의 답을 제시한다.
말하자면 어떤 내용을 채워가야 하는지 방향을 제시한다. 모범
은 개인의 가치관에 따른 것이라 결코 중립적일 수 없다. 특히 매
력적이며 사회가 공유하는 모범은 커다란 영향력으로 삶의 방향
을 잡아준다. 인간이 이상을 추구하는 이유는 이상에 따르는 자
세가 인생을 쉽게 만들어주기 때문이다. 한마디로 모범을 따르는
것은 지혜로운 선택이다. 모범은 수많은 복잡한 가능성을 줄여주
고 쉽게 결정을 내릴 수 있게 해준다.
세대는 저마다 다른 모범을 가진다. 물론 이런 모범에 공통점
이 없는 것은 아니다. 이를테면 '행복한 가족'이라는 모범은 세대
마다 변치 않는 영향력을 자랑해왔다. 그러나 세대를 거치며 모
범에는 새로운 그림이 따라붙는다. 예를 들어 직업과 가족을 새

롭게 조화시키려는 노력에서 직업을 더 중시하는 태도가 나타나는 경우가 그것이다. 우리는 청년 시절 모범의 바탕에 깔린 가치를 읽어내거나 그 배경을 묻는 일 없이 직관적으로 따른다. 오로지 모범의 실현에만 매진한다. 또 그래서 안 될 이유는 무엇인가? 모범은 사회가 공유하는 가치이기에 매우 매력적으로 보인다. 모범은 그만큼 밝은 미래를 약속한다. 말하자면 모범은 완벽한 직업, 완벽한 경력, 완벽한 결혼, 완벽한 휴가 등 완벽한 인생으로 나아가기 위해 우리가 품고 다니는, 눈에 보이지 않는 나침반과도 같다.

이미 어린 시절과 청소년기에 우리는 모범을 받아들인다. 우리는 주변으로부터, 별다른 생각 없이 모범을 그대로 취한다. 일단 모범은 일종의 법칙이다. 모범은 우리의 잠재의식에 자리를 잡아 눈치채지 못하는 사이에 우리를 조종한다. 그것도 대단히 강력한 힘으로.

모범을 빚어내는 원천은 다양하다. 부모, 가족, 친구, 주변 사람들 모두가 한몫 거든다. 매일 무수한 이야기가 되풀이되며 대화를 통해 각인되고 평가된다. 무엇을 잘했고, 무엇이 잘못되었는가? 이런 이야기와 대화는 대개 인생이 잘 풀리려면 어때야 하는지를 묘사한다.

물론 미디어 역시 중요한 역할을 한다. 페이스북에서 사람들은 친구와 지인에게 보여줄 자신의 완벽한 인생을 연출한다. 방송이나 인터넷의 광고는 인생이 어떤 모습이어야 하는지 끊임없이 우리를 세뇌한다. 흠결 하나 없는 가족, 승승장구하는 직장 생활, 멋진 자동차, 나무랄 데 없는 건강 등 아무튼 완벽한 인생이다.

'완벽하다' 이 말은 최근 들어 우리가 가장 즐겨 쓰는 단어이자 우리의 욕구를 고스란히 반영한다. 완벽함이 실현 가능한 목표라고 이야기하는 것은 어디서나 볼 수 있는 평범한 일이 되었다. 그리고 우리는 완벽함이 실제 이뤄진 것처럼 암시하는 연출을 한다. 이런 연출의 기회는 예전과는 비교도 할 수 없을 정도로 풍부해서 여기에 현혹되지 않기란 어려운 일이다. 계속 되풀이되는 완벽함의 모델은 거듭 인생은 이래야 한다고 강변한다. 우리는 오랜 세월에 걸쳐 이런 모범을 받아들인 탓에 아예 자신의 일부로 여긴다. 심지어 모범은 일종의 강박관념으로 작용한다. 좋은 인생이라는 모범을 우리는 얼마든지 만들 수 있는 것으로 여기며 따라 하기 바쁘다.

이런 모범은 오랫동안, 대개 눈에 띄지 않는 형태로 우리와 함께해왔다. 이제 중년에 이른 우리는 항상 축복을 주지는 않는 모범에 불현듯 의아함을 품는다. 지금까지 살아온 과거와 앞으로 살아갈 미래가 어느 정도 같아지는 지점에 이르러 그동안의 인생을 결산해보고 싶은 충동을 느낀다. 또는 자녀의 탄생이나 부모의 죽음을 맞아 인생의 시작과 끝을 다시금 성찰하기 시작한다.

대체 나는 지금 어디까지 온 것일까? 무엇을 해냈고 무엇을 이뤘는가? 어떤 것에 성공했는가? 더불어 다음과 같은 의문도 고개를 든다. 이제 내 앞에는 무엇이 남았는가? 나는 (여전히) 어떤 것을 해낼 수 있을까?

일단 이런 결산은 좋다. 새로 방향을 잡을 기회를 제공하기 때문이다. 앞으로도 우리는 여러 차례 이 새로운 방향 정립의 기회를 언급할 것이다. 약속한다.

중년에 이르러 우리는 그동안 당연하게 여겨온 모범을 다시금 꺼내본다. 잠재의식 속 모범을 꺼내서 지금까지의 삶이 걸어온 길이 어떤 것이었는지 가늠할 측량자로 사용한다. 이제 모범은 일종의 심판관이다. 내 집은 충분히 큰가? 집 한 채 장만하기는 했는가? 결혼 생활은 행복하고 만족스러웠는가? 원하는 직업을 얻고 성공을 이루었는가? 자부심을 가져도 좋을 정도의 성공인가? 나 자신에게 만족하는가? 내 외모는 어떤가, 혹시 너무…? 나는 진짜 친구를 가졌는가? 정말 믿을 수 있는 친구인가? 나는 그들에게 어떤…? 혹시 이랬더라면 더…?

모범을 가지고 측정해본 결산의 결과는 썩 좋지만은 않다. 몹시 우울해지거나 파괴적인 결과일 때도 있다. 아무튼 도움이 별로 되지 않는다. 그런 결산일랑 그만두자.

모범 가운데 많은 것이 잘못된 것으로 밝혀졌다. 아무리 세대를 통해 전해져온 것이라 할지라도 말이다. 모범은 우리를 이끄는 실상이 아니라 허상이었다. 또한 전혀 말이 되지 않는 인과관계를 전제해서 우리가 목표에 이를 길을 제시하지 못한다. 지금까지의 인생을 결산해보면 모범은 잘못된 이정표인 게 분명하다. 더 나쁜 것은 우리가 모범에 결코 만족하지 못한다는 점이다. 오히려 그 반대다. 우리는 모범 때문에 비참하고 뭔가 잘못했다는 자책감을 갖는다. '부족해! 더 노력해!' 내면에서 엄한 선생님의 목소리가 우리를 다그친다. '그래도 모든 걸 제대로 하려고 애써왔는데…' 또 다른 목소리가 풀죽은 투로 항변한다.

새로운 출발을 방해하는 10가지 착각

중년은 지금까지 어떤 인생을 추구해왔는지, 내면의 나침반이 어느 방향을 가리키는지 정확히 보고 다시금 심사숙고하며 새롭게 방향을 잡아야 할 시간이다. 이 책에서 나는 중년의 삶을 어렵게 만들고 깊은 아픔을 자아내는 10가지 모범을 꼽아봤다. 이 10가지 천덕꾸러기가 문제다.

이런 착각을 발견하지 못하고 계속 인생의 지침으로 삼는다면 결국 우리의 인생은 잘못된 길을 헤매게 되며, 만족스러운 삶을 이루려는 노력도 헛되이 무너지고 만다.

그동안 익숙했던 길을 벗어날 수 있는 개인적인 모범, 중년에 보다 더 알맞은 모범을 찾아내야 한다(정 어렵다면 개인적인 모범을 만들어내기라도 해야 한다). 그래야만 지금껏 다양한 방식으로 우리를 괴롭힌 불안과 불만을 끝낼 수 있다.

이런 모범을 찾아내는 것이야말로 중년이 포착할 수 있는 일대 기회다. 또 반드시 해결해야 할 과제이기도 하다. 오랫동안 그냥 그래야만 하는 줄 알고 따랐던 모범, 어린 시절과 청년 시절에 표준인 줄 알고 받아들였던 모범, 그저 숨 가쁘게 따라 달리기만 했던 모범을 정리하고 인생의 자산 목록을 만들어볼 때다. 무엇이 맞고, 무엇을 바꿔야 하는지 분류해보자. 내가 가진 것은 무엇인가? 무엇을 내 것으로 붙들까? 나는 어떤 것이 새롭게 필요할까? 반드시 버려야만 할 것은 무엇인가?

마지막 질문은 듣기만 해도 가슴이 철렁해진다. 그러나 이런 질문으로 정리해보는 과정은 대단히 흥미롭고 커다란 보상을 약속한다. 무엇보다도 내면을 깨끗이 정리할 수 있으며, 지난 시절의 고정관념으로부터 우리를 해방시켜 미래로 자유롭게 나아갈 수 있게 해준다.

저마다 생각하는 바람직한 인생은 물론 다를 수 있다. 또 모범이라는 것이 누구에게나 다 맞지도 않는다. 그만큼 개인적인 차이가 크다. 다시 말해 누구에게나 들어맞는 모범, 모두가 다 중요하다고 여기는 모범이란 없다. 모범 또는 일종의 고정관념은 서로 맞물리기 마련이다. 이 책의 각 장이 다루는 모범이 비슷한 울림을 가진 이유가 달리 있는 게 아니다. 사춘기를 예로 들어 생각해보자. 누구나 사춘기를 겪는다. 그러나 사춘기가 얼마나 강렬했는지, 갈등의 정도는 어땠으며, 특히 무슨 문제로 고민했는지는 개인마다 다르다.

적절한 답을 찾기 전에 무엇보다도 중요한 것은 무엇이 정확히 문제인지 제대로 물을 줄 아는 태도다. 질문이 진솔하고 정확할 때 꼭 맞는 답을 찾을 수 있다. 올바른 질문은 우리의 생각을 새로운 답으로 이끌며 미래를 새롭게 바라보는 관점을 열어주어 깊은 통찰을 얻게 한다.

내가 이 책에서 많은 질문을 던지는 이유는 바로 그것이다. 특히 마지막 부분, 곧 내비게이션과 관련된 부분에서 질문을 많이 제시했다. 앞으로 나아가기 위해 구체적인 질문의 답을 찾아보고, 또 직접 당사자가 씨름해야만 하는 질문을 제시해 새 출발의 다양한 측면을 조명하기 위함이다. 나는 정성을 다해 생각을 자극하는 질문들과 새로운 아이디어의 성찬을 차렸다. 이렇게 완성된 것이 50가지 이정표다. 각각의 이정표에 우선순위가 있는 것은 아니다. 어떤 질문에 그저 미소를 짓고 넘어갈지, 무슨 질문에 진지하게 천착할지는 저마다 자신이 결정할 문제다. 진지하게 따져볼 질문을 정리해서 그 답을 얻기 위해 끝까지 물고 늘어져보자. 그래야 얻고자 하는 답이 주어진다. 내 경험에 비추어 말하면 모든 새 출발의 시작은 올바른 질문이다.

제 1 장

우리는
도착한 것이 아니라
출발한 것이다

누구나 어린 시절에 받아들인 모범이나 신념이 있다. 머릿속에 깊이 뿌리내린 이 모범 또는 신념은 우리가 이러저러한 결정을 내리도록 유도한다. 그러나 중년에 이른 우리는 이런 결정 때문에 우리가 잘못된 길에 들어섰음을 깨닫는다. 약속의 땅은 어디에도 보이지 않는다. 결국 모범이나 신념은 착각에 지나지 않았다.

우리의 내면에 새겨진 모범이 무엇이었는지 알아보려는 노력이 필요하다. 그래야 잘못된 착각이 우리를 오도하는 위험을 막을 수 있다. 우리가 내면화한 모범이나 신념의 배경을 캐물어가면서 여전히 타당한지 시험해보고 필요하다면 바로잡아야 한다. 그래야 자신에게 맞는 새로운 방향을 찾아 한 발 더 나아갈 수 있다.

그 첫걸음은 그런 모범에는 어떤 것이 있는지, 지금까지 어떤 영향력을 행사해왔는지 파악하는 것이다. 그래야 우리가 어떻게 착각에 사로잡혔는지 알 수 있다. 이 장에서는 그런 착각들의 대표적인 네 가지 사례를 살펴봄으로써 지금까지 고수해온 위치를 벗어나 새롭게 방향을 잡도록 실마리를 제공할 것이다.

이제 이룰 만큼
이루었다

"이제 목적지에 도착했습니다." 이 말은 거의 매일 내가 우쉬Uschi에게 듣는 것이다. 우쉬는 내 자동차의 내비게이션에 붙여준 애칭이다. 드디어 도착했구나. 고맙다, 우쉬!

지금껏 인생을 살며 흔히 들었던 또 다른 말은 이런 것이다. "이제부터 본격적인 인생의 시작이야!" 이 말은 어릴 적 할아버지로부터 귀에 못이 박히도록 들었던 말이다. 내가 유치원에 들어갔을 때, 김나지움에 입학했을 때, 아비투어*를 끝냈을 때, 대학교에 들어가 학업을 시작했을 때 할아버지는 이 말을 해주었다. 그때마다 나는 이제 제발 본격적인 인생을 맛볼 수 있기를 희망했다. 이번 시작만 성공적으로 끝내고 나면 드디어 인생을 만끽

---

* 독일의 대학 입학 자격시험.

하는 것인가? 하지만 1989년 할아버지는 84세를 일기로 돌아가셨다. 나는 할아버지가 이 말을 대체 무슨 뜻으로 했는지 물어볼 기회를 잃고 말았다.

나는 도착할 수 있기만 기다렸다. 그 어떤 목적지에, 본격적인 삶을 누릴 약속의 땅에. 대학교에서 학업에 열중할 때만 해도 이 약속의 땅은 그리 멀지 않다고 굳게 확신했다. 드디어 학업을 마치고 취직을 해서 어엿한 어른이 되고 내 반쪽인 남편을 찾아 가정을 꾸린다면 약속의 땅에 도착하는 거겠지. 게다가 누구도 나의 이런 확신에 반론을 제기하지 않았다.

그러나 이제 나는 안다. 인생은 계속되는 과정일 뿐, 정지된 상태가 아니라는 것을. 드디어 삶을 만끽할 약속의 땅에 도착했다는 건 말이 되지 않는 이야기다. 기묘하게도 우리는 어른이 된다는 것을 그 어딘가에 도착하는 정적인 것으로 여긴다. 도대체 무슨 근거로 그렇게 믿는 것일까?

우리가 이런 생각을 품게 된 건 '어른'을 주어진 관점으로 바라보는 태도에서 비롯되었다. 어린 시절과 청소년기에 우리는 40대 초나 중반이면 우러러봐야 할 어른이라고, 그런 어른은 인생을 뜻대로 주무를 수 있다고 믿었다. 어른이 된 사람은 인생을 속속들이 알아 어떤 의문에도 척척 답을 내놓을 수 있는 경지에, 다시 말해 약속의 땅에 도착해 있다고 굳게 믿었다. 우리의 앞에는 노력을 아끼지 않고 도착해야 할 목표가 차례로 늘어서 있었다. 좋은 딸이나 아들이 되고 좋은 학교에 다니며 멋진 연애를 하고,

사회에서 좋은 사람이 되고자 안간힘을 쓰고 자신이 대단한 재능을 가졌다고 믿으면서, 사랑하는 배우자를 만나려 갈망하고 그 결과 마침내 좋은 엄마나 아빠가 되는 것이다. 이런 식으로 줄줄이 이어지는 행선지는 늘 도착을 요구했고 그 도착지는 또다시 새로운 목표를 제시했다.

요구의 목록은 길기만 하지만 어떻게든 해낼 수 있다는 것이 오랜 세월 동안 품어온 우리의 믿음이다. 이 믿음 덕분에 우리는 늘 자신에게 되뇌어왔다. '노력만 하면 된다'(착각 2)고 말이다.

그렇게 우리는 인생의 사다리를 밟아 오르며 요구되는 모든 과제를 성실히 수행한 끝에 마침내 정상에 도착했어야 마땅하다. 그 보상으로 편안하고 풍요로운 정상, 열심히 일한 덕에 누려 마땅한 정상을 선물받아야 한다. 그동안 걸어온 길을 되돌아보고 감회에 젖어 마침내 눈앞에 펼쳐진 약속의 땅, 풍요의 놀이터, 행복의 정상을 만끽해야 한다. 이곳은 내 것이다. 그래야 마땅하다. 앞으로 영원히. 마침내!

아무튼 이런 식의 진부함이다.

나쁘기만 한 소리는 아니다. 인생의 부분적인 측면은 실제 그렇기도 하다. 어쨌거나 최소한 한동안은 그렇다. 그러나 머지않아 심술궂은 훼방꾼이 나타난다. "안녕하시오. 나를 부르지 않았음에도 이렇게 찾아온 것을 양해해주시오. 내 이름은 '진짜 인생'이라오."

현실의 정상은 우리가 걸어가야 하는 인생 역정의 중간역일 뿐이다. 정상은 행복이라는 이름의 종착역이 아니다. 중년의 어른은 세상의 통념과 다르게 완성된 인격의 소유자가 아니며 계속 성장한다. 우리는 인생의 정상에 도착한 게 아니라 계속 여행하고 있다. 여행은 앞으로도 이어진다.

기술과 경제의 변화로 거대한 사회적 변혁에 직면한 오늘날 우리의 여행은 어디로 나아가야 좋을지 방향조차 가늠하지 못한다. 변화는 마치 법처럼 군림하며 우리의 현관 앞에서도 멈추지 않고 모든 사람의 인생 설계에 영향을 미친다. 업계는 변혁에 몸살을 앓으며, 직업의 요구는 바뀌고, 결혼과 가족의 규칙은 새롭게 협상된다. 디지털화는 새로운 일자리를 요구하며 또 가능하게 만든다. 이런 것은 그저 몇 가지 사례일 뿐이다.

중년의 우리에게 이런 변화는 특별한 책임감을 강제한다. 무엇보다 우리는 우리 자신을 책임져야 한다. 실제로 우리는 어른이다. 물론 항상 그렇게 느끼지는 못한다 할지라도 말이다. 어른인 우리는 자신의 인생을 스스로 해결해야 한다. 더욱이 우리는 두 세대 사이에 낀, 말 그대로 샌드위치 신세다. 우리는 하루가 다르게 늙어가는 부모를 책임져야 하며 자녀도 돌봐야 한다.

어떤 차원이든 변화는 지금껏 균형을 이뤄왔던 인생의 부분들을 격심하게 흔들어놓는다. 내 직업, 내가 일하는 조직, 나의 주변 관계나 결혼 생활, 자녀, 늙어가는 부모, 친구, 스포츠, 몸과 건강, 나 자신과 내가 활동하는 단체의 이해관계 등.

커다란 변화가 일어나면 우리는 이 부분들 가운데 어떤 것은 들어내고 다른 것으로 대체해 균형을 잡아주어야 한다. 그렇지 않으면 모든 것이 균형을 잃고 흔들린다. 인생의 어떤 측면도 원래의 자리를 지킬 수 없다. 정말이지 혼란스럽고 힘든 상황이다. 어릴 적 봤던 행복의 정상은 어디로 갔을까?

이런 원치 않는 상황은 익숙하지 않고 불편하며 힘들고 짜증스럽기만 하다. 이런 상황이 빚어진 건 무엇보다도 우리가 그동안 사로잡혀 있었던 모범 때문이다. '지금이 인생의 최고 시절이다'(착각 3), '노력만 하면 된다'(착각 2), '이제 열매를 따기만 하면 된다'(착각 4) 같은 모범 말이다.

분통이 터지고 짜증이 나는 것은 자연스러운 일이지만 아무런 도움이 되지 못한다. 우리가 새로운 상황을 어떻게 받아들이든, 흥분해서 격렬하게 저항을 한다고 해도 아무 소용이 없다. 분통을 터뜨린 끝에 결국 우리는 난장판이 된 우리 인생을 직시해야만 한다. 그리고 인생의 부분들에 새로운 균형을 잡아야 한다는 걸 알게 된다.

이제 질문은 이렇다. 내 인생의 어떤 부분이 이제는 무슨 자리를 필요로 하는가? 좋고 중요해서 남아야만 하는 것은 무엇인가? 나는 무엇을 놓아버리고 떨쳐내야 하는가? 어디서부터 새롭게 시작해야 하는가? 다시 균형을 잡기 위해 새로운 것을 추가해야 하는가? 이 모든 걸 나는 혼자 힘으로 해낼 수 있는가? 누가 나를 도와줄까?

다음과 같은 그림을 떠올려보자. 인생에는 늘 거듭되는 사이클

이 있다. 다만 평소에 잘 의식하지 못할 뿐이다. 세 단계로 이뤄지는 사이클은 이렇다.

1. 내려놓고 버리기
2. 남겨놓고 보관하기
3. 새로운 출발

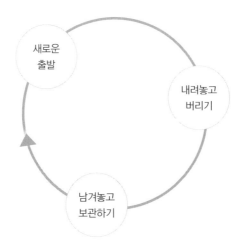

한 단계는 다음 단계를 촉발시킨다. 그리고 계속된다.

특히 중년에 우리는 이 세 단계를 동시에 직면한다. 인생의 어떤 측면에서 보느냐에 따라 세 단계는 심지어 서로 얽힌다. 예를 들어 나는 직업에서 어떤 새로운 것을 시도하거나 새로운 출발을 모색하면서 동시에 오랜 세월에 걸쳐 지켜온 관계, 모든 마찰과 불화에도 이 관계를 지켜야 한다. 그리고 이제는 무척 노쇠한 아버지를 보며 강한 아버지라는 익숙한 그림과 작별해야만 한다. 이처럼 모든 단계가 동시에 뒤섞이는 통에 중년은 매우 농밀하고 힘든 시기다.

유년기, 예를 들어 초등학생은 주로 새 출발에 집중한다. 새로운 학교, 새로운 교과, 새로운 취미를 시도하고 새로운 친구들을 사귄다. 일반적으로 아이는 새로운 것에 집중하느라 버릴 것이 거의 없다. 새 출발은 이 인생 단계의 원칙이다.

중년은 다르다. 인생의 어떤 측면을 '남겨서 보관할지', '버릴지', '새롭게 출발할지'의 범주에 따라 정리하기가 늘 명확하지 않다. 바로 그래서 중년은 고뇌의 시기다. 우리는 이 세 파고를 동시에 이겨내야만 한다.

중년에 겪는 커다란 변화는 이 파도의 움직임을 면밀히 관찰하라고 요구한다. 슬로모션으로 우리의 눈에 보이는 과거의 일은 대개 아주 명확하다. 우리 인간은 나중에 분석하는 일에서만큼은 모두 대가다. 과거를 돌아보는 우리의 눈에 인생의 경험이 갖는 의미는 명확하며, 이에 따라 내려야 할 결론도 분명하게만 보인다. 덴마크의 철학자 쇠렌 키르케고르는 이런 사정을 아주 멋진 문장으로 다듬어냈다. "인생은 돌아보는 눈길에서만 이해할 수 있다. 그러나 인생은 앞으로 나아가며 살아야만 한다."

내가 이 책에 담은 일화를 들려주기에 앞서 먼저 밝혀둘 것이 있다. 이 일화들은 최근 내가 상담을 하면서 접한 중년들의 이야기다. 물론 이름과 장소와 각종 신상 정보를 바꿔 이들이 누구인지 추적할 수 없게 했다. 그리고 일화에 등장하는 알렉산드라가 정말 이름이 '알렉산드라'인지, 아헨이나 암스테르담에 사는지 하는 것은 중요하지 않다. 중요한 것은 이 일화들이 담고 있는 메시지, 일체의 꾸밈이 없이 들은 그대로 전달하는 내용일 뿐이다. 일화들은 우리가 대결해야만 하는 상황과 감정이 얼마나 다층적이고 복잡한지 잘 보여준다. 일화의 주인공이 자신의 물음에 찾아낸 답은 매우 개인적이라서 일반적인 행동 지침이 될 수 없다. 상담을 해주며 나는 비슷한 상황에 처한 사람들이 매우 다른 해결책을 찾아내는 것을 자주 목격했다.

무엇을 버릴 것인가

알렉산드라는 많은 아이를 갖는 게 꿈이었다. 30대 중반에 그녀는 프랑크를 만났고 평생을 같이할 남자라고 생각했다. 두 사람은 결혼했고 행복했다. 몇 년 뒤 38세가 된 알렉산드라는 딸을 출산했다. 알렉산드라는 행복의 구름 위를 걷는 것 같았다. 그녀의 인생은 꿈꿔온 그대로, 자신의 부모가 보여준 모습 그대로 꿀이 떨어지는 행복한 삶이었다. 그런데 딸이 다섯 살이 되었을 때 프랑크가 이혼을 요구했다. 갑자기, 그 어떤 사전 징후도 없이. 프랑크는 그녀와 신물이 날 정도로 살았다고 말했다. 많은 자녀를 둔 행복한 가족이라는 알렉산드라의 꿈은 비누 거품처럼 터져버렸다. 퐁.

이후 그녀는 홀로 아이를 키우며 살았다. 이 위기가 중년에 찾아오는 바람에 그녀는 남편과 이혼했을 뿐만 아니라 그녀가 어릴 적부터 꿈꿔 온 행복한 가정과도 작별해야 했다. 이런 차이는 사람에 따라, 다시 말해 여성이 25세에 이혼하느냐, 아니면 중년에 이혼하느냐에 따라 빚어진다.

이혼 이후 차츰 회복한 알렉산드라는 이렇게 마음을 고쳐먹었다. '그래, 그럼 다른 남자랑 살면 되지' 그러나 그녀는 임신을 할 수 있는 생물학적 시간의 창이 닫히고 있음을 깨달았다. 40대를 훌쩍 넘긴 알렉산드라는 자녀가 많은 오순도순한 가족이라는 자신의 이상과 힘들게 작별해야만 했다. 그녀는 늘 거듭 한탄하며 운명과 씨름했다. 그녀가 바랐던, 아빠와 엄마와 두 자녀로 이뤄진 단란한 가정이라는 전형적인 모범(제2장 '착각 6 결혼은 인생의 항구다'를 보라)은 결국 체념의 대상이 될 수밖에 없었다.

몇 달이 지나 알렉산드라는 지나간 과거를 다시 되돌릴 수 없음을 의식하면서 모든 것을 천천히, 하나하나 버리는 과정을 시작했다. 이별은 없던 것으로 되돌릴 수 없다. 그리고 자신의 몸은 절대 다시 젊어지지 않는다고 말이다. 그녀는 서둘러 새로운 관계를 맺으려 시도하지 않고 주어진 현실을 감수하는 법을 익혔다. '좋아, 어쨌든 나는 작은 가족이라도 가졌잖아. 딸과 나만으로도 충분해'

알렉산드라는 딸과 공통의 관심사, 이를테면 발레, 연극, 댄스, 음악 등의 취미를 함께했다. 특히 두 사람은 함께 요리하는 것을 즐긴다. 두 사람뿐이지만 조화롭고 밝은 가족은 서로에게 따뜻한 위로를 주었다. 알렉산드라는 지금이 더 낫다고 자신을 설득하려들지 않았다. 그저 자신이 꿈꿔왔던 것과 모든 게 달라졌음을 받아들였다.

우리는 다른 사람과 자신을 비교할 때 일반적으로 상처가 없고 어려움을 갖지 않은 모범이라는 이상과 비교한다. 알렉산드라의 경우 이 이상은 '단란한 가족'이었다. 인간적이기는 하지만 도움은 전혀 되지 않는 이상이다. 오히려 우리의 주변 그 어디에도 동화책에 등장하는 이상적인 가족은 없다는 사실이 오히려 알렉산드라에게는 도움을 준다.

알렉산드라는 어려운 가운데서 기회를 읽어내는 법을 배웠다. '위기는 곧 기회'라는 말은 알베르트 아인슈타인이 한 말이기도 하다. 그녀는 자신의 인생을 훨씬 더 자유롭게 결정했고 딸의 교육 문제로 남편과 갈등을 겪는 일이 없었다. 사사건건 끼어들어 자신의 요구와 문제를 덧붙이는 배우자로 속을 끓일 일도 없었다. 갈등으로 얼룩지며 소소한 다툼이 끊이지 않는 가족을 알렉산드라는 주변에서 숱하게 보았다. 물론 모든 것을 홀로 해결하고 결정한다는 것이 외롭고 어렵기는 했지만, 그런 만큼 자신과 딸이 방해받지 않는 자유를 누릴 기회는 커졌다. 그동안 알렉산드라는 이런 자유를 소중히 여기며 자신을 위해 활용하는 법을 배웠다. 이제 그녀는 아빠와 엄마와 두 자녀가 있는 가족을 더 이상 부러운 눈빛으로 보지 않는다.

중년에 새로운 방향을 찾고자 하는 사람, 찾아야만 하는 사람은 흔히 뭔가 새로운 것을 찾아내야만 한다고 생각한다. 그러나 많은 경우 일단 버리는 것을 생각해보는 게 훨씬 더 좋은 결과를 가져다준다. 이것이 알렉산드라의 일화가 알려주는 교훈이다.

물건이든 계획이든 이상이든 버리고 놓을 줄 알면 앞으로 살아갈 인생에 더 잘 맞는, 새로운 주제와 생각을 찾을 공간과 시간은 그만큼 넉넉해진다.

두 번째로 자문해야 할 문제는 인생의 어떤 부분을 버리지 않고 잡아둘까 하는 것이다. 무엇만큼은 포기하지 않고 지금껏 해오던 그대로 간직하고 싶은가? 중년에 이 물음이 집중되는 분야는 직업이다. 우리의 생활과 인격, 우리라는 존재는 직업과 떼어서 생각할 수 없기에 중년에 시험대에 오르는 인생 분야 가운데 가장 큰 비중을 차지한다. 그다음이 배우자와의 관계 또는 결혼이다('착각 6 결혼은 인생의 항구다'를 보라).

균형을 위해 남기로 하다

현재 50세의 베티나는 학창 시절 연인이자 개업의인 마티아스와 결혼했다. 그녀는 두 딸의 엄마가 되기 전까지 몇 년 동안 뮌헨의 대기업에서 마케팅 부서의 팀장으로 일했다. 그녀는 아이를 낳을 때마다 몇 달 뒤면 곧장 직장에 복귀했다. 그것도 기꺼운 마음으로. 물론 실망스러운 점은 상사가 그녀에게 파트타임으로 일하는 것을 구실 삼아 좀체 승진을 시켜주지 않았다는 사실이다. 승진이야말로 인정을 받는다는 표시가 아닌가. 그녀는 더 높은 책임을 지는 자리에 오르고 싶었다. 그러나 기다려야만 했고 몇 년 뒤에야 가까스로 승진을 했다. 나중에 아이들이 학교에 다닐 때쯤 젊은 직원이 그녀를 추월해 새로운 상사가 되었다. 베티나는 모욕감에 몸을 떨었다. 그러다 회사가 더 큰 기업에 팔렸고 그녀가 맡은 분야의 중요한 업무는 다른 도시의 부서로 넘겨졌다. 이 과정에서 많은 기업들이 그렇듯 소통이 잘 이뤄지지 않았고 베티나는 무슨 일이 일어나는지 항상 마지막에 알았다. 그녀는 끓어오르는 분노를 남편과의 대화를 통해서만 삭였다.

퇴사를 생각하게 만들 정도로 실망스러운 일이 아닐 수 없다. 그럼에도 베티나는 퇴사를 하지 않고 남았다. 어째서 그런 결정을 내렸을까? 베티나는 지금도 여전히 이 기업의 자회사에서 마케팅 부서를 이끈다. 그동안 직원의 수는 늘어났으며 연봉도 많이 올랐다. 퇴사하지 않고 남기로 한 것은 그녀의 자발적인 결정이다. 지금도 직장에는 여전히 속 끓일 일이 많지만 그녀는 자신의 결정을 후회하지 않는다.

대체 왜 베티나는 남았을까? 어떻게 참을 수 있었을까? 여러 차례 분통 터지는 일을 겪다 보면 언젠가는 폭발하는 게 정상이지 않을까? 남기로 한 결정은 균형의 문제라고 베티나는 말한다. 남든 새롭게 출발하든 모든 결정에는 그에 상응하는 대가가 따른다. 우리는 언제나 그 대가를 치를 때 반대급부를 얻는다. 베티나는 처음부터 다른 기업에서 비교될 만한 위치를 가지려면 생활의 중심인 뮌헨을 떠나야만 한다는 점을 분명히 의식했다. 그러면 의사로 일하는 남편은 물론이고 아이들도 부담을 가질 수밖에 없다. 직장에서 겪는 불만을 참고 모두의 사정을 고려하는 선택, 이것이 베티나에겐 균형 있는 결정이다. 두 번째로, 새 기업에서 새 출발을 한다는 것은 직업적 인맥과 자신의 위치, 좋은 평판을 새롭게 일궈야 함을 뜻한다. 이런 일은 일반적으로 많은 시간과 에너지를 필요로 한다. 시간과 에너지의 소모를 막는 것이야말로 베티나가 남기로 선택한 두 번째 이유다.

변화를 대하는 현명한 자세

즉각적인 충동에 따르기보다 일단은 기다려보는 자세가 많은 경우 도움을 준다. 상황이 불투명할수록 변화가 구체적으로 무엇을 뜻하는지 명확히 알아볼 수 있게 먼지가 가라앉도록 기다리는 것이 현명한 선택이다. 'Keep calm and carry on(침착하게 하던 일을 계속하라)'이라는 말이 있는데, 이는 실제로 아주 좋은 충고다(제4장의 '이정표 1 위기는 기회라는 생각을 일단 지우고 유예하자'와 '이정표 2 충분히 생각하지 않고 행동하는 것은 피하자'를 보라).

남는다는 것은 현재의 상태를 고스란히 받아들이는 걸 뜻하지 않는다. 아무것도 하지 않고 고집스럽게 짐 나르는 당나귀 노릇을 하라는 말은 더더욱 아니다. 남는다는 것은 모든 희생을 걸머지는 게 아니라 자신의 계획과 희망을 책임지는 쪽으로 결정을 내려야 함을 뜻한다. 그저 남기 위해 남는 것은 말이 되지 않는 이야기이며, 대안이 없다는 이유로 남는 것도 허용될 수 없다. 이런 수동적 태도보다는 대안을 적극적으로 찾아 충분히 고려한 결정을 내리는 태도가 중요하다. 이렇게 접근할 때 남는 결정에는 처음 볼 때보다 더 많은 보물이 숨겨져 있음이 드러난다.

그럼에도 이제는 떠나야 할 때

그러나 남는 결정이 대안이 되지 못할 때 우리는 떠나려고 마음을 먹거나 떠나야만 한다. 다만 질문은 어디로 갈 것인가 하는 것이다. 새로운 일을 시작하거나 최소한 새로운 분위기를 일구기 위해 나는 어디로 갈 것인가? 어느 쪽이 앞으로 나아가는 길인가?

내 미래는 어디에 있는가?

떠날 때인가, 아니면 남을 것인가 하는 질문은 변화의 먹구름이 천둥과 함께 소나기를 퍼부으면 매우 절박해진다. 그러나 중년에 이 질문은 대개 처음에 조심스레 고개를 들다가 시간이 가면서 점차 흘려들을 수 없이 커진다. 이 질문은 바깥에서 우리에게 퍼부어지는 것이 아니다. 갈등의 파열음은 우리의 내면에서 터져 나온다.

이런 일은 40~50대의 성공한 사람에게서 주로 나타난다. 연령의 차이는 몇 살 때 처음으로 직업 생활을 시작했느냐에 따라 달라진다. 이들은 중년에 성공을 만끽한다. 이들은 도달하고자 원했던 바로 그곳에 도착했다. 인간은 대개 직업적 성취를 이룬 이 순간을 즐긴다. 바로 그래서 야릇한 감정이 생겨난다. 이제 늘 같은 일의 되풀이가 되겠구나 하며 지루한 감정이 시작된다. 다른 사람들은 놀랍다는 반응을 보인다. "자네는 이미 다 이룩했잖아. 무엇을 더 바라나?" 그래서 이런 감정은 지나친 야심으로 치부되고 만다. 그러나 야심이 문제인 것은 아니다.

이들은 풍부한 직업적 경험을 자랑하며 높은 지위에 오른 후 일종의 매너리즘에 빠진다. 그동안 해당 분야에서 거의 모든 것을 보았고 자신의 전문 분야에서 통하는 방법과 그 효과를 훤히 안다. 말 그대로 이들은 그 분야의 '중요 인물'이다. 이제 이들은 이렇게 자문한다. '내가 이걸 계속해야만 할까? 앞으로 15년이나 심지어 20년 동안?' 뭔가 변화가 필요하다는 공허한 느낌은 계속 커지며 결국 절박한 갈망이 된다. '침착하게 하던 일을 계속하라'는 말로는 이들을 달랠 수 없다. 이들은 새로운 일을 원한다. 지금의 자리에서 떠나야만 한다.

흔히 새로운 일과 떠남이라는 두 현상은 결합되어 나타난다. 먼저 몇 달 혹은 몇 년 동안 익숙한 세상이 너무 작다는 느낌이 덩치를 키운다. 그러다 외부에서 어떤 변화가 일어나면서 결국 변혁의 자극이 주어진다. 마르크가 그랬다.

우리는 도착한 것이 아니라 출발한 것이다

마르크는 학업을 마치고 대형 출판사의 인턴 프로그램을 수료한 뒤 왕성한 활력과 넘치는 아이디어로 화려한 경력을 쌓고 적지 않은 성공을 이루었다. 헤드헌터는 매달 그에게 전화를 걸어 스카우트를 제안하는 기업이 있다며 유혹해왔다. 그는 그 제안들 가운데 하나를 받아들여 디지털 경제를 다루는 기업의 임원이 되었다. 이는 현명한 결정이었다. 신문과 잡지 출간을 전문으로 하는 전형적인 출판 산업은 하루가 다르게 하락세를 걸었고 시장과 매출, 매력적인 직장의 수는 해가 갈수록 줄어들었기 때문이다. 마르크는 시장의 이런 변화 속에서 기회를 읽어내 새로운 업계로 진출했다. 상황이 더 나빠지기 전에 업종을 갈아탄 자신의 혜안에 그는 무척 만족했다. 그러나 이런 변화는 곧 중년의 새로운 출발을 뜻했다.

몇 년 뒤 마르크는 경제 전문 기업의 늘 똑같은 일상에 피로감을 느꼈다. 판에 박힌 회의, 위계질서, 보고서, 회장 앞에서 하는 프레젠테이션, 동료들의 권력 다툼 등 매일 되풀이되는 연극에 그는 질리고 말았다. 출판에서 디지털 경제 기업으로 일자리를 옮긴 선택은 분명 100퍼센트 옳은 것이었다. 그러나 조직의 생활과 업무에 관한 한 마르크는 비를 피하려다 우물에 빠진 꼴이었다. 이런 점에서 출판에서 디지털 경제 기업으로의 이동은 그에게 어떤 새로움도 선물하지 못했다.

마르크는 자신이 일하는 방식에 뭔가 변화가 절실히 필요함을 느꼈다. 대기업이라는 쳇바퀴에서 벗어나 새롭게 일할 방식이 꼭 필요했다.

그러다 요란한 충격과 함께 변화의 태풍이 불어와 마르크는 자신의 생각을 실천에 옮길 추동력을 얻었다. 기업의 수뇌부가 경영상 이유를 들먹이며 임원진을 축소하기로 결정한 것이다. 물론 이런 결정은 마르크 개인 때문에 내려진 것은 아니었다. 일단 충격이 가시자 그는 이런 결정을 자신의 중년이 보내는 운명의 윙크로 받아들였다. 직업적으로 새로운 것을 시도하기에 이보다 더 나은 조건은 없었다. 그는 40대 초반이었다.

퇴직금이 계좌에 찍힌 것을 보고 마르크는 다시 기업으로 들어가지 않고 전혀 새로운 일을 하기로 결심했다. 대기업의 직원이라는 생활에 등을 돌리기로 한 것이다. 마르크는 자신의 전문성을 살려 독립하기로 하고 창업했다. 정말이지 용감한 행보다. 계좌에 매달 봉급이 입금되는 생활을 몇십 년 동안 해오다 자립하기로 한 것은 정말이지 일대 전환을 뜻하기 때문이다. 이제 마르크는 스스로 계약을 따내 자신의 일거리를 만들어야만 했다. 이는 차근차근 기초부터 다져나가는 고된 작업이었고 당연히 첫날부터 수익을 기대할 수 없었다.

마르크가 창업을 한 지 벌써 10년이 훌쩍 넘었다. 현재 그는 자신이 내렸던 결정에 몹시 만족한다.

중년에 변화를 꾀해 새 출발을 한다는 것이 젊은 시절 내렸던 결정을 후회하면서 '그건 완전히 잘못된 결정이었어!' 같은 탄식을 쏟아내는 것을 뜻하진 않는다. 이미 지난 일을 두고 후회하는 것은 어리석을 뿐만 아니라 살아오며 내린 결정과 그동안의 경험을 우리는 되돌릴 수 없기 때문이다. 아니, 되돌리기를 원한다는 것 자체가 말이 되지 않는 소리다. 현명한 태도는 지금까지 쌓아온 경험에 비추어 그동안 내렸던 결정들의 결과를 평가해보고 미래에 맞는 결정을 모색하는 것, 지금껏 이룬 성과를 토대로 미래를 건설하는 것이다. 마르크가 오랜 세월에 걸쳐 전문가로서 쌓은 직업 경험과 대기업의 직원으로서 다져온 인맥이 없었다면 그처럼 성공적으로 자립할 수 없었을 것이다. 중년의 새 출발에서 중요한 핵심은 지금까지의 경험을 소중히 여기고 어떻게 하면 이 경험을 새 출발을 위한 디딤대로 쓸 수 있을지 살펴보는 태도다.

각각 버림과 남음과 새 출발을 다룬 알렉산드라와 베티나와 마르크의 이야기는 왜 인생의 단계를 정확히 살펴야 하는지, 어디서 어떤 방향으로 변화가 일어나야 하는지 가늠할 수 있게 해준다. 현상 유지를 하는 쪽으로 결정을 하는 것은 변화는 아니라 할지라도 인생을 중년에 맞춰 적절하게 꾸려가는 데 도움을 주는 의식적인 결정인 것만큼은 분명하다.

높아진 기대수명에 따라 우리는 소망을 이루어갈 흥미로운 기획을 할 수 있는 소중한 시간을 갖게 되었다. 무엇보다 삶을 기쁜 마음으로 살아가는 태도를 갖춰야 한다. 이런 태도는 오로지 의식적인 결정과, 필요하다면 새로운 방향을 개척하려는 각오로 얻어진다. 이런 일은 누구도 우리를 위해 대신 해줄 수 없다. 오로지 우리 자신의 몫이다. 우리는 이 기회를 놓쳐서도, 허비해서도 안 된다. 중년은 소중한 시간의 창이다.

중년은 '이제 이룰 만큼 이루었다'는 것을 뜻하지 않는다. 행복의 정상이란 없다. 이런 고정관념과는 깨끗이 작별하자. 오히려 중년은 '새 출발을 해야 할 때'를 뜻한다. 우리는 여전히 길을 가고 있다. 그 길을 열심히 가는 우리 자신을 응원하자.

착각 '이제 이룰 만큼 이루었다'

교정 '우리는 길을 가고 있다'

착각 2

노력만 하면
된다

'배우고 창의력을 발휘하며 뭔가 이뤄내라. 그래
야 가질 수 있고 누릴 수 있으며 원하는 지위에 오른다!' 우리는
성과 중심 사회의 이런 구호와 더불어 성장해왔다. 어려서부터
'노력만 하면 이루지 못할 게 없다'는 말을 귀가 따갑도록 들었다.
그런 탓에 어른이 되어서도 이 말을 무슨 마법의 주문처럼 외워
댄다. '하면 된다!' '수단과 방법을 가리지 말고 밀어붙여라. 그러
면 모든 것이 이뤄진다' 이 무슨 말이 되지 않는 과대망상일까.

중년에 우리는 노력만으로는 약속된 보상과 지속적인 행복에
도달할 수 없음을 경험한다. 노력할 수는 있지만 아무런 결정을
할 수 없는 일이 많다. 노력한다고 해서 원하는 모든 곳에 이를
수 없다는 점을 우리는 받아들여야만 한다. 그리고 받아들이고
싶은 것 이상으로 자신이 실수를 잘 저지른다는 점, 그래서 모든

것을 다 잘 해낼 수 없다는 점을 인정해야만 한다.

상담을 하며 나는 자신의 뜻대로 되지 않는다고 불평하는 이야기를 자주 듣는다. 대개 오랫동안 다양한 인생 분야에서 엄청난 노력을 기울여온 사람에게서 듣는 이야기라 안타까움은 더욱 크다. 그러나 이런 노력은 대개 이들이 희망하고 계산했던 성과를 내지 못한다. 그 결과 이들은 무척 피곤해한다. 심신의 수고를 아끼지 않았으며 적지 않은 시간을 투자했기 때문이다. 더욱이 원했던 성과가 나오지 않아 정신적 피로감은 이루 말할 수 없을 정도다.

이럴 때야말로 등산 같은 것을 하며 성찰을 해야 할 시간이다. 끝도 없이 시간과 노력을 투자하는 것을 중년에는 더 이상 감당할 수 없기 때문이다. 우리가 쓸 수 있는 힘은 한정되어 있으며 시간도 마찬가지다. 결국 휴식을 가지면서 그동안 어떤 길을 달려왔는지, 중간 구간의 목표에 도달하기 위해서는 앞으로 어떻게 해야 하는지 살피는 성찰이 최선이다. 중년에 이르기까지 걸어온 길과 그동안의 노력을 되돌아보고 다음 단계를 위한 교훈을 얻어내야 한다.

중년의 목표는 무릇 이래야 한다. 자신을 지금까지보다 더 포괄적으로 평가하고, 노력만 하면 이룰 수 있다고 믿었던 만큼 자신이 완벽한 존재가 아니라는 사실을 인정해야만 한다. 오히려 우리는 착각과 실수를 저지르고 앞뒤가 맞지 않는 언행과 꾸준하지 못함, 늘 자신이 옳다는 식의 성숙하지 못한 태도를 보이는 부족한 존재다. 지금껏 우리는 자기비판에는 소홀하면서 남에게는 가혹할 정도로 엄격하게 구는 이중적 면모를 보였다. 남을 평가하고 비난하는 데 열을 올리며 뭔가 잘못된 것의 책임을 남에게 돌리기 바쁘다.

문제의 원인은 남이 아니라 우리 자신이다. 우리는 자신의 한계를 자각하고 이런 깨달음의 바탕 위에서 미래를 새롭게 설계해야 한다.

이제는 성과를 올리려고 안간힘을 쓰고 일을 통제하려는 시도 그 이상의 것이 필요함을 깨달아야만 한다. 중년의 위기를 직시하고, 자신은 완벽해서 모든 것을 해낼 능력이 있으며 잘못은 오로지 남 때문에 빚어진다는 착각을 떨쳐버려야만 한다. 그동안 우리 인생을 어렵게 만든 시련을 보면 이런 착각의 정체가 분명해진다.

좋은 의미의 의지와 노력은 실제로 우리 인생을 이끌어주는 효과를 발휘한다. 나는 '노력만 하면 된다'는 착각에 다양한 반응을 보이는 사람들을 만났다. 크게 두드러진 두 가지 반응을 살펴보면 하나는 노력을 아끼지 않으려는 매우 인정할 만한 열정이며, 또 다른 하나는 들인 노력에 비해 원한 보상이 나타나지 않아 낙심하는 태도다. 이런 모든 반응은 노력과 성과 사이의 인과관계를 면밀히 살피고 새롭게 평가할 필요성을 부각시킨다. 노력하지 말라는 말이 아니다. 치열한 노력이 필요한 경우는 많기만 하다. 중요한 일은 이런 노력을 보다 더 의식적이고 목표에 맞게 알맞은 정도로 기울이며, 이런 노력으로 기대할 수 있는 성과에 어떤 것이 있는지 냉철하게 평가하는 것이다.

노력은 종종 우리를 배신한다

안네

안네는 자신이 좋은 엄마라고 여겼다. 딸에게 애정을 표현하고 친근한 모습을 보여주면서도 단호한 태도로 잘못을 바로잡으며, 필요한 경우 창의적이고 좋은 자극을 주려고 노력했다. 그녀는 딸의 교육에 열과 성의를 아끼지 않았다. 승마, 바이올린, 친구와의 만남, 여행 등 딸이 원하는 것이면 무엇이든 들어주려 노력했다. 덕분에 딸은 자신감에 넘치는 귀여운 소녀로 자랐다.

다만 학교생활만큼은 실망을 안겨주었다. 나쁜 성적은 마치 안네와 남편이 집에서 교육에 전혀 신경 쓰지 않는 것처럼 보이게 했다. 안네는 걱정이 되어 견딜 수가 없었다. 그렇지 않아도 부족한 시간을 쪼개가며 딸과 함께 숙제를 하고 공부를 도와주려 안간힘을 썼지만 노력의 성과가 나타나지 않아 속이 탔다. 안네가 보기에 딸은 고집이 세서 별다른 노력을 하지 않았고 엄마의 도움을 거부했다. 안네는 딸에게 발작적으로 분노를 터뜨리는 일이 잦아졌다. 점점 인내심을 잃어갔고 자신이 원하는 대로 성적이 나오지 않으면 본격적으로 화를 냈다. 그러나 딸의 성적은 나아지지 않았다. 오히려 더 나빠지기만 했다.

이런 갈등이 지속되면서 안네는 에너지가 바닥나고 우울증 증세까지 나타났다. 그녀는 초등학생의 엄마 노릇이란 기쁨과 보람에 넘치는 것이라고 상상했었다. 그러나 이제는 힘들여 노력하는 것만으로는 충분하지 않음이 분명해졌다. 아이는 부모가 좋은 의지가 있다는 이유 하나만으로 좋은 성적을 올리지 않는다.

타마라

타마라는 영업직 사원이다. 그녀가 맡은 업무는 대형 기업으로부터 프로젝트를 따내는 일이었다. 회사는 그녀에게 충분한 예산과 시간으로 전폭적인 지원을 아끼지 않았다. 타마라는 고마움에 노력을 아끼지 않았으며 어느 것 하나 소홀히 하지 않았다. 그러나 3년이 지난 이후에도 이렇다 할 실적을 올리지 못했으며 매출을 올려줄 고객을 확보하지 못했다. 타마라는 자신이 이 분야에 직업적 전망이 있는지 회의가 들기 시작했다. 고용주 역시 그녀에게 다른 일을 알아보라고 했다. 그녀는 매출을 올리기 위해 노력을 아끼지 않았지만 이제는 정말로 다른 일자리를 알아봐야 했다.

미하엘

미하엘은 혁신 프로젝트를 추진하는 일을 한다. 그는 이 일에 정말 열정을 다했다. 몇 달을 사무실에서 진땀을 흘리며 구상을 가다듬고 초안을 꾸며 프레젠테이션을 준비했다. 휴가를 미루고 야근까지 해가며 팀원들과 함께 필요한 예산을 따내기 위해 구슬땀을 흘렸다. 그러나 이런 노력은 물거품이 되고 말았다. 기업의 경영진이 그동안의 노력에 감사하다며 "일단은 예산을 책정하지 않겠다."고 통보해온 것이다. 이 말은 프로젝트가 '절대 기회를 얻을 수 없음'을 뜻했다. 미하엘은 어떻게든 자신의 아이디어를 관철시키려 안간힘을 썼다. 그러나 퇴짜를 맞는 일이 이번이 처음은 아니었다. 그는 점차 일에 의욕을 잃기 시작했다.

자신의 한계를 직시하라

위의 사례에서 문제의 원인을 외부의 시선으로만 접근해 아이나 학교 시스템, 대기업 혹은 경영진만 들먹이는 것은 지나친 단견이다. 이래서는 제대로 된 원인을 알아내기 힘들다.

무엇보다 우리는 자신을 직시해야만 한다. 그래야 무엇이 부족하며 어떤 실수가 저질러졌는지, 우리의 제한된 가능성과 능력이 분명하게 드러난다. 아무튼 그 모든 노력에도 우리는 슈퍼맨이나 슈퍼우먼이 되지 못했다. 중년에 우리는 많은 능력과 경험과 지식을 갖추었지만 할 수 있는 일의 한계도 있다는 것을 깨닫는다. 생각과 느낌에 어떤 부족함이 있었는지, 정작 우리 자신은 누구인지 하는 질문의 답이 분명해지는 시기가 중년이다. 이런 깨달음은 반짝이지 않으며 불편하기만 하다. 인간으로서 우리는 자신의 참모습을 알아보지 못하는 일종의 맹점이 있다. 그리고 위기는 우리를 더욱 힘겹게 만든다. 쉽사리 승복하지 않고 잘못의 원인을 시스템이나 다른 사람에게서 찾으려는 태도는 그래서 생겨난다. 중년에는 시선을 내면으로 돌려 자신을 성찰하는 태도가 반드시 필요하다. 오로지 이런 성찰만이 무엇이 우리 안에 있는지, 부족한 점은 어떤 것인지 밝혀준다. 공허함과 무력감이 먼저 고개를 들 수는 있다. 자신이 그렸던 그림과 현실이 맞아떨어지지 않아 괴롭고 서글픈 감정은 피할 수 없다.

이런 불편한 느낌에는 어떻게 대처해야 좋을까? 모든 것을 인정하지 않으려는 반응은 당연하다. 얼마든지 이해할 수 있다. 잘못을 다른 사람에게 떠넘기는 태도도 마찬가지다. 실제 다른 사람이 잘못한 경우도 없지는 않다. 그렇지만 더욱 중요한 일은 상황을 명확하게 그려내고 문제의 진짜 원인을 찾는 것이다. 때론 상황을 다른 관점으로 볼 수 있는 사람이 도움이 된다. 상사나 친구, 동료처럼 솔직한 판단을 이야기해주며 좋은 피드백을 주어 자신이 어떤 맹점을 가졌는지 밝혀줄 사람이 필요하다('이정표 22 나쁜 대화 상대의 프로필'과 '이정표 23 좋은 대화 상대의 활용법'을 참고하라).

중요한 점은 나 자신이 겪은 일을 다른 사람은 어떻게 보는지 알아내는 것이다. 어떤 실수를 나는 내 것으로 인정해야 할까? 다른 사람이 올린 성과는 무엇인가? 문제 또는 위기가 빚어진 책임에서 내 몫은 무엇인가? 노력했음에도 소홀히 했거나 잘못한 것은 어떤 일인가? 어디서 내 능력과 경험이 부족했는가? 반드시 달성하고 말겠다는 의지가 부족했는가? 목표에 도달하기 위해 치러야 하는 대가가 너무 비쌌을까? 혹시 엉뚱한 곳에서 노력을 기울였는가? 꼼꼼함이나 야근보다는 좋은 인맥이나 상사의 영업 노하우에 기대는 것이 더 나은 선택이었을까?

우리는 솔직하게 현실적으로 자신을 평가하고 실수와 부족함을 인정할 줄 알아야만 한다. 자신에게 가혹하라는 말이 아니다. 자신을 정확하게 평가하는 일은 매우 중요하다. 솔직한 관점에서만 새로운 것을 찾을 자화상이 그려진다. 우리는 이제 막 인생을 시작하는 초심자가 아니라, 이미 인생의 한복판에 들어선 중년이기에 이런 솔직한 자화상이 매우 중요하다. 우리는 현재의 모습 그대로 소중한 가치를 가진 인간이다. 그동안 쌓은 경험과 지식을 빛나게 다듬고 과실을 맺을 수 있도록 활용하는 것이 중요하다. 경험을 평가함으로써 우리는 자신의 위치를 솔직하게 매김하며, 현재 빚어지는 위기나 문제에 자신의 잘못은 어느 정도인지 가늠할 수 있어야만 한다.

노력했음에도 왜 특정 정도를 넘어서는 성공을 거두지 못했는지 정확한 원인 진단은 이렇게 해야 이뤄진다. 기대 이하의 성과밖에 올리지 못한 원인의 진단도 마찬가지다. 이런 자가 진단이 무슨 드라마처럼 요란스러워야 할 이유는 전혀 없다. 오히려 차분하게 자신의 능력을 올바로 평가할 때 부담을 덜어버리는 강인함이 얻어진다. 필요한 힘을 정확히 가늠해서 목표에 집중해야 기대에 맞는 성과가 주어지기 마련이다.

나중에 이런 깨달음을 얻은 안네는 달라진 태도로 딸을 지원했다. 오후에 집중적인 공부 지도를 해주기 시작하면서 딸의 성적은 안정을 찾아갔다. 그러나 그녀는 딸이 최고 성적을 자랑하는 우등생이 될 수 없음을 감수해야만 했다.

미하엘은 이후 자신의 혁신 프로젝트를 받아들일 수 있는 다른 기업을 찾아 노력을 통해 목표를 실현하는 데 성공했다.

타마라는 자신의 영업 전략을 바꾸었다. 이제는 기업을 위한 대형 프로젝트보다는 적은 예산으로도 얼마든지 추진할 수 있는 작은 규모의 프로젝트에 집중했다. 그동안 쌓아둔 경험 덕에 이 일은 그녀에게 무척 쉬웠다. 고객과의 미팅은 더 이상 대기업의 '빅 보스'가 아니라 해당 부서의 부장급이었기에 일정을 잡기가 어렵지 않았다. 새로운 고객은 그녀와 일하는 것에 매우 만족해서 앞다퉈 계약을 맺으려 했다. 타마라의 매출액은 급상승했다. 예전에 생각했던 그런 규모는 아니었지만 비교적 힘들이지 않고 단골 고객 인맥을 구축했다. 결과적으로 타마라는 최고 매출액을 올리는 영업사원은 아니지만 고객관리에서만큼은 최고의 영업사원이 되었다.

중년에 우리가 물어야 할 질문은 '나는 충분히 노력하는가?'가 아니라 다음의 것이 되어야 한다.

- 나는 올바른 방향으로 노력하는가?
- 나는 적절한 때와 장소에서 노력하는가? 지금의 위치에서 내가 할 수 있는 최선은 무엇인가? 혹시 다른 자리에서 노

력하는 것이 더 낫지 않을까?

- 더 이상 진전이 없으리라고 인정해야 할 부분은 무엇인가? 어디서 나는 "할 수 있는 것은 다했어. 더는 안 돼. 이걸로 좋아."라고 말해야만 할까?
- 혹시 나는 엉뚱한 곳에서 내 노력이 인정받기를 바랐던 것인가?
- 일의 성공을 잘못된 잣대로 측정하지는 않았는가?

나는 올바른 방향으로 노력하는가?

타고난 소질과 능력을 필요한 지점에서 정확히 활용하지 못하는 일은 얼마든지 일어난다. 아마도 (직업적) 환경이나 본인 자신이 바뀌어 업무에 적응할 수 없어서 노력했음에도 만족할 만한 성과가 나오지 않는 것일 수 있다. 이런 곳에서는 더 이상 애써 노력할 필요가 없다. 조금 냉정하게 들릴지 몰라도 오히려 부담을 덜어주는 질문이다.

나는 적절한 때와 장소에서 노력하는가?

우리의 고용주는 물론이고 조직의 구조도 변한다. 예전의 중요한 부서나 업무, 프로젝트는 뒷전으로 밀려나고 다른 것이 더 큰 비중을 얻는다. 회장의 관심과 인정과 예산은 다른 분야로 쏠린다. 아마도 업무를 신뢰할 만하게 지속적으로 잘 처리한 탓에 관심이 떨어지는 것일 수도 있다.

바로 그래서 우리는 지금 하고 있는 일이 정말 성공을 가져다 줄지 시험할 줄 아는 자세를 가져야 한다. 그러면 무엇을 가지고 이런 것을 시험할까? 흥미로운 질문이다. 어떤 것이 성공의 척도일까? 상사는 우리의 노력을 인정하지 않지만 동료나 고객은 인정할 수 있다. 그렇다면 이런 인정만으로 충분한지 고민해야만 한다.

기업이나 고용주가 우리에게 좋은 쪽으로 변화하리라는 기대는 접어두는 것이 좋다. 그런 일은 일어나지 않는다.

업무를 보는 시각을 바꿔보면 어떨까? 예를 들면 성과 중심으로만 볼 게 아니라 의미를 부여하는 것이 훨씬 더 건설적일 수 있다. 고용주만 의식하지 말고 노력을 투자해도 좋을 업무에 집중한다면 직장 생활의 보람과 의미는 얼마든지 찾을 수 있다. 이런 모든 것이 불가능하다면 다른 기업으로 이직을 신중히 검토해야 한다.

더 이상 진전이 없으리라고 인정해야 할 부분은 무엇인가?

반성이 없이 현재 위치만 고수하는 것은 중년에 선택할 수 있는 조건이 아니다(더 자세한 것은 '착각 8 직장은 너를 소중히 여길 거야'를 보라). "할 수 있는 것은 다했어. 더는 안 돼. 이걸로 좋아." 하는 깨달음은 대단히 신선한 해방감을 선물한다.

자신의 노력이 시시포스의 바위 굴리기처럼 보이는 인생의 분야는 틀림없이 존재한다. 저 옛날 코린트의 왕 시시포스가 힘들여 바위를 산의 정상으로 밀어 올렸으나 허망하게 다시 굴러 떨어지는 바위를 보며 한숨짓는 모습과 판박이처럼 닮은 일상이다. 성공은 무망해 보이거나, 비록 이뤄진다 하더라도 아주 먼 훗날의 일이다. 어쨌거나 노력의 끝이 보이지 않는다. 흔히 대기업의 업무가 그렇지만 인생의 거의 모든 일도 마찬가지다. 특히 살림살이는 끝없는 고역의 연속이다. 사람들이 일반적으로 살림을 좋아하지 않는 이유가 달리 있는 게 아니다.

이 물음의 답은 두 가지 방향에서 찾아야 한다. 첫째로, 나는 '최선을 다했어'를 '최고의 최선을 다했다'와 같은 뜻으로 받아들일 수 있을까? 비록 나는 최선을 다했다 할지라도 여전히 부족한 부분은 존재할 수 있다. 둘째, 내가 하는 노력의 의미는 살림살이와 마찬가지로 끝없이 되풀이해야만 찾아지지 않을까?

엉뚱한 곳에서 노력이 인정받기를 바랐던 것인가?

치매에 걸린 시어머니는 며느리의 노력을 올바로 인정할 줄 모른다. 자신만의 세계 안에 갇혀 불평을 터뜨리며 며느리의 노력을 깎아내리기 바쁘다. 부모도 마찬가지다. 매일 자녀를 키우기 위해 안간힘을 쓰지만 이런 노력에 그 어떤 보상이나 인정을 받지 못한다. 물론 최선은 자신의 노력을 인정해주는 분야나 대상을 찾는 것이다. 그렇지만 많은 경우 그냥 간단하게 그만하면 도리를 다했다고 자위하는 것이 정신 건강에는 더 좋다.

일의 성공을 잘못된 잣대로 측정하지는 않았는가?

성공을 더 좋아진 성적을 기준으로 재는 것이 올바른 측정일까? 성적이 더 나빠지지 않고 딸이 계속해서 건강하고 밝은 소녀로 자라나는 것도 얼마든지 성공일 수 있지 않을까?

우리는 모두 자신이 기울이는 노력이 인정받기를 바란다. 그러나 중년은 끊임없이 외부의 누군가가 확인하고 인정해주지 않더라도 흔들리지 않는 성숙함을 자랑할 수 있는 시기다. 인정은 자기 자신이 해주는 것만으로도 충분하다.

아무런 대가를 얻지 못하는 노력은 중년의 행동 전략일 수 없다. 물론 힘닿는 데까지 노력할 수는 있지만 해야만 하는 것은 아니다. 중년에 접어들며 우리는 자신이 가진 힘도 제한되어 있음을 깨닫는다. 그러나 제한된 힘일지라도 얼마든지 현명하게 사용할 수 있다. 바로 그래서 중년에 새겨야 할 깨달음은 이렇다. 정확히 목표에 맞춰 신중하게 방법을 찾아 노력하자. 노력했음에도 뜻이 이뤄지지 않는다면 다시금 목표를 정확히 가늠해보자.

착각 '노력만 하면 된다'

교정 '정확히 목표에 맞춰 노력하라'

지금이 인생의 최고 시절이다

중년은 충만하고 풍요로운 시절이어야 한다. 이는 최소한 우리가 기대하는 바다. 과연 그럴까? 물론 인생의 한복판은 충만해야 한다. 그러나 이 말의 진정한 의미는 현실을 직시하고 더 채우려 할 때 실현된다.

20대 중반에 직업을 갖고 가정을 일군 사람은 중년 초에 접어들면서 인생의 이른바 '러시아워'를 겪는다. 가족을 부양하고 일에서 더 높은 비상을 이루고자 하는 역동적인 시기, 말 그대로 '돌격 앞으로!' 같은 숨 가쁜 시절을 맞이한다. 이 러시아워는 서로 밀접하게 맞물리는 다음과 같은 인생 과제들로 눈코 뜰 새가 없을 정도다.

• 직업 생활의 한복판에서 자신의 위치를 단단히 해야 한다.

- 자녀와 연로한 부모 사이에 긴 샌드위치 신세로 돌봐야 할 사람이 많다.
- 비교적 늦게 출산한 탓에 아직 어린 자녀 역시 많은 손길을 요구한다.

이 시기의 인생이 짊어져야 하는 부담은 상대적으로 자주 거론되었다. 자라나는 자녀와 가족의 자잘한 요구, 마찬가지로 신경 써줘야 하는 배우자, 건강 관리와 운동, 요리 또는 영화 관람과 친구들 사이의 관계 관리 등 그야말로 낮과 밤을 가리지 않고 뛰어도 부족한 시간이다.

끊임없이 뭔가 처리해야만 하는 바쁜 중년의 일상은 러시아워가 무색할 정도다. 우리는 배우자, 고용주, 친구, 자녀를 상대로 끊임없이 협상한다. 협상의 대상은 자유 시간, 휴식, 수면, 근무량 따위다. 하루는 36시간이어도 부족하며 일주일은 8일로 늘어나기 일쑤다. 그래도 시간은 턱없이 모자라다. 신문, 토크쇼, 친구들과의 대화는 이런 바쁜 일상을 어떻게 감당해야 좋을지 하는 주제로 넘쳐난다. 부담이 너무 지나쳐 이러다간 폭발할 지경이라고 모두가 아우성이다. 흔히 '번아웃burnout' 상태라거나 '이대로는 안 돼!' 하는 느낌에 견딜 수 없다는 호소를 듣곤 한다. 또 많은 경우 바로 자신이 당사자이기도 하다.

이런 바쁜 일상은 한편으로는 그동안 땀 흘려 이뤄낸 풍요로운 삶의 표현이기도 하다. '바쁘다'와 '스트레스'를 연발하는 것을 부유한 사회의 특징이라고 말하는 사람도 있다. '바쁘다'는 말을 달고 살면서 자신이 실패자가 아닌 성공한 인생을 살고 있다고 으스대는 것이다.

그럼에도 우리는 묻지 않을 수 없다. 과연 이런 것이 인생 최고의 시절일까? 맞벌이 부부가 두 직업과 두 자녀를 감당하기 위해 자녀의 등하교와 장보기 같은 일을 나누고, 바쁜 일상을 소화하느라 지치는 것이 과연 인생 최고의 시절일까? 마음껏 인생을 구가하기보다 관리하기 바쁜 것이?

당연히 부부는 지친 나머지 함께 잠을 자기보다 방해받지 않고 혼자 잠자리에 들었으면 하는 생각마저 품는다. 이런 것이 정말 인생 최고의 시절일까? 바쁜 하루에서 유일한 휴식은 직장에서 퇴근하며 자동차를 운전하는 시간뿐이라면 너무 서글픈 이야기가 아닐까?

우리는 복잡한 감정에 사로잡힌다. 지금의 환경을 이루기 위해 그동안 오랜 세월에 걸쳐 땀 흘려가며 일해왔다. 집을 장만하느라 얼마나 노심초사했던가. 지금의 배우자와 함께 살면서 자녀를 가지기를 소망하며 다닌 직장은 그래도 보람이라는 것을 선물했다. 그러나 지금의 러시아워는? 스톱. 고. 스톱. 고. 고. 고. 매일, 매주 똑같이 숱한 세월 동안 반복되는 일상. 그래서 우리는 피곤하다. 최고의 시절이라고? 허허, 거참. 그렇기도 하고 아니기도 하다.

우리는 그럭저럭 일상을 견디는 법을 배운다. 서로 일정을 맞추고 조절해가며 가정과 직업을 유지한다. 친구와 가족과 배우자와 함께 조절하고 돕는다. 그러면서 무엇인가 버리는 법을, 우선순위를 정하는 법을 배우며 점차 실용적으로 바뀐다. 짧은 휴가를 다녀와 다시 일에 파묻히면서 이런 게 일상이라고 애써 자위한다. 그러나 모든 것이 매끄럽게 풀리진 않는다. 마치 자전거를 타고 자갈길을 달리는 것처럼 일상은 터덜거린다. 그래도 익숙한 일이라 그럭저럭 감당해낸다. 어느 덧 몇 주가 지나간다. 헉! 벌써 연말이라고? 이런 것이 인생 최고의 시절이라고 느껴지진 않지만 그나마 이게 어디냐고 애써 자위한다.

우리를 혼란에 빠뜨리는 것은 삶의 한복판에서 감당해야 하는 러시아워가 아니다. 물론 힘들기는 하지만 러시아워가 결정적인 함정은 아니다. 정작 중요한 문제는 다른 것이다. 중년은 그동안 우리가 힘들여 일군 나름 풍요한 인생을 뿌리부터 뒤흔드는 불안함과 변혁의 시기다. 고생 끝에 도착했나 싶었는데 기다리는 것은 또다시 새로운 출발 지점이다('착각 1 이제 이룰 만큼 이루었다'를 보라). 이는 물론 러시아워라는 힘든 상황 때문이기도 하지만 그보다는 외적 요인으로 더 많이 촉발된다. 직업, 배우자, 숙환에 시름하는 부모 등. 행복의 정상을 맛보는 대신 우리는 다시금 울퉁불퉁 굴곡진 비탈길을 걸어야만 한다.

그러나 동시에 우리는 인생의 좋은 지점에 서 있다. 우리는 많은 경험을 쌓았으며 중요하다고 여긴 많은 것을 이룩했다. 직업에서 적지 않은 성취를 일구었으며 X 단계에 올라 Y 등급에 상응하는 특혜를 누리기도 한다. 사랑하는 배우자와 만나 가정도 꾸렸다. 상대적으로 독립성을 누리며 대개 건강 상태도 좋다. '그러나' 이처럼 많은 것을 이뤘음에도 우리는 여전히 탐색에 나서야 한다. 이에 우리는 혼란에 빠지고 충격에 사로잡힌다.

대체 중년에도 새로운 탐색에 나서야 하는 이유는 무엇일까? '그러나'라는 단어는 우리의 안타까운 속내를 밀고한다. '그러나' 탐색에 나서야 하는 상황을 우리는 꿈도 꾸지 않았다. 인생 최고의 시기를 구가하고 싶다는 기대를 여지없이 깨뜨리는 이런 상황을 우리는 받아들이고 싶지 않다. '그러나' 인생은 우리를 편안하게 내버려두지 않으며 변화에 대응하도록 강제한다.

이 시기에는 두 가지를 동시에 이뤄내야만 한다. 우선 그동안 이룩한 좋은 것을 마음껏 누려야 한다. 그다음에는 어려운 문제를 이겨내고 울퉁불퉁한 비탈길을 걸어갈 힘을 모아야만 한다. 한편으로는 여유를 누리면서도 다른 한편으로는 긴장해야 하는 이런 상황은 그렇지 않아도 야단법석인 일상을 소화해야 하는 우리에게 결코 간단한 것이 아니다. 그렇지만 이런 상황을 능숙하게 다루는 법을 배워야만 한다. 미래를 두고 성찰하기 위해 산에 들어가거나 세계 여행을 떠날 수 있는 사람은 극소수다. 우리는 두 발이 일상에 묶인 채로 허덕이지만 우리의 정신은 탐색과 여행에 나서야 한다.

이런 변화 과정은 일반적으로 네 단계로 나뉜다. 갑작스러운 단절과 상실의 시기, 공허함을 감당해야만 하는 시기, 두려움에 빠졌다가 천천히 회복하는 시기, 새로운 출발의 시기, 이 네 단계다. 이 책의 말미에 나는 각각의 단계에 중요한 성찰을 묘사하고 우리가 스스로 해야 할 질문과 함께 앞으로 나아갈 여정의 이정표를 제시했다.

중년, 행복이 아닌 회복의 시기

마르틴

47세의 마르틴은 오랫동안 건축설계 사무소의 총무로 일해왔다. 초창기부터 참여한 일이다. 자녀는 아직 학교에 다니며 아내는 오래전에 직장을 그만두고 육아에 전념해왔다. 본래 마르틴은 자신의 직업을 사랑했다. 흥미로운 건축을 의뢰하는 고객들을 상대하는 일에서 그는 만족을 느꼈다. 동료들은 성실한 그를 좋아하고 높이 평가했다. 그러나 언제부터인가 마르틴은 모든 게 심드렁해졌다. 처리해야 할 업무와 근무 일상이 늘 비슷했기 때문이다. "바쁘기는 한데 재미는 없어." 그는 자주 이렇게 말했다. 이 직업은 그에게 더는 신선한 자극을 주지 못했다. "아무래도 오래 견딜 수 없을 것 같아." 그러나 마르틴의 직업 정신은 뛰어났다. 주변 사람들은 그가 품은 회의를 알아차리지 못했다. 그 자신도 이렇게 다짐했다. '때려치우기에는 너무 일러. 직업을 바꾸게 되면 경제적인 어려움에 빠질 가능성이 커. 가족은 돈이 필요해.' 그래서 마르틴은 이직은 하지 않았다. 그럼 지금은?

마르틴은 사무소가 업무 분담을 조정하기로 하자 두 눈이 번쩍 뜨였다. 그는 일부러 아주 새로운 업무를 선택했고 여기서 일거양득의 효과를 누렸다. 한편으로는 자신의 전문 분야에 그대로 남아 그동안 익힌 노하우를 활용했고, 다른 한편으로는 새로운 프로젝트로 분위기를 전환한 것이다.

로베르타

44세의 부동산 중개사인 로베르타의 경우도 마르틴과 비슷하다. 그녀는 9년째 자신의 부동산 중개 사무실을 운영하면서 독일 대도시의 개인 부동산 매매 및 임대를 중개한다. 그녀는 자신의 직업을 속속들이 잘 알았다. 중개업은 상황이 나쁘지 않았다. 그러나 언제부터인가 흥미를 잃기 시작했다. 임대인을 위해 부동산 광고를 대행해주고 몇 차례의 현장 답사를 안내해주면서 늘 비슷한 공간을 특별하다고 꾸며대며, 임대인의 희망에 맞는 임차인을 골라 임대 계약을 처리해주고 중개 수수료를 챙기는 과정은 늘 똑같았다. 집은 바뀌지만 모든 것은 그대로다. 오, 하느님 맙소사!

로베르타는 이렇게 말했다. "자신이 앉아 있는 나뭇가지를 간단하게 잘라낼 순 없는 노릇이죠. 특히 두 아들과 두 명의 직원이 거기에 함께 앉아 있다면 말이에요."

어쩌면 좋을까? 로베르타는 자신이 선택할 수 있는 다양한 조건을 살핀 후 독립성이야말로 자신에게 핵심임을 깨달았다. 그녀는 자율적으로 행동하면서 다양한 사람과 만나는 일을 즐긴다. 더욱이 그녀는 건축과 부동산이 여전히 흥미롭다. 결국 분위기 전환을 위한 방법으로 그녀는 태극권이라는 스포츠를 선택했다. 심지어 그녀는 지도자 양성 과정을 밟고 앞으로 독자적으로 이 운동을 가르칠 계획을 세웠다.

로베르타와 마르틴은 저마다 자신의 분야에서 두각을 드러낸 인물이다. 그러나 이들은 자신이 맡은 일에 더는 만족할 수 없었다. 이들은 뭔가 다른 것에 굶주렸지만 무엇으로 이런 굶주림을 달랠 수 있는지 처음에는 알 수 없어 당혹스럽기만 했다. 예전 같았으면 사람들은 이들을 두고 인생 최고의 시절에 배부른 소리를 한다고 꼬집었으리라. 지금 이런 소리를 할 사람은 없다. 최고의 시절 운운하는 관점이 철 지난 이야기라는 사실은 연구로도 입증되었다.

영국 워릭 대학교의 앤드루 오즈월드Andrew Oswald 교수와 미국 다트머스 칼리지의 데이비드 블랜치플라워David Blanchflower 교수는 2008년에 전 세계의 여성과 남성을 대상으로 설문 조사한 것을 토대로 메타 연구를 발표했다.* 이 연구는 행복함이라는 감정이 인생의 경과에 따라 'U' 자 형태를 이루는 것을 보여준다. 인간은 낙관적이고도 행복한 기대감을 가지고 시작해서 나이를 먹어갈수록 불행해한다. 이 연구는 그 바닥에 이르는 지점이 44세

---

* 앤드루 오즈월드는 영국의 경제학자로 1953년에 태어났다. 데이비드 블랜치플라워 역시 영국의 경제학자로 1952년에 태어났으며 중앙은행 통화정책위원회 이사를 맡고 있다. 현재는 미국에서 주로 활동한다.

라고 밝혔다. 50대 초반에 접어들며 인간은 다시 행복을 회복하기 시작한다. 60대 혹은 70대에 들어서면서는 더욱 행복감을 느낀다. 이런 행복감은 20대와 거의 같은 수준이다. 물론 건강이 좋다는 전제 조건이 있어야 한다. 이 연구 결과만 봐도 40대 중반이 '최고의 시절'이 아님은 분명하다.

아쉽게도 두 학자는 어떻게 해야 40대의 이런 불행에서 빠져나올 수 있는지 답을 제시하지는 않았다. 하지만 각자 자신의 성격과 기질에 따라 기다리면 저절로 행복감이 회복되는지, 아니면 무엇인가 적극적인 대책을 세워야 하는지 실험을 감행해볼 수 있다. 나는 개인적으로 기다리는 성격은 아니다.

두 번째 성숙을 위한 질문들

아주 오래전부터 중년을 보는 전혀 다른 관점은 존재해왔다. 이런 관점이 왜 사람들의 주목을 받지 못했는지 나는 의아하기만 하다.

인지학과 심리학을 들여다보면 이런 관점이 무엇인지 알 수 있다. 루돌프 슈타이너Rudolf Steiner(1861~1925)는 인지학人智學으로 인간의 삶을 해석하면서 인생에서 7년 주기의 리듬을 읽어낼 수 있다고 주장했다.* '7년 리듬'이라는 이 이론은 흥미롭게도 그리스의 의사 히포크라테스(기원전 약 460~377)의 학설에서도 발견된다. 이렇게 인생의 주기를 분류하는 계산이 정확한가 하는 질문은 이 자리에서 따지지 않기로 하자. 관련 문헌은 개인에 따라 편차가 나타날 수 있다고 인정하기 때문이다. 나는 성인 연령대에서 주목할 만한 의식의 발달과 '지적 사고능력의 발현'이 이뤄진다고 본 슈타이너의 계산을 무척 흥미롭게 봤다. 실제로 7년 주기 리듬은 아이들의 학습 능력 계발과 관련해 교육학자들이 활발히 논의하는 것이다. 그러나 성인 연령대의 7년 주기는 지금껏 거의 주목을 받지 못했다.

여기서는 7년을 주기로 볼 때 첫 5단계(출생에서 35세까지)는 다루지 않고 중년에 중요한 14년에 초점을 맞추고자 한다. 여섯 번째 7년 주기는 대략 36~42세에 해당한다.

슈타이너는 이 시기를 존재의 의미를 문제 삼는 위기의 시기라고 규정한다. 나는 내 힘만으로 무엇을 할 수 있을까? 나의 인생 과제는 무엇일까? 나는 어디서 의미를 찾을 수 있을까? 타고난 소질과 능력으로 나는 어디에 있어야만 할까? 나는 어디로 가야 할까? 나는 정말 계속해서 부동산 중개사로 일하고 싶은가? 이 일이 만족스러운가?

---

* 독일계로 오스트리아에서 출생했으며 주로 독일에서 활동한 사상가이자 교육자, 건축가다. 대안학교인 발도르프를 창설했으며 친환경 농업과 공동체 생활 등 다방면에 걸쳐 걸출한 업적을 자랑한다.

직업과 사회생활과 개인적 능력에 회의를 품는 태도는 중년에 해당하는 이 시기에 생겨난다고 슈타이너는 지적한다. 지금껏 확실하게 여겼던 많은 것이 돌연 혼란스러워진다. 이를테면 자신의 한계를 절감한다거나, 이런 한계를 상사나 동료로부터 지적받아 생겨나는 자괴감이 위기의 원인이다. 또는 배우자나 친구와 겪는 갈등도 이런 회의를 거든다. 배우자나 친구가 자신의 약점을 알아보고 비판이나 비난을 할 때 당사자는 삶이 무너져 내리는 느낌을 받는다.

좋은 것도 지나치면 독이 된다

톰은 사회복지사로 일하며 자신의 직업에 대단히 만족해했다. 그는 문제아동이 많은 도시 구역에서 청소년을 위한 상담소를 운영하며 다양한 혁신적 구상을 실천에 옮겼다. 청소년들과 함께 인상적인 프로젝트를 추진하면서 지역 사람들과 네트워크를 구축해 기부금을 모집하고 많은 문제를 해결했다. 그는 지역의 유명 인사가 되었다. 유명세 탓에 겪는 어려움이 적지 않았지만 이름이 알려졌다는 사실은 일을 추진하는 데 큰 도움을 주었다. 하지만 그는 지나칠 정도로 왕성하게 아이디어를 냈고 사람들로부터 받은 제안을 실현하느라 늘 바빴다. 그는 일을 너무 벌였고 그 자신은 물론 그의 팀과 가족 역시 과중한 부담에 시달렸다. 가족은 그에게 충분한 관심을 보여주지 않는다며 불평했다. 직원들은 비명을 질러댔다. 아내는 더 이상 이런 식으로는 안 된다며 대화를 요구했다. 톰은 이런 상황을 어떻게 풀어야 할지 알 수가 없었다. 자신은 그저 최선을 다한 것뿐인데 왜 이렇게 상황이 꼬이는지 모르겠다며 한숨을 쉬었다.

성공이 동시에 실패와 갈등을 의미할 수도 있다는 점을 그는 전혀 예상하지 못했다. 그러나 분명한 사실은 지금까지 해온 식으로는 문제가 풀리지 않는다는 점이다.

톰과 같은 경우, 자신의 잘못은 아무것도 없다며 기대했던 것과 다르게 일이 꼬이는 원인과 책임을 다른 사람에게 떠넘겨서는 안 된다('착각 2 노력만 하면 된다'를 보라). 물론 문제의 원인이 자신에게 있다는 깨달음은 너무도 혼란스러운 나머지 내면의 갈등을 야기할 뿐만 아니라 사람들과 싸울 수도 있다. 자신을 문제 삼는 태도는 위협적인 파괴력을 가지기 때문이다. 지금까지 이룩한 것이 (내게) 충분하지 않다, 맞지 않는다, 나 또는 가족에게 아무런 도움을 주지 않는다 같은 평가는 모든 것을 무너뜨리는 자괴감을 불러일으킨다. 누가 이런 자괴감에 시달리고 싶을까?

우리가 그려온 최고의 시절이 이런 것일 수는 없다. 중년이 또 다른 혼란을 야기한다는 깨달음은 불편하기만 하다. 특히 이런 깨달음의 대안을 찾지 못하는 한 혼란은 파국을 부를 수도 있다.

톰의 딜레마는 좋은 일이라 할지라도 너무 지나치면 동료는 물론 가족에게도 악영향을 미친다는 점이다. 이 딜레마는 톰에게 귀중한 교훈을 주었다. 그는 이제 아무리 좋은 일이라 할지라도 균형 있게 생각하고 이 균형을 깨지 않을 최선의 방법을 찾았다. 지나침보다는 선택과 집중이 더 큰 행복과 만족감을 이끈다는 배움은 중년에 접할 수 있는 전형적인 경험이다.

중년, 이제 어떤 삶을 살아야 할까?

이 질문은 중년에 이른 사람이라면 누구나 품는 것이다. 우리는 그 답을 스스로 얻어내야만 한다. 어떤 인생을 살아야 할지 그 행동의 가능성은 다양하기만 하다. 하지만 그중에는 반드시 피해야 할 세 가지 잘못된 생각이 숨어 있다. 아마도 이런 잘못된 태도는 주변에서도 흔히 봤던 것이리라.

오류 1 무시하기

사람들은 흔히 중년에 접어든다는 두려움이나 걱정을 무시하고 더욱 일에만 매달린다. 이런 태도는 적지 않은 성과를 올리고 사회적 인정도 가져다주기는 한다. 그러나 문제는 이런 불안함을 술이나 파티, 지나칠 정도의 방송 시청, 소셜 미디어나 스마트폰 사용으로 상쇄하려 한다는 점이다. 내면에서 고개를 드는 이런저런 걱정을 무시하고 새로운 관심사를 찾는다. 갑자기 오토바이에 열중하거나 새로운 여자 친구를 사귀고 쇼핑에 푹 빠지는 태도는 이렇게 해서 생겨난다. 마라톤이나 사이클 대회에 참가하겠다며 몸을 만들고 집 꾸미기에 열을 올리는 행동도 마찬가지다. 멀쩡한 카펫을 버리고 새것을 사들이거나, 주말이면 가까운 도시로 드라이브를 즐기는 사람도 있다. 한동안은 이런 행동이 도움을 주기는 한다. 그러나 내면의 위기를 무의식적으로 또는 무력하게 피해 다니며 쉬지도 않고 외적인 활동에만 매달리는 태도는 건설적인 미래 설계를 가로막는다.

물론 새로운 취미나 카펫 바꾸기가 나쁜 것만은 아니다. 모두 새로운 생각을 할 수 있도록 긍정적 자극을 줄 수는 있다. 마라톤 완주 역시 의지력과 실천력, 건강을 증명해주기는 한다. 그러나 이런 대안들은 중년에 사로잡힐 수밖에 없는 내면의 위기를 해결해줄 수 없다.

오류 2 같은 것을 더욱 부풀리기

새로운 것에 마음의 문을 열고 받아들이는 대신 기존의 것을 더욱 부풀리는 태도도 심심찮게 볼 수 있다. 더 높은 지위에 오르기 위해, 다음 상여금을 위해 일에만 매달리는 태도나 더 멋진 자동차, 더 큰 집, 별장에 매달리는 태도가 그런 경우다. 중년에 늦둥이를 봤으면 하는 사람도 있다. 휴가 여행은 더욱 요란해야만 한다. 더 많은 친구, 더 매력적인 애인, 더 화려한 뷔페로 중년의 공허함을 상쇄하고 소주에서 와인으로, 와인에서 샴페인으로 바꿔가며 자신을 과시하려는 욕구도 나타난다. 화려한 파티를 연출해서 페이스북이나 인스타그램에 자랑하는 행태 역시 같은 배경을 가진다. 최고의 시절을 즐기지 못하는 중년은 비웃음의 대상이 된다! 보라, 인생 최고의 시절이다. 샴페인을 터뜨려라!

오류 3 불안 감추기

앞으로 어떻게 살아야 할 것인가 하는 질문을 둘러싼 중년의 불안함을 사회적 지위로 위장하려는 사람도 심심찮게 볼 수 있다. 이런 사람은 불안을 감추기 위해 과장을 일삼는다. 그러나 불안함을 솔직하게 인정하는 것이 더 깊은 절망으로 추락하는 것을 뜻하지는 않는다. 그럼에도 우리는 불안을 인정하지 않으려 한다. '내가 해봐서 아는데' 또는 '그까짓 것 별거 아냐' 같은 말을 입에 달고 사는 사람이 주변에 꼭 한 명은 있다. 세상일을 두루 꿴, 이런 잘난 척 박사는 묻지도 않았는데 자신의 이야기를 끝도 없이 주절대서 듣는 사람의 인내심을 시험한다. 이들은 불안을 있는 그대로 솔직하게 받아들이지 않고 다른 사람 위에 군림하려는 자세로 자신의 지위를 자랑하기 바쁘다. 조직의 정상에 있는 사람이라고 해서 불안이 없다는 법이라도 있는가?

(오해를 피하기 위해 말해두자면, 조직의 정상에 선 사람이라고 해서 모두 이런 위장을 하는 것은 아니다. 자신의 불안함을 잘 다룰 줄 아는 뛰어난 성찰 능력의 소유자가 정상의 자리에 오르는 경우가 더 많다. 다행스러운 일이 아닐 수 없다!)

내면의 목소리에 귀를 기울여라

　새로운 것을 받아들이고 인지학에서 말한 것처럼 영혼의 지혜를 구하는 태도 역시 중년이 선택할 수 있는 대안이다. 러시아워의 한복판에서 내면의 저항을 허용하고 영혼의 목소리에 귀를 기울이는 것이다. 나는 무엇에 거부감이 드는가? 어떤 일을 더 이상 겪지 않고 느끼지 않았으면 좋겠는가? 그동안 내게 정작 중요했던 것은 무엇인가? 어디서, 어떤 일이 나를 필요로 하는가? 내가 세상에 베풀 수 있는 선물은 무엇인가? 어떤 것을 나는 더 이상 원하지 않는가? 지금 앉은 자리에서 나는 과감하게 내려올 수 있을까? 지금부터 나는 어떤 시도를 감행할 수 있을까? 앞으로 내가 올라가고 싶은 자리는 어떤 것인가? 유지해야 할 것과 버릴 관계는 무엇인가? 이런 질문들은 차츰 내면의 진실에 이르러 앞으로 나아가야 할 방향을 찾게 해준다.

　그동안 내가 만난 많은 사람들이 중년에 접어들면서 그동안 해온 일을 두고 고민했다. 이들은 이제 새로운 일을 찾았으면 하는 간절한 소망을 품고 있었다. 비영리단체가 벌이는 봉사 활동에서 그동안 쌓은 경험을 나눌 수 있기를 바라는 사람도 있었고, 공통의 관심사를 가진 사람들을 모아 동호회를 만드는 이들도 있었다. 도시의 빈민을 위해 금전적, 활동적 지원을 하며 자녀의 학교를 찾아 봉사를 하는 이들, 선행을 위해 돈을 모금하거나 아이들의 축구 코치를 맡아 하거나 회사에서 젊은 직원에게 멘토

나 교관을 자임하는 이들도 있었다. 이런 봉사 활동을 직업과 병행하는 사람이 있는가 하면, 아예 봉사 활동을 업으로 하는 사람도 있었다. 이들은 나이를 먹어갈수록 사회의 일원으로서 자신의 책임을 강하게 느끼고 있었다.

이런 감정이 우연하게 나타나는 것은 아니다. 사람들은 지금껏 자신이 감당해온 직업의 무의미함이나 허망함에 질린 나머지 자신을 세계와 결합해줄 대안을 찾고 싶어 한다. 이들은 자본주의라는 자기중심적 이해관계의 거품에서 벗어나 본래 품었던 가치를 되살릴 기회를 찾는다. 10대 시절에 꿈꿨던 이상과 가치를, 변화한 형태라 할지라도 실현해내고자 하는 의지를 북돋운다. 이런 자세가 신선하고 좋으며 만족스러운 이유는 그동안 쌓은 경험으로 10대 때보다 훨씬 더 강한 실천력을 자랑하기 때문이다.

이들은 자신을 성찰할 시간을 갖기 시작한다. 태극권이나 명상, 기도, 요가를 하며 내면으로 여행을 떠나 자신이 품은 질문의 답을 찾고자 노력한다. 참으로 좋은 일이다! ('이정표 21 영혼의 목소리에 귀를 기울이자'를 참고하라)

슈타이너의 이론에 따르면 일곱 번째 7년 주기는 43~49세에 해당한다. 이 시기 동안 인간은 자신의 경험을 활용하면서 정신적이고 영성적인 깨달음을 응용하는 법을 연습한다고 슈타이너는 설명한다. 일곱 번째 주기는 인간이 직접적인 생활공간을 넘어 더 큰 맥락의 세계와 의미로 충만하게 관계할 기회를 제공한다.

중년은 이처럼 영혼의 지혜를 익히는 첫 번째 단계다. 예전보다 더 맑은 눈으로 세상을 보며 자신이 가진 한계를 분명히 의식하는 것이다. 세계를 더 잘 이해할 수 있는 세계관이 이 시기에 키워진다. 도대체 우리 사회는 왜 이 모양일까? 어째서 매일같이 문제가 터져 나올까? 이런 갈등을 슬기롭게 해결할 방법은 무엇인가? 우리의 자녀는 어떻게 성장해야 좋은가? 내가 일하는 기업은 사회에 올바른 기여를 하고 있는가? 중년은 이런 질문들의 답을 얻어낼 법칙과 공식을 알아내려 노력하면서 내면의 새로운 힘을 얻어낼 원천, 이를테면 인내심, 체념하고 받아들일 줄 아는 성숙함, 관대함, 지구력, 평정심을 키운다.

여기서 중요한 점은 일상의 소란함 속에 숨은 본질을 읽어내는 것이다.

그럴싸하게 들리지만 중년의 이런 자세가 품은 위험도 만만치 않다. 새롭게 얻은 이런 능력은 동시에 자신의 지혜로 남을 가르치려드는 오만함을 낳을 수 있다. 파티나 학부모 모임에서 이런 유형의 사람을 드물지 않게 볼 수 있다. 마르틴 발저는 "그 반대의 것을 가지지 않은 진리란 없다."고 말했다. 중년에 자신이 터득한 진리가 곧 다른 사람의 진리인 것은 아니라는 뜻이다. 우리의 경험, 능력, 희망 그리고 간절히 이루고자 하는 이상은 그만큼 다양하다. 또 바로 그래서 좋다.

젊음과 작별하기

사람들은 흔히 중년을 노화의 첫 단계로 받아들인다. 인생의 최고 시절은커녕 (신체적) 가능성의 위축이 이 시기부터 시작한다고 보기 때문이다. 이런 느낌은 특히 새로운 생각, 새로운 깨달음으로 정신을 갈고닦을 노력을 하지 않고 몸의 노화 과정에만 집중할 때 더 강해진다.

이런 느낌에 사로잡힌 중년은 젊은 세대를 인생을 풍요롭게 만들어주는 동반자가 아니라 자신의 자리를 위협하는 적으로 간주한다. 참으로 유감스러운 일이 아닐 수 없다.

노화 과정을 이처럼 편파적으로 바라보는 시선은 중년에 대한 부정적 평가로 이어진다. 피부가 탄력을 잃는다, 새치가 늘어난다 한탄하고 몸무게와 전쟁을 벌인다. 예전에는 밤새 파티를 해도 끄떡없었는데 이제는 힘들어 견딜 수가 없다며 탄식하는 말들은 이런 부정적 관점의 반영이다. 이런 식으로 중년을 다룬 책과 신문 칼럼과 영화는 차고도 넘친다. 물론 몸이 예전 같지 않아 생기는 안타까움은 자연스러운 감정이다. 이런 감정을 부정할 필요는 없다. 그리고 정말로 몸을 예전보다 더 신경 써서 돌보고 관리해야 한다. 예전에는 당연하게만 여겼던 건강이나 몸의 운동 능력, 신체적 매력은 중년에 접어들며 줄어드는 게 사실이다. 남성도, 여성도.

중년은 분명 우리 인생 최고의 시절은 아니다. 그러나 젊음과의 작별이 곧 정체와 쇠퇴를 의미하지는 않는다. 오히려 예전에 없었던 여유와 성숙함과 깊어진 지혜를 누린다. 이런 가치는 쌍수를 들어 환영할 것이지, 애석하게 여길 게 아니다. 생텍쥐페리는 그의 유작 『성채Citadelle』*에서 이렇게 말했다.

"흘러가는 시간이 우리를 소모시키고 파괴하는 것이 아니라 … 우리를 완성해주는 것으로 보는 게 좋다."

성숙을 위한 최고의 계절

이파리가 풍성한 커다란 고목을 보면 우리는 경탄을 금치 못한다. 땅속 깊이 내렸을 뿌리를 머릿속으로 그려보며 그 늠름함에 감탄하고 고목이 발산하는 역사의 숨결에 전율을 느끼기도 한다. 그러나 이런 오랜 성장, 켜켜이 쌓인 나이테의 웅숭깊은 속내를 정작 우리 자신은 받아들이려 하지 않는다.

중년이라는 시기가 실제로 풍성한 과실을 맺을 늠름한 나무가 되기에 가장 적절한 때라는 점을 우리는 알아차리지 못한다. 자연의 생명체를 너그럽게 품어주며 인간에게 서늘한 그늘을 선사

---

* 이 책은 생텍쥐페리 사후에 미완 유고를 출간한 것으로 영어판 제목은 '사막의 지혜(The Wisdom of the Sands)'이며 독일어판 제목은 '사막의 도시(Die Stadt in der Wüste)'다. 국내에도 '사막의 도시'로 알려진 사례가 있으나 프랑스어 원제대로 '성채'라 옮겼다.

하는 고목의 지혜를 한사코 무시한다. 우리는 과거 꿈꿨던 최고의 시절에 집착하며 그 허상의 시절이 저절로 와주기만을 헛되이 기다린다.

이런 기다림만으로는 진정한 발달과 성장을 이룰 우리 인생의 진짜 최고 시절을 놓치고 만다. 이 최고 시절은 우리가 예상했던 것과는 다른 옷차림으로 찾아오기 때문이다. 두 눈을 크게 뜨고 놓치지 말자!

착각 '지금이 인생 최고 시절이다'

교정 '중년은 당신이 되고자 하는 인간으로 성장할 최적의 시기다'

착각 4

이제 열매를 따기만
하면 된다

함께 입사했는데 2년 전에 이미 중역 자리를 꿰찬 동료를 보면서 우리는 속이 터지고 자신의 처지를 한탄한다. 그만하면 괜찮은 연봉임에도 집의 대출금은 언제 다 갚을지 까마득하기만 하다. 경제적 자유를 누렸으면 하는 평생의 꿈은 영원히 꿈으로만 남을 모양이다.

어느덧 중년이 되었지만 그동안 열심히 일해서 이제는 수확했으면 하는 과실이 아직도 너무 높게 달려 있음을 확인한다. 정말 열심히 일했음에도 풍성한 수확은 여전히 요원하다.

계획했던 것과 다르게 처신하게 만드는 내적, 외적 강제는 많기만 하다. 어쩌다 이 지경에 이르렀을까? 사안을 근본적으로 다르게 생각해야만 한다. 왜 이렇게 빈손으로 남았는지 하는 회한은 쓰라릴 뿐이다. 한숨만 쏟아낼 게 아니라 이제 무엇이 정말 중요한지, 내 손으로 과실을 딸 수 있는 나무는 어떤 것이 있는지 연구해보는 태도가 필요하다.

기대했던 것만큼 수확할 수 없는 실망을 표현하는 방식에는 두 가지가 있다. 하나는 딸 수 없는 과일을 올려다보며 '원했던 맛이 아닐 거야' 하며 지레 포기하는 것이다. 다른 하나는 그동안 노력해왔음에도 아예 수확을 하지 않고 포기하는 것이다.

입사 동기 가운데 80퍼센트는 고위경영진까지 가지 못하고 중간관리자로 남는다. 이런 사실이 나쁜 것만은 아니다. 그러나 이 80퍼센트 가운데 상당수는 최고의 자리에 오르기 위해 그야말로 혼신의 힘을 쏟아붓다가 곧 최고의 자리는 극히 제한되어 있음을 아프게 곱씹는다. 젊은 시절 직장 생활을 시작하며 바라고 상상했던 모습과는 다른 현실에 좌절하고 마는 것이다.

이처럼 중년의 직장 생활은 정체된다. 직업적으로 흥미로운 기회는 해당 분야에서 오랜 경험을 쌓은 사람이 아니라 주로 젊은 직원에게 주어진다('착각 8 직장은 너를 소중히 여길 거야'를 보라).

좋은 교육에 투자하고 되도록 높은 연봉을 받을 수 있는 직장을 희망하는 이유는 분명하다. 자신과 가족이 물질적으로 부족함이 없기를 바라기 때문이다. 충분히 열심히 일했으므로 누리고 싶은 것도 많기만 하다. 그러나 이내 우리는 직업이라는 나무가 하늘 높이 자라지 않는다는 것을, 15년이나 20년 직장 생활을 했음에도 기대했던 과실을 거둘 수 없다는 것을 뼈아프게 깨닫는다.

과일이 너무 높게 달린 경우

사라

46세의 사라는 휴가 여행 계획을 짜다가 자신의 현실을 깨닫고 실망했다. 이 정도면 괜찮다고 여겨온 수입이 그동안 꿈꿔온 멋진 여행에는 턱없이 부족했기 때문이다. 멋진 고급 호텔에서 숙박하며 마음껏 자유를 누리기엔 지출할 수 있는 예산이 조촐하기만 했다. 결국 상대적으로 초라한 여행을 가야만 했다. 호텔은커녕 펜션에서 묵거나 값싼 민박을 하기에도 예산이 빠듯했다. 그녀와 가족은 비행기는 포기하고 자동차로 갈 수 있는 근거리를 택할 수밖에 없었다. 정말이지 꿈에도 예상하지 못한 상황이다. 그러나 이 이상은 엄두도 낼 수 없다.

마티아스

43세의 마티아스와 그의 아내는 집을 장만하는 것이 꿈이었다. 그들은 집주인의 눈치를 보지 않고 원하는 대로 집을 꾸밀 수 있는 공간이 있다면 더 바랄 게 없었다. 그러나 부동산 시장은 녹록지 않았다. 그동안 모은 돈은 꿈꿔온 집을 장만하기에 턱없이 부족했다. 발품을 판 끝에 자금 사정과 맞는 집을 찾아내기는 했지만 부부가 간절히 원했던 함부르크의 멋진 동네와는 너무도 거리가 멀었다. 마티아스는 그동안 힘들게 일해 수확한 과실이 이처럼 작으리라고는 예상하지 못했다.

사라와 마티아스와 마찬가지로, 다음 이야기의 주인공 프란치

스카 역시 자신이 기대했던 것과 거리가 먼 현실에 눈물을 머금어야 했다. 그녀는 그동안 열심히 일한 결실을 거두기는 했지만 그 과실의 맛은 희망했던 것처럼 달콤하지 않았다.

달콤하지 않은 현실을 맛보다

44세의 프란치스카는 상당히 매력적이고 지적인 경영인이다. 오랫동안 열심히 일해 대기업의 중역이 된 그녀는 마찬가지로 눈부신 성공을 거둔 멋진 남편 그리고 두 딸과 함께 모범적인 가정을 꾸렸다. 사람들은 동화책에서나 볼 성공 스토리라며 부러워했다. 그러나 그녀는 중년에 접어들며 천천히 고개를 들기 시작한 회의감을 털어놓았다. "제 손 안에 든 과일은 너무 푹 익었거나 심지어 썩었더군요. 알아요, 과장된 것일 수 있어요. 하지만 제가 거둔 성공은 바랐던 것처럼 달콤하지 않았어요. 성공한 사업가인 남편은 얼굴 한번 보기 힘들고, 제가 그토록 힘들게 일해 오른 대기업 중역 자리는 숨 돌릴 겨를조차 주지 않죠. 많은 것을 이루고 난 뒤 절 사로잡은 생각은 제가 원한 인생은 이런 게 아니었단 거예요. 제가 꿈꿨던 행복은 이런 게 아니에요. 전 가족과 제 직업과 친구들이 조화를 이루는 삶을 원해요. 대기업 중역이라는 직업은 말 그대로 저를 고갈시킬 뿐 더 이상 맞지 않아요. 남편도 제가 꿈꿔온 행복한 가정에 맞는 파트너가 이젠 아니에요. 전 제 부모 세대가 보여준 보수적인 역할 분담이 싫어요. 그런 관계라면 질식할 것 같아요. 이렇게 힘든 직업을 가진 제게 딸들을 돌보고 살림을 책임지라고요? 남편은 오로지 자신의 출세에만 관심 있는 전형적인 사업가예요. 회사와 마찬가지로 남편도 제게는 맞지 않아요. 전 아름답고 멋진 인생, 물질적인 관점에서도 풍요로운 인생을 위해서라면 기꺼이 일할 수 있어요. 그러나 언제부터인가 돈은 저를 행복하게 만들어주지 않았어요. 돈이 더 많을 필요도 없죠. 저는 일보다 가족을 위해 더 많은 시간을 낼 수 있는 자립을 원해요."

중년의 시기에 우리는 그동안 추구해온 목표가 더는 자신과 맞지 않는 것을 발견하고 깜짝 놀란다. 무엇이 중요한지, 무엇이 추구할 만한 가치를 가지는지의 답은 세월과 함께 바뀐다. 더욱이 10년, 20년 뒤를 대비해야 하는 중년은 이런 변화를 염두에 두어야만 한다.

위에서 살펴본 모든 사례는 공통점을 가진다. '내가 생각했던 게 아니네' '난 이런 목표나 성과가 그렇게 필요하진 않아. 더욱이 이런 대가를 치르면서까지 이루고 싶지 않아' 이런 깨달음은 예상하지 못했던 것이기에 놀라우면서도 충격적이다.

열심히 일해서 맛보고자 하는 결실은 도달하기 불가능하거나 본래 생각했던 것과 다르기 일쑤다. 또 이를 위해 치러야 하는 대가는 만만치 않다. 엄청난 수고, 다른 중요한 것의 포기, 시간, 자율성, 자유 등이 그런 대가다. 이런 대가를 치르고 얻은 현실이 얼마나 행복하고 만족스러운지 우리는 스스로 물어야 한다.

크든 작든 이런 경험을 하면서 우리는 이렇게 자문한다. 대체 나는 누구인가? 무엇이 나를 만족시키는가? 인격체로서, 인간으로서 나는 무엇을 원하는가? 내가 이 세상에서 승리했다는 것을 무엇으로 측정하는가? 그동안 일한 대가로 얻은 물질적 보상으로 측정할 수 있는가?

한편으로 우리는 현재의 물질적 조건을 받아들여야만 한다. 현재 자금 수준에 맞는 생활을 하는 것이 중요하다. 부동산을 구입하거나 여행을 계획할 때 기대에 미치지 못하더라도 자금 사정에 맞추는 것이다. 실제로 이런 현실 체크는 우리의 정신을 확 깨게 해준다. 동시에 우리의 현재 모습을 있는 그대로 보게 해준다. 중요한 점은 이상과 현실의 격차를 드러내는 지점들에 매달려 속을 끓이지 않고 있는 그대로를 받아들이는 것이다.

이제부터 상황은 본격적으로 흥미로워진다. 자신의 한계를 인정하는 것을 넘어, 현실을 체크하고 중년이 강제하는 삶의 상황을 읽어내는 일은 우리 안에 어떤 변화를 촉발시킬까? 이후 우리는 다시 평범한 일상으로 돌아갈까, 아니면 자신이 진정 무엇을 원하는지 내면의 목소리에 귀를 기울일까?

내면의 목소리가 들려주는 목표는 세상이 우리를 유혹하는 것, 이를테면 돈, 신문, 큰 집, 화려한 여행과 같은가, 다른가? 이제 중년의 우리에게 더 중요한 것은 보다 본질적인 변화가 아닐까? 우리의 인격, 사람됨, 삶의 의미를 키우고 그 열매를 맛보는 것이 중년의 목표가 되어야 하지 않을까?

우리를 성숙시키는 것은 위기다

정신분석학자 카를 구스타프 융^{Carl Gustav Jung}(1875~1961)[*]은 인격 발달을 두고 인간이 자신의 개성과 됨됨이를 긍정적으로 키워가는 일이야말로 인생을 이끌어주는 최고의 활력이라고 말했다. 인간은 자신의 개성을 살리면서도 동시에 주어진 것에 적응할 수 있어야 하며, 자발적으로 주변과의 조화를 이뤄내도록 노력해야 한다. 융이 말하는 인격의 발달은 이렇다. "인격은 생명을 가진 존재가 자신의 타고난 본성을 최고 단계까지 실현해낸 것이다." 인간은 자신이 누구인지 행동을 통해 비로소 보여줄 수 있다고 융은 말한다. 또 바로 그래서 우리는 자신이 하는 일의 성과를 중요하게 여긴다. 성과 안에 인격이 반영된다고 믿기 때문이다. 그러나 우리는 자신이 한계를 가지는 존재라는 사실도 안다. '나는 이런 사람이고 내가 할 수 있는 일은 제한되어 있다'고 아는 겸손함이 인격의 본질을 이뤄야 한다. 세상에는 마치 우리가 모든 것을 할 수 있고 자아를 완벽하게 실현할 수 있다고 부추기는 광고가 넘쳐나지만 그런 일은 불가능하다는 걸 우리는 체험으로 알고 있다.

우리의 타고난 본질을 완전히 실현해낸 인격이란 당연히 실현 불가능한 이상이다. 그러나 실현 불가능하다는 것이 이상을 버려

_* 스위스의 정신의학자로 프로이트의 정신분석을 기초로 분석심리학을 개척했다.

야 할 이유가 되지는 않는다. 이상은 목표가 아니라 단지 이정표일 뿐이다.

중년이 가꿔야 할 열매는 더욱 성숙하게 키운 인격이다. 자신에게만 집착하는 개인주의를 말하는 것이 아니다. 융은 성숙한 인격과 개인주의를 엄격히 구분한다. 톡톡 튀는 개성을 자랑하는 개인주의, 이를테면 힙합 차림을 하고 오로지 쾌락만 추구하는 것 같은 개인주의로는 인생의 위기를 이겨낼 수 없다. 인격이란 그런 개인주의를 뜻하지 않는다.

그럼 인격은 어떻게 성숙해질까? 융은 이해관계를 따지거나 남의 말에 솔깃해하는 태도로는 절대 인격이 성숙해지지 않는다고 말한다. 융이 말해주는 진실은 불편하다. 인격은 어려움과 아픔을 겪으며 성숙해진다. 이는 듣기조차 불편한 이야기지만 중년의 위기를 겪는 사람에게는 위안을 주는 것이기도 하다. 인격은 위기를 맞닥뜨렸을 때 강제로 성숙해진다. 어려움을 겪지 않으면 절대로 성숙해지지 못한다고 융은 강조한다. 인격은 변화를 거부하는 관성을 가진 보수적인 성격을 가지기 때문에 첨예한 위기만이 인격에 충격을 주어 움직이게 만든다. 내적이든 외적이든 운명의 강제만이 인격을 변화시킬 동기를 부여한다. 융은 어려움을 겪지 않는 다른 모든 것은 개인주의일 뿐이라고 말한다.

융의 이런 사상은 기묘할 정도로 시대를 뛰어넘는 특징이 있다. 융이 이 사상을 기록으로 남긴 때는 1930년대 초반이다.

우리는 여기서 무엇을 배워야 할까? 중년에 접어들며 겪는 어려움은 인격을 자극해 성숙시킨다. 성숙한 인격이야말로 우리가 중년에 기대해야 할 진정한 열매다.

앞서 프란치스카는 대기업 중역이라는 직업과 가정이 조화를 이루지 못해 괴로워했다. 어떻게 해야 좋을까? 그냥 간단하게 사표를 던져야 할까? 그동안 꿈꿔온 자립을 진지하게 실천에 옮길까? 친구들과 함께 창업을 해서 자신의 기업을 일구는 것은 어떨까? 아니면 예전보다 작은 기업에 들어가 훨씬 더 큰 권한을 행사하는 건 어떨까?

그녀는 개인적인 영역에서도 어떤 다른 선택지가 있을지 고민했다. 보수적인 결혼 모델을 포기하고 이혼할까? 아니면 남편과 역할 분담을 놓고 협상을 벌일까? 아무튼 지금까지의 결혼 생활이 자신의 기대를 충족시키지 못했다고 남편에게 분명히 입장을 밝히기로 그녀는 결심했다.

중요한 것은 미래를 열어갈 길을 찾는 일이다. 이 길이 어떤 모습일지 명확히 의식하는 것은 반드시 필요하다. 어찌해야 좋을지 모르는 불투명한 상황은 투명하게 바뀌어야만 한다. 여러 선택지를 놓고 고민만 할 게 아니라 확실한 선택을 해야 한다. 그리고 일단 선택한 길은 단호히 걸어가야 한다. 중년에 이르기까지 우리는 대개 무의식적으로 사회의 인습에 맞춰왔다. 그래서 지금 우리의 손에 들린 열매가 그토록 무의미하고 낯설게 여겨질 수 있다. 이것은 우리의 열매가 아니라 인습의 열매다.

인습이라고 해서 나쁘다는 것은 아니다. 사회의 암묵적 약속인 인습 덕에 우리는 지금까지 별 탈 없이 살아왔다. 그러나 이제는 익숙한 나머지 우리의 시야를 가렸을 수 있는 구태와 작별하고 새로운 길을 열어나가는 것이 중요하다. 그동안 쌓은 경험, 자원, 인맥, 능력을 기초로 새 길을 열어야 한다. 우리는 지금까지 우리 자신을 지켜준 것에 감사하는 자세를 가져야 한다. 지금껏 겪은 것을 거부하거나 평가절하하는 일은 없어야 한다. 그러나 동시에 지금껏 겪은 것을 성찰해보고 새롭게 평가하는 태도는 반드시 필요하다. 자기 자신과 벌이는 이런 내면의 대결이야말로 인격의 성숙을 이끄는 힘의 원천이다.

중년에는 다른 사람의 말에 흔들리는 일 없이 자신이 걸어야 할 길을 스스로 결정해야 한다. 융은 이를 두고 '자율적 결정의 탐색'이라고 표현한다. 이 표현은 그 자체가 설명이다. 이제 어디로 인생의 항로가 정해져야 할지 내면의 목소리가 말해준다.

그러나 이 목소리는 알아듣기가 쉽지 않다. 바깥에서 이러저러 해야 한다고 외치는 사람들의 아우성이 너무 크다. 다른 사람들의 희망과 인습과 추구하는 바는 너무 강력하다. 융은 이 사람들을 '무리'라고 하면서 달갑지 않게 불렀다. 무리, 친구, 가족, 배우자, 동료, 심지어 사회도 어디로 가야 하는지 우리의 질문에 답을 줄 수 없다. 이들이 끊임없이 재생산하며 되새김질하는 것은 일종의 고정관념, 곧 인습이다. 인습은 우리의 자율적 결정이 어때야 하는지 아무런 암시를 주지 않는다. 아니, 인습은 굳어진 생각을 강요할 뿐이다. 우리는 흔히 주변의 무리가 어디로 가면 좋을지 암시해주기를 기대하지만 이런 기대는 실망으로 끝나기 일쑤거나 고작해야 형편없는 응답을 얻을 따름이다.

내면의 목소리를 잘 가려들을 효과적인 방법은 '홀로 있음', 즉 의식적으로 주변과 거리를 두는 것이다('이정표 14 홀로 있음의 소중함 깨닫기'와 '이정표 15 외로워하지 않고 홀로 있기'를 보라). 인격의 성숙은 홀로 있음으로 맛보는 행복이다. 물론 이를 위해 치러야 하는 대가는 만만치 않다. 외로운 결단의 길을 가는 것이 매력적이지 않으며 비싸 보이는 이유다. 그러나 내가 보기에 이 길을 가지 않으면 더욱 비싼 대가를 치르게 된다. 이 길은 인생 2막의 만족스러운 삶을 의미하기 때문이다.

스스로 선택한 길을 믿음과 인내심을 가지고 충직한 자세로 열어나가야 한다. 아픔의 압력이 클 때 변화를 이끌어낼 수 있다.

나는 "마음만 먹으면 해낼 수 있어!" 하며 열정적으로 자신의 사업을 시작한 사람들을 많이 보았다. 이들은 기업을 일구겠다는 희망으로 창업을 하거나 레스토랑을 개업하고 싶다며 조언을 구하기 위해 나를 찾아왔다. 또 육아로 몇 년 동안 일을 하지 못한 탓에 경력이 단절된 사람들도 있었다. 대부분 자녀가 어느 정도 자기 앞가림만 한다면 다시 일에 매진할 수 있으리라 낙관했다. 이들은 외부의 조건만 바뀌면 자신의 일과 계획이 실현될 수 있다고 굳게 믿었다.

이런 계획을 실현한다는 것은 어떤 경우든 힘과 시간을 필요로 한다. 앞을 가로막는 장애물도 분명 나타난다. 그러나 대개 사람들은 자신의 계획을 더 밀어붙이지 못하고 포기하고 만다. 자신의 레스토랑을 열겠다던 계획은 그저 계획으로 남을 뿐이다. 호언장담했던 창업은 세상의 빛을 보지 못하고 만다. 도대체 무엇이 이들을 가로막았을까? 문제는 장애물을 넘느라 겪는 아픔을 이겨내지 못했기 때문이다. 현재의 위치를 버려야 하는 아픔을 감당하기 싫고, 이런 관성이 계획을 수포로 돌아가게 한다.

그러나 나는 정반대의 태도를 보이는 사람도 대단히 자주 만났다. 이들은 실제로 엄청난 압박감을 받는다. 이들은 지친 나머지 잠을 제대로 이루지 못하면서도 몇 주고 몇 달이고 자신의 계획을 성사시킬 조건을 만들어내려 안간힘을 쓴다. 쉴 틈을 낼 수 없는 압박감으로 이들은 자신을 밀어붙인다. 이런 압력은 해결책을 찾도록 강제하고(그래서 압력은 좋다) 시간이 지나 압력이 무르익으면서 해결의 기미가 보이기 시작한다. 물론 이런 길은 탄탄대로가 아니다. 많은 사람에게 이런 길은 앞으로 어찌될지 가늠하기 어려운 도전이다. 그러나 일단 시작한 발걸음은 가벼워지기 시작한다. 이들은 선택한 길을 걸어가는 기쁨을 맛보며 높이 날아오를 날개가 생긴 것 같은 느낌을 받는다.

페르소나에 가려진 나를 발견하라

중년에 이른 사람들이 자아를 새롭게 정립하려 노력하기 시작한다는 점은 이 책을 손에 든 독자라면 누구나 수긍할 수 있는 이야기다. 융은 이런 과정을 두고 '개인화Individuation'라는 개념으로 묘사했다. 융은 이 개인화가 성인이 보이는 정상적인 인격 발달 과정의 일부이며, 일반적으로 느끼는 것처럼 비정상적인 예외가 아니라고 설명한다.

성인의 인격 발달? 어른이 무슨 인격 발달인가? 웃기면서도 낯설게 들리는 개념이 아닐 수 없다. 일반적으로 어른은 발달이 끝난 존재로 여겨진다. 어른은 성숙했다는 말과 동의어로 여겨진다. 어른끼리 서로 "자네는 최근 5년 동안 개인적으로 어떻게 발달했나?" 하고 묻는 대화를 나는 거의 들어보지 못했다. 자주 듣는 질문은 이런 식이다. "흠, 여전히 같은 일을 해? 아직도 X와 함께 살아? 여전히 그 옛날 집에 살아?"

융이 말하는 개인화, 곧 우리가 전인격체로 성장하면 중년에 접어들어 자신을 더 잘 이해해야 하는 과제를 감당할 수 있다. 또 중년에 겪는 문제는 개인화의 과정에서 자연스럽게 나타나는 것일 뿐 특별한 위기는 아니라는 점도 알 수 있다. 인격을 더욱 발전시킨다면 우리는 중년에 직면한 여러 어려움을 훨씬 덜 극적으로 바라보며 있는 그대로 받아들일 수 있다. 어려움과 함께 성숙하는 내면은 변혁을 감당할 수 있게 우리를 격려한다.

다음은 개인화 개념에 대한 대략적인 설명이다. 무엇이 핵심인지 간파하기에는 충분한 설명이다. 더욱 깊은 이해를 원하는 사람은 융의 원전을 읽어보기 바란다.

융은 앞서도 말했듯이 인간의 발달을 '개인화' 과정이라고 부른다. 이 과정은 거칠게 말해서 두 단계로 이뤄진다. 첫 번째 단계는 인생 전반부에서 이뤄지는 '외향성', 곧 확장이다. 두 번째 단계는 인생 후반부의 '내향성', 곧 내적인 성찰이다. 외향적 단계는 아이가 아직 의식하지 못하는 자아를 '의식의 자아'로 형성해주는 것이다. 인간은 인생의 전반부에 자신의 지위, 세계 안의 위치를 탐색한다. 이렇게 해서 페르소나persona가 형성된다. 융은 이 페르소나를 가리켜 우리가 주변의 기대에 맞춰 꾸민 얼굴이라고 정의한다. 일종의 가면과도 같은 페르소나는 우리가 자신의 기분과 감정을 주변으로부터 지킬 수 있게 해준다. 말하자면 자아와 주변을 이어주는 연결 고리다. 페르소나는 우리가 인생에서 자신의 자리를 찾으려는 싸움을 도와주고 자리를 지킬 수 있게 해준다.

세상에서 자신을 주장할 수 있도록 페르소나를 구축하는 일은 우리 안의 다른 중요한 특성을 억누르거나 무의식으로 밀어내는 현상을 수반한다고 융은 말한다. 사회 규범이나 도덕, 교육 등은 이런 특성이나 우리의 느낌이 페르소나 안에 자리를 잡지 못하도록 한다. 우리는 이런 특성이 일단 그늘 안에 숨는 것을 의식하지 못한다. 우리는 바깥의 세상과 자기 자신과 씨름을 벌이기에도 벅차며, 오로지 의식의 자아를 키우는 일에만 골몰한다. 때론 이런 다른 특성을 우리는 전혀 알지 못하기도 한다. 그리고 이렇게 다른 특성이 무시당한다고 해서 인생 전반부에 우리가 어떤 피해를 입는 것은 아니다.

인생의 중반에 이르러 우리는 다시 전인격적인 자아의 내적인 뿌리에 관심을 가진다. 자아는 '의식과 무의식'으로 이뤄진다. 이 무의식은 중년에 비로소 (다시금) 발견되어야만 한다. 우리는 무의식에 귀를 기울이며, 무의식을 이해해 전인격적인 자아와 통합시켜야 한다. 인격의 이와 같은 완성, 인생 후반부에서 '인간의 전체적 심리'의 완성이야말로 새로운 생명력의 원천이다.

중년의 우리는 지금까지 자신을 대표해온 페르소나가 그저 우리의 일부에 지나지 않았음을 천천히 이해한다. 우리는 자신의 인격이 다층적임을 발견한다. 지금껏 숨겨졌던 희망, 생각, 특성이 드러난다. 이런 것들은 긍정적일 수도, 부정적일 수도 있다. 우리는 지금껏 그늘 안에 숨겨졌던 일과 특성과 문제가 제 목소리를 낼 수 있게 허락해주어야 한다. 지금껏 등한시해온 측면들을 통합시켜서 완전한 자아를 키워내는 것이 중년의 과제다.

인생 후반부에 접어들며 우리는 이런 내면의 작업, 내적인 각성을 과감히 시도해야 한다. 인생 후반부를 위한 열매를 가져다주는 것은 내면의 작업이다. 다시 말해 이 열매는 바깥에서 찾지 말아야 한다. 연봉이나 주택, 호화로운 여행이 이런 열매는 아니다. 우리가 맛볼 열매는 우리 안에서 익는다. 이 열매의 이름은 완성된 인격이다.

착각 '이제 열매를 따기만 하면 된다'

교정 '나 자신이 열매다'

제2장

인생의
의미는 스스로
찾는 것

사람들이 좌우명으로 꼽는 것 중에는 지나치게 강력하거나 낙관적이어서 말이 되지 않는 게 많다. 중년에는 이런 허무맹랑함을 확인할 기회가 많이 주어진다. 인생이 그동안 믿어왔던 것과 다른 속내를 드러내는 통에 우리의 속에서는 분노가 치민다. 왜 도대체 인생은 예상했던 것과 전혀 다른 모습을 보여주는 걸까.

헛된 신념으로부터 풀려날 수 있게 돕는 것은 체념할 줄 아는 성숙함이다. 현실을 주어진 그대로 인정하는 것, 이것이 바로 체념할 줄 아는 성숙함이다. 중년의 성숙함으로 특정한 기대와 신념을 떨쳐버리고 현실을 있는 그대로 받아들이는 것이 중요하다. 아무리 안간힘을 쓴들 모든 것을 원하는 대로 해낼 수 없다. 체념할 줄 아는 성숙함은 우리가 실제로 할 수 있는 것에 집중할 힘을 베풀어 새로운 인생을 선물한다.

이 장에서는 우리를 착각에 빠뜨리는 잘못된 좌우명들을 살펴본다. 우리는 이런 잘못된 신념을 떨쳐버리고 진정 우리를 도와줄 새로운 진리가 들어설 자리를 마련해야 한다.

공을 들이면
반드시 얻는다

하필이면 더할 나위 없이 잘 지낸다고 생각할 때 불공평하다 못해 부당하다고까지 여겨지는 일이 벌어져 우리는 얼이 나가고 만다. 드디어 중년이 된 것을 환영한다! 좋은 실적을 올리고 있었는데 직장을 잃는다거나, 사랑하는 사람이 중병을 앓는다거나, 직장이 파산하거나, 갑자기 부모와 사별하거나, 그토록 간절히 원했건만 결국 아이는 생기지 않는다. 우리는 넋이 나가 중얼거린다. 왜 나한테 이런 일이 일어나지?

인생은 불공평하다. 인생은 아이들의 소꿉놀이가 아니다. 사실 우리 모두가 아는 이야기다. 중년에 접어들며 우리는 돌연 그동안 이러저러하게 계산하며 기대해온 행복이 모습을 드러내지 않는 게 아닐까 불안해지기 시작한다. 혹시 잘못 계산한 게 아닐까 하는 걱정은 쓰라리기만 하다. 인생은 우리가 그 어디서도 교환

할 수 없는 화폐로 지불해준다. 아니, 그게 뭔지 우리는 알 수도 없다. 아무튼 무슨 가치를 갖는지 모르겠는 화폐다. 인생의 계산 방식은 다르다. 억울한 아픔과 예상치 못한 행운이 엇갈리는 것이 인생이다.

인생은 어느 모로 보나 일종의 장터라고 우리는 여겨왔다. 이 장터에서 똑똑하게 최고의 거래를 협상하는 것이 최선이라고 믿었다. 상대가 무슨 패를 가졌는지 수를 읽고 포커페이스를 유지하며 승패를 가름하는 것은 전적으로 자신의 솜씨라고 자부했다. 무슨 일이든 확실하게 장악하고 통제하는 역할은 어디까지나 우리의 몫이었다. 우리는 어떤 것이 공들여 일하면 내 것인지 그리고 어떤 것이 그렇지 않은지 가릴 좋은 감각을 가졌다고 믿었다. 그리고 자신의 몫을 요구할 권리도 가졌다고도.

언어는 이런 사고방식을 담은 속담으로 가득하다. '일찍 일어나는 새가 벌레를 잡는다', '세상은 부지런한 사람의 차지다', '과감하게 도전하는 자가 승리한다' 같은 말을 우리는 입에 달고 살았다. '공을 들이면 반드시 얻는다'는 사고방식은 실력과 그에 마땅한 보상이라는 인과관계를 당연시한다. 또 바로 그래서 우리는 기대를 키운다. 노력하면 얻을 수익을 계산하며, 이 수익이 예상보다 적으면 입술을 비죽이며 심통을 부린다. 그러나 인생은 무엇으로 어떻게 계산해야 좋을지 난감하기만 한 화폐를 불쑥 내민다. 아버지가 받은 파킨슨병이라는 진단은 무슨 환율로 계산해야 할까? 배우자의 불임증은 계산의 대상이 아니다. 잘 다니던 직장이 다른 기업에 팔려 일자리가 사라진 것을 누구에게 하소연할까? 이런 일들에서 우리가 노력하거나 직접적으로 바꿀 수 있는 것은 전혀 없다. 그럼에도 이런 문제는 우리를 직격한다. 비극의 뉴스는 우리의 뒤통수를 때리며 인생을 사정없이 흔들어 놓는다. 억울한 고통은 인생의 허리를 휘게 만든다. 얼얼한 충격에 우리는 쓰라린 눈물을 흘린다. 부당한 취급을 받았다는 억울함에 가슴은 터질 것만 같다. 자신이 비루하고 불공평한 인생의 희생자라며 가슴을 친다.

우리는 의지를 갖고 충분히 노력하면 모든 것을 이룰 수 있다는 다짐과 함께 성장했다('착각 2 노력만 하면 된다'와 '착각 4 이제 열매를 따기만 하면 된다'를 보라).

인생을 살며 당하는 부당한 일은 교통사고처럼 전혀 예상하지 못한 가운데 찾아온다. 왜 하필 이런 사고를 당해야 하는지 우리는 깊은 충격에 사로잡힌다. 왜 다른 사람들은 멀쩡한데 나만 이럴까?

모욕을 당한 심정으로 우리는 벌어진 일과 씨름한다. 불평을 늘어놓으며 전문가나 변호사의 자문을 구한다. 지금 겪는 일이 얼마나 부당하고 불공평하며 반사회적인지 구구절절 불평을 늘어놓는다. 부당함을 고발하는 일은 상당히 많은 에너지를 잡아먹는다. 게다가 대개 우리는 이 불평에 동조하는 사람들에게 둘러싸인다. 그들은 정말이지 불공평한 일을 겪는다는 우리의 호소에 귀를 기울여주며 고개를 주억거리며 맞는 말이라고 맞장구를 친다. 이런 집단적 동조가 지피는 불길에 우리는 온기를 얻는다. 일단은 그렇다. 그러다 슬금슬금 하나둘씩 자리를 뜬다. 그들의 목소리는 갈수록 작아지다가 어느 순간 침묵에 잠긴다. 결국 불평은 합창이 아닌 우리의 솔로일 뿐이다. 심지어 누구도 들으려 하지 않는다. 정말로 노력했지만 받아 마땅한 것을 얻지 못한 우리는 환멸의 벽에 부딪친다. 충격을 받고 어떻게 이럴 수 있냐며 경악한다. 왜 하필이면 자신이 새로운 현실이라는 벽 앞에 섰는지 도무지 이해할 수가 없다. 아니, 이해하고 싶지 않다. 깔끔하게 벌어들인 행복이라는 계산은 허망한 꿈이었다. 우리는 목청 높여 행복의 권리를 주장하며 불평을 늘어놓는다. 그러나 누구에게 하는 불평인가? 이런 불평을 들어주는 곳이 없다는 것은 중년이 맞이하는 불편한 진실이다. 도대체 누구를 상대로 불평하고 고소할까? 누가 잘잘못과 공정함을 심판할까? 아무도 없다. 친구, 가족, 사회적 주변은 어쩔 수 없다는 반응과 함께 자신의 일상으로 되돌아간다('착각 9 우리는 네 편이야'를 보라).

왜 나한테 이런 일이 일어날까

피터

44세의 피터는 전처와 다투고 헤어진 일로 좀체 충격에서 헤어나지 못했다. 그는 마음을 정리하지 못하고 왜 자신에게 이런 일이 일어났는지

속을 끓였다. '내가 왜 이런 일을 당해야 하지? 이건 정말 너무해. 나는 우리의 관계와 가족을 위해 최선을 다했어. 정말로 노력하느라 일에서 손해도 많이 봤다고. 그런데 뭐? 내가 바람을 피웠다고? 무슨 일로 그녀가 오해를 했는지 주변에서 다 아는데 왜 내 편을 들어주지 않는 거야?' 피터는 전처가 자신과 일체의 대화를 거부하고 이혼을 요구한 것에 깊은 상처를 받았다. 그는 이 모든 일을 조화나 잊음이라는 이름의 외투로 덮고 싶지 않았다. '너무 억울해! 이렇게 나만 당할 수는 없어! 처음에는 나 못지않게 충격을 받았던 친구들은 다 어디로 간 거야? 이젠 그만 잊고 일상에 충실하라고? 그렇지만 내 인생은 박살이 났어. 결혼 생활만 놓고 하는 말이 아니야. 내 인생의 꿈, 단란한 가정이 산산이 부서지고 말았어. 그런데 뭐, '침착하게 하던 일을 계속하라'고? 그런 말은 나한테 할 수 없어'

콘스탄체

콘스탄체는 그녀의 일을 사랑한다. 능력이 뛰어나고 적극적이라 동료는 물론 사장도 그녀를 높이 평가했다. 그녀는 과중한 업무에 힘들어하는 동료를 위해 자청해서 특수한 과제를 맡기도 했다. 39세라는 나이에도 그녀는 팀에서 막내다. 동료들은 이미 오랫동안 일한 터라 2년 전 그녀가 입사했을 때 쌍수를 들어 반겼다. 그러나 이 젊은 나이와 짧은 근속 기간이 그녀의 발목을 잡았다. 회사는 '경영상의 이유'라는 늘 똑같이 둘러대는 핑계로 구조조정을 단행했다. 정부의 노동 보호 대책으로 경력이 오래된 직원이 우선 구제되었고 이제 2년차이자 가장 어린 콘스탄체가 해고당했다. 그녀의 잘못이 아니라고 모두 입을 모아 위로했다. 콘스탄체는 충격을 받아 할 말을 잃고 말았다. 그녀는 뛰어난 능력에도 직업만 잃은 게 아니었다. 그녀는 마침 임신 중이었다. 아이를 가지고 싶었던 그녀는 워낙 좋은 직장이고 능력도 인정받았기에 안전하다 싶어 임신을 했다. 출산을 하고 되도록 빨리 복귀할 계획도 세워두었다. 일이 즐거운 데다가 연봉도 적정 수준이며 자리를 잡아가는 터라 직장을 포기할 생각은 꿈에도 하지 않았다. 그리고 39세면 아기를 가질 최후의 시기라고 판단했다. 그런데 이 무슨 날벼락인가. 남편은 그녀를 위로해주며 그래도 아기를 낳을 수 있어 좋다고 했다. 뭐라고? 아기를 팔에 안고 새 직장을 찾으러 다닌다고? 콘스탄체는 생각만 해도 골치가 아파왔다. 면접을 보며 면접관의 질문에 구걸이라도 하듯 답해야 하는 자신의 처지가 억울하기만 했다. "할 수 있겠소? 육아와 일을 동시에 하는 것이?" 공을 들이면 반드시 얻는다고? 어림없는 소리다. 콘스탄체는 해고와 함께 이중으로 사기당한 것만 같은 느낌을 지울 수 없었다. 직장을 잃었을 뿐만 아니라 육아와 일을 조화시키려던 노력마저 속절없이 무너졌다.

미아, 마리온, 아스트리트

미아는 교사다. 마리온은 네 명의 장난꾸러기들의 엄마다. 아스트리트는 치과의사다. 세 명은 모두 40대 중반이며 유방암 진단을 받았다. 듣기만 해도 두려운 생각부터 드는 것이 유방암이다. 본인 자신은 물론이고 배우자, 자녀, 친구들 역시 두려움에 사로잡힌다. 통제할 수 없으며 바꿀 수 있는 것도 없고, 앞으로 정확히 무슨 일이 일어날지 아무도 알 수 없다.

세 사람은 미래를 덮은 안개 속을 '신중하게' 헤쳐나가는 법을 배웠다. 이들은 먼 미래를 이야기하고 계획을 짜는 대신 인생을 많은 짧은 단계들로 나눠야만 했다. 화학 요법과 방사선 치료를 받아가며 하거나 하지 않을 수도 있는 가슴 수술을 기다렸다. 정기적으로 의사를 찾아 상태를 체크하며 하염없이 기다렸고, 낙관적 희망을 가졌다가도 이내 슬픔과 혼란에 사로잡히는 생활이 반복되었다. 자라나는 아이들 생각에 두려움은 더욱 컸다. 세 사람 가운데 누구도 이런 상황을 자초할 만한 잘못을 저지르지 않았다. 다행히도 미아와 마리온과 아스트리트는 모두 병을 이겨내고 살아남았다. 그녀들 자신은 물론 가족과 의사가 최선의 노력을 아끼지 않은 덕분이다. 고생이 심했지만 이 경험은 모두에게 선물로 남았다.

중년에 겪는 사건은 우리가 원했던 인생은 고사하고 우리 손으로 통제할 수 있는 게 없음을 보여준다. 우리는 모든 일에 영향을 줄 정도로 전능하지 않으며 목표에 맞춰 행복을 조종할 수 없다.

중년에는 대개 '실력과 공적'이라는 범주를 완전히 벗어나는 문제와 맞닥뜨린다. 전혀 예상하지 못한 사건으로 우리는 도전에 직면하지만 이런 종류의 위기를 이겨낼 경험을 거의 또는 전혀 해보지 못했다. 위기는 우리를 본격적인 혼란에 빠뜨린다. 어떻게 해야 이 분야의 최고 의사를 찾을 수 있을까? 위기를 이겨내기 위해 꼭 해결해야만 하는 과제는 무엇인가? 중년의 위기는 압력에 견디는 우리의 능력이 어디까지인지는 물론 우리 앞에 놓인 미래를 그려볼 상상력의 한계를 드러낸다. 우리는 이런 상황에 대처하는 연습을 해본 적이 없다. 대체 뭐라 말해야 좋을지 몰라 얼이 나간 표정으로 안개만 바라볼 뿐이다.

중년에 겸손함을 배우는 이유가 달리 있는 게 아니다. 사실 겸손은 케케묵은 느낌을 주는 단어로 별 인기를 끌지 못한다. 그러나 우리가 모든 것을 장악하지 못하고 그동안의 노력이 물거품이 될 수 있으며, 위기의 상황을 그저 약간 완화할 순 있어도 궁극적으로 해결할 수 없다는 사실은 우리를 낙심하게 만드는 동시에 겸허해질 것을 요구한다. 우리는 생각하는 것보다 더 쉽게 상처를 받는 존재다. 우리는 기꺼이 원했고 또 보여주고 싶었던 것처럼 당당하고 강인하고 어른스럽지 않다.

또한 겸손은 부당한 일을 보는 분노와 저항감을 포기하고, 바꿀 수 없는 일을 주어진 그대로 받아들이며, 부당하든 합당하든 자신의 현재 위치를 감수하는 것을 뜻하기도 한다. 우리는 일단 불행하다고 여겨지는 일을 바꿀 수 있는 길을 찾아내야만 한다. 실망, 깨진 꿈의 벽을 통과할 문을 찾아내야만 한다. 아니면 벽을 타고 넘어설 사다리를 세워야 한다. 지금 겪는 아픔이 시간이 흐르면 어떤 다른 긍정적인 의미를 드러낼지, 위기와 실망으로부터 배울 점은 무엇인지 살필 줄 아는 자세를 가져야 한다. 이런 자세를 가질 때 나는 뼈저리게 아팠던, 그러나 부분적으로 실존적이었던 위기를 지나치게 부풀리거나 과소평가하지 않는다. 내가 만났던 많은 사람들은 이혼하고 이기적으로 사느니 결혼 생활이 더 행복하다고 여겼다. 나 역시 마음 같아서는 돌아가신 어머니를 무덤에서 모셔와 식탁에 마주 앉고 싶다. 그럴 수만 있다면 개인적인 성숙을 대가로 치를 각오도 되어 있다. 유방암을 앓는 사람들은 병으로 더욱 성숙해진 인격을 갖기보다 건강을 회복하기를 더 간절히 바란다. 아주 분명한 이야기다. 인격적 성숙을 포기하고 암에서 나을 수만 있다면야.

그러나 억울하다 할지라도 우리는 위기에서 어떻게 해야 새로운 변화를 이끌어낼 수 있을지 살펴야 한다. 위기를 씩씩하게 이겨낼 수만 있다면 이 경험은 우리의 유전자에 긍정적으로 각인되지 않을까? 물론 이런 변화는 당장 그 효과를 알 수 있는 것은 아니다. 지금 당장 짓누르는 아픔에 이런 이야기는 냉소적으로 들릴 수 있다. 위기와 그로 말미암아 생겨나는 아픔과 실망은 일단 극복되어야만 한다. 이혼이나 어머니의 죽음에서 비롯된 아픔은 먼저 철저히 곱씹어야만 한다. 그래야 상처가 아물고 치유와 극복의 과정이 시작된다. 이런 과정을 거쳐야만 체험된 아픔은 푹 삭아 안팎으로 성장할 정신의 자양분, 말하자면 퇴비가 될 수 있다.

물론 이런 과정은 외롭다. 다른 사람의 도움과 지원을 받는 일도 가능하기는 하다. 나는 심지어 이런 도움과 지원을 받는 것을 적극적으로 찬성한다. 친구나 배우자 또는 전문가와 대화를 나누면 자기 치유의 효과도 나타난다. 이런 효과는 상대가 얼마나 적극적으로 도울 수 있는지에 따라 그 정도가 달라진다. 그렇지만 변화의 책임은 어디까지나 자신이 져야 한다. 고용주나 배우자, 의사, 부모, 사회에 책임을 떠넘겨봐야 해결될 일은 없기 때문이다.

마땅히 얻어야 할 것을 얻지 못하거나 원하지 않았던 상황과 맞닥뜨릴 때 우리는 무엇보다도 자신의 현 위치를 점검해야 한다. 중간 결산을 하고 방향을 새롭게 잡아야 다시 행군을 시작할 수 있다. 이런 새로운 시작은 목표에 도착했다거나, 행복의 정상에 최소한 가까이 왔다고 생각하는 인생 단계에서는 어려운 일이다. 그러나 당신은 이 책의 내비게이션을 통해 당신을 인생의 목표로 이끄는 적절한 이정표를 발견하게 될 것이다.

인생의 셈법은 다르다

중년에 나타나는 전형적인 현상은 우리가 예상치 못한 행운을 누리는 경우가 많다는 것이다. 그런 사례는 끝도 없으며 누구의 인생에서든 찾을 수 있다. 그 좋은 예로 우리는 나무랄 데 없는 교육을 받았다. 그리고 거의 모든 분야에서 충실하게 기능하는 평화로운 국가에서 산다. 심지어 많은 경우 그 이상이다. 아이들은 건강하다. 부모는 여전히 우리를 돌봐준다. 또한 아주 불편한 문제일지라도 흉금을 털어놓고 이야기를 나눌 수 있는 친구가 한두 명 정도 있다. 우리는 생각만 해도 편안한 느낌을 주는 도시에 산다. 이웃은 친절하며 아이들의 선생님도 훌륭하고, 활달한 할머니가 아이들을 돌봐준다. 조금만 자세히 살펴보면 누구나 이런 소소한 행운을 듬뿍 누리고 있다. 이런 것을 가려볼 줄 아는 안목을 키우는 것이 좋다. 감사할 줄 아는 마음가짐은 우리를 대단히 행복하게 만들어주기 때문이다. 그리고 이는 억울한 아픔을 견딜 수 있는 힘을 주어 균형을 회복하게 해주기도 한다.

공들여 노력한 것은 당연히 얻는다? 착각이다. 인생의 계산 방식은 다르다. 인생은 억울한 아픔과 뜻밖의 행복으로 균형을 잡아준다. 우리가 직접 좌지우지할 수 있는 경우는 매우 제한적이다. 심지어 아무 힘도 쓰지 못하는 경우가 허다하다. 바로 그래서 중년에는 선물받은 행운을 소중히 여기고 이로부터 힘과 낙천적 관점을 만들어내며, 우리를 가로막는 장애물을 있는 그대로 받아들여 할 수만 있다면 좋은 쪽, 의미를 갖는 쪽으로 바꿔내려고 노력하는 것이 바람직하다.

착각 '공을 들이면 반드시 얻는다'
교정 '주어진 것을 있는 그대로 받아들여라'
　　　 '억울한 아픔이 뜻밖의 행복을 선물할 수도 있다'

착각 6

결혼은 인생의
항구다

결혼과 가정은 사랑과 편안함, 믿음의 대명사다. 이런 모범은 세월이 가도 변함이 없는 것으로 보인다. 오늘날에도 이런 기대는 여전하다. 2016년 월간지 《엘터른Eltern》*은 18~30세의 남녀 1,061명, 즉 중년이 되기까지는 아직 많은 시간이 남아 있는 청춘 남녀를 대상으로 가족의 미래를 어떻게 생각하는지 물어본 설문 조사 결과를 공개했다. 이들이 추구하는 가족은 우리가 익히 아는 그것이다. 설문 조사에 응한 사람들의 87퍼센트는 여러 명의 자녀를 가지고 싶다고 했다. 그리고 3분의 2는 남편과 아내와 두 자녀라는 전형적인 핵가족을 원했다. 4분의 3은 무엇보다도 안정적인 부부 관계를 희망했다. 이들은 편히 쉴 수 있

---

* '엘터른'은 '부모'라는 뜻이다.

는 항구로 결혼이나 관계를 원한 것이다. 이런 관점에서 가족은 미래를 건설하기 위해 닻을 내리고 힘을 키우는 본거지다. 이런 갈망은 얼마든지 수긍할 수 있는 감정이다.

그럼에도 조사 대상자의 대다수는 편안하게 쉴 수 있는 가정이라는 것이 보장되지 않는다는 사실을 명확히 의식했다. 흥미롭게도 응답자의 83퍼센트는 향후 20년 동안 이혼과 재혼으로 복합 가정이 늘어날 것으로 전망했다. 이런 관점은 결혼이라는 항구를 발견한 시점과 복합 가정이 나타나는 시점 사이에 반드시 무슨 일이 벌어지고야 만다고 여긴다. 심지어 많은 변화가 일어날 뿐 아니라 이별과 이혼 그 이상의 일이 일어난다. 우리 모두는 이런 변화를 익히 알고 있으면서도 한사코 눈을 가린다('착각 7 내게 그런 일은 일어나지 않을 거야'를 보라).

과거를 돌아보는 눈길이 설명에 도움을 준다. 예전에 결혼 생활은 역할 분담과 서로 돌보는 지속적인 의무라는 영리한 선택으로 간주되었다. 그러나 오늘날 이런 형태의 결혼 생활은 그 설득력의 상당 부분을 잃었다. 함께 나란히 성장하고자 하는 욕구는 어느 한쪽의 희생을 요구하는 옛 형태로는 해결되지 않는다. 결혼을 하고 신혼 초의 반짝임이 사라지기 무섭게 관계를 포기하는 젊은 부부의 모습은 오늘날 어렵지 않게 찾아볼 수 있다. 그 결과가 어떤 모습으로 전개될지는 미지수다. 결혼은 안정을 의미하지 않으며 오히려 이중의 불안정만 낳는다. 누구도 이런 이야기를 하지 않을 뿐이다.

결혼이라는 공동 프로젝트의 성공은 보장되어 있지 않다. 우리는 이런 사실을 이미 알거나 짐작한다. 그럼에도 성공한 결혼 생활을 맛보고자 한다면 중년에 나타날 걸림돌까지 고려해 부부가 함께 문제를 해결해나갈 방법을 찾아야 한다.

관계의 법칙은 바뀌어야 한다

필리파는 딸을 출산한 후 가정을 돌보는 일에 전폭적으로 매달렸다. 다른 일은 모두 제쳐두었고 직장에는 휴직원을 냈다. 남편이 직장에 다니느라 시간을 낼 수 없어 아기를 돌보는 일은 오롯이 그녀의 몫이었다. 직장 여성에서 어머니이자 가정주부로의 전환은 매우 힘들었다. 그럼에도 필리파는 모든 것을 함께하고픈 남편에게 충실했고 불평 한번 하지 않았다. 그녀는 성실했다. 살림과 육아는 물론 늙은 부모에게도 성심을 다했으며 남편을 위해 헌신했다. 그녀는 충직한 군인처럼 임무를 완수했다.

몇 년이 그런 식으로 흘렀다. 어머니이자 아내로서 그녀의 헌신은 점차 열의가 식어갔다. 직장에서 밤낮없이 바쁜 남편을 바라보는 마음도 예전 같지 않았다. 그는 가족과 함께하는 시간이 거의 없었으며, 어쩌다 같이 있다고 해도 스마트폰과 씨름하느라 정신이 없었다. 출장이 잦았고 퇴근해 집에 오면 언제나 지친 상태였다. 필리파는 집에서 홀로 아이를 돌봤다.

필리파는 직장으로 복귀하기 위해 남편의 지원을 간절히 바랐지만 도무지 도움을 주지 않는 남편 때문에 속이 터질 지경이었다. 그녀는 일단 신중하게, 하지만 조금씩 분명하게 이런 식으로는 결혼 생활이 유지될 수 없다는 암시를 흘렸다. 그러나 남편은 아내의 뒷바라지를 그저 당연하게만 여겼고 자신이 편한 대로만 행동했다. 가족과 함께 시간을 보내는 것도 들쭉날쭉 제멋대로였다. 생일에 필리파는 남편에게 '다섯 번 아기 돌보기' 쿠폰 선물을 받았다. 자기 딸을 돌보는 일을 마치 선물을 준다는 식의 태도에 그녀는 분통이 터졌다. 가족을 위한 마음에서 우러나는 관심? 함께 보내는 저녁 시간? 어림도 없는 이야기였다. 물론 남편은 직장 일로 바빴으며 승진하기 위해 적극적으로 노력했다. 남편의 출세는 가족에게 분명 덕이 되는 일이기에 필리파는 그동안 군말 없이 지원했다. 그러나 그녀 자신의 야심도 만만치 않았다. 필리파는 남편과 함께 발전할 수 있기를 바랐다. 그녀가 본래 생각했던 가족, 결혼, 관계는 이런 것이 아니었다. 그녀가 원한 것은 공동체이며 눈높이를 맞춘 배우자 관계였다. 이제는 남편과 함께 새로운 인생 단계를 위한 해결책을, 새로운 모델을, 깔끔하고 영리한 타협안을 찾아내고 싶었다. 대화를 나누고 교류하며 친밀감을 나눌 더 많은 시간을 간절히 원했다. 그러나 남편은 직장에서 성공하기만 바랐으며 시간을 마음대로 쓰기를, 집에서는 되도록 쉬기를 원했다.

필리파와 그녀의 남편은 저마다 다르게 생각한 결혼 생활이라는 감옥에 갇혔다. 이처럼 서로 생각이 다르리라고는 짐작도 못 했다. 현실은 서로의 다름을 고스란히 확인해주었다. 진짜 아기, 한밤중의 진짜 아기 울음, 진짜 직업, 진짜 살림, 진짜 갈등, 휴식과 여가와 잠을 둘러싼 갈등에도 그녀는 결혼이라는 항구를 그냥 간단하게 떠나고 싶다는 생각은 하지 않았다. 남편은 달랐다. 그는 싱글이며 아기가 없는 다른 여인과 바람을 피웠다. 필리파는 버려졌다. 이제 그녀가 가진 것은 아기와 병든 부모와 요구가 까다로운 직장뿐이다. 필리파는 43세가 되었다. 가정이라는 담장은 속절없이 무너졌다. 충격을 받은 그녀는 도대체 어찌해야 좋을지 몰랐다.

이런 비극이 일어나지 않으려면 중년에 이른 부부는 관계에서 빚어질 수 있는 수많은 긴장을 지혜롭게 풀 수 있는 균형감이 반드시 필요하다. 결혼 생활은 일반적으로 두 성인이 중년을 한참 앞둔 시점이나 초기에 함께 발전하자는 뜻에서 시작하며, 대개 이들은 인생의 문제가 무엇인지 안다고 믿는다. 그러나 현실은 다르다. 10~15년에 이르는 결혼 생활, 그래서 대부분 중년에 이른 시점에서 부부가 안팎으로 직면해야 하는 시련은 혹독하기만 하다. 배우자나 자신이 자발적으로 변화해주리라는 낙관적 기대만으로는 결혼 생활에서 성공할 수 없다.

물론 배우자는 변화할 수 있다. 체험과 반성과 직업 환경의 영향으로 배우자의 가치관은 발전하며 중요시하는 것의 초점을 바꾸기도 한다. 그러나 이런 변화가 언제나 좋은 쪽으로만 이뤄지지는 않는다. 야망이 있고 지혜로웠던 배우자가 계산적인 출세주의자로 변모하는 일은 얼마든지 일어난다. 적극적이고 활발하게 주변을 돌볼 줄 알았던 역동적 여인이 입가에 냉소만 머금고 심술을 부리는 경우도 드물지 않다. 운동을 좋아하던 남편이 운동복 바지를 입고 소파에서 텔레비전만 넋 놓고 보는 가련한 신세로 전락하기도 한다. 아무튼 이런 식으로 시작된 갈등은 결국 관계의 위기를 초래한다. 결국 결혼이라는 항구는 폭풍우가 몰아치는 대단히 불편한 곳으로 돌변하고 만다.

중년의 부부 관계가 결혼할 당시와 같은 모습을 유지하는 일은 결코 없다. 결혼할 당시 유효했던 관계의 법칙은 낡았으며 이미 효력을 잃었다. 이제는 새롭게 협상해서 끊임없이 변화하는 현실에 맞게 바꿔주어야만 한다. 그러나 흔히 이 규칙은 아무 말 없이 일방적으로 바뀐다. 한쪽은 여전히 옛 규칙을 따르다가 뭔가 이상해진 것을 발견하고 놀란다. 또 이런 변화를 너무 늦게 알아차리거나 전혀 알아차리지 못하는 경우도 심심찮게 볼 수 있다. 이런 상황이야말로 부부 또는 관계의 파국을 부르는 근본적 위협이다.

다음은 협상 테이블에 올라야 할 몇 가지 규칙들을 간추려본 것이다.

- 자유와 자율권을 서로 어떻게 보장해줄 것인가?
- 누가 어떤 의무를 갖는가? 의무를 감당할 자세는 되어 있는가?
- 역할 분담과 상호 배려를 어떻게 조정하는가? (50 대 50의 평

등한 조정이 아니라 '누가 어떤 부분을 적극적으로 감당하는가?' 라는 질문이 더 중요하다)

- 부부는 서로 어느 정도까지 관대한 것이 좋을까? 상대방을 있는 그대로 받아들일 자세는 어디까지 효력을 미칠까? 약점도 품어줄 자세가 되어 있는가?
- 서로의 행동과 생활 태도를 두고 비판을 주고받을 용의가 있는가? 이런 비판을 실제 실천으로 옮길 자세는 되어 있는가?
- 살림과 양육과 가족의 대소사는 어떻게 나눌까? 누가 어떤 역할을 맡을까?
- 경제적 가치관은 어떻게 공유할까? 돈은 얼마나 중요한가? 누가 어떤 기여를 하고 경제적 보상의 무슨 몫을 받을까?
- 주고받을 줄 아는 자세, 즉 서로 상대에게 어떻게 보상해줄 것인가? 한쪽은 돈을 벌고, 다른 쪽은 가사를 처리하며 부모를 모시고 가계부를 쓸까?
- 일상에서 서로 얼마나 의지하는가? 결혼이라는 구속에도 상대에게 얼마나 독립성을 허용해줄 것인가?
- 어느 한쪽이 확실히 더 잘나간다면 부부 사이의 권력 관계는 어떻게 조정할까?

사람들은 대개 결혼이나 관계라는 항구를 편안히 누워 쉴 공간으로 이해한다. 말 그대로 현상 유지의 공간이랄까. 이곳이야말로 변화가 없어야 한다고 생각하며, 이런 모범이 약속하는 보호를 기대한다. 그러나 사실은 다르다. 모든 항구에는 관리사무소와 함께 항구 이용의 법칙을 정하는 항만 소장이 있다. 중년에이르러 이 항구 이용의 법칙은 새롭게 정해져야만 한다. 그리고재화를 실어 나르는 선장과 항만 소장은 이 법칙을 반드시 준수해야만 한다.

결혼이라는 이름의 걸림돌

자녀를 갖지 않는 삶이 자유롭다는 이유로 의도적으로 자녀를갖지 않기로 결심하는 부부가 많다. 이런 결정은 실제 부부가 합의해서 내리는 경우가 흔하다. 그렇지만 많은 경우 어느 한쪽이아이를 갖지 않으려는 성향이 더 강하다. 예를 들면 남편이 아이를 원하지 않고, 아내는 아이를 원하면서도 남편과의 관계를 생각해 자신의 희망을 포기하는 경우다. 이러면 상황이 까다로워진다. 마를레네와 제바스티안의 경우가 그랬다.

마를레네는 아이를 가지고 싶었지만 아이를 원하지 않는 제바스티안과의 관계를 더 중요하게 생각했다. 그녀는 아이 문제로 남편과 헤어질 생각은 꿈에도 하지 않았다. 오로지 남편과의 관계를 위해 아이를 포기했다. 부부는 이 문제로 더는 왈가왈부하지 않았다.

몇 년 뒤 두 사람은 갈라섰다. 얼마 지나지 않아 제바스티안은 새 여자가 생겼다. 이미 짐작하는 독자가 있겠지만, 제바스티안은 딸을 가졌고 '딸 바보'가 되었다.

그동안 40대 중반을 훌쩍 넘긴 마를레네는 독신으로 외롭게 지내며 뒤통수를 얻어맞은 느낌이었다. 그녀는 제바스티안을 위해 아이를 포기하지 않았던가? 아이를 갖지 않기로 했던 건 함께 세운 인생 계획의 일부가 아니었던가? 그런데 이제 와서 아이가 없는 것이 오로지 자신의 책임인가?

마를레네는 배신당한 것 같아 괴로웠다. '만약 이랬다면 어땠을까' 하는 생각을 멈출 수가 없었다. 내가 아이를 가졌다면 어떻게 되었을까? 내가 아이를 원하는 남편을 만났더라면 어떻게 되었을까? 그랬다면 나는 분명 아이를 가졌으리라. 그랬다면 지금처럼 아이를 갖기에 너무 늦은 상황은 피할 수 있지 않았을까? 그랬다면 지금처럼 나는 홀로 외로움을 곱씹지 않을 텐데. 그랬다면, 그랬다면. 마를레네는 처음부터 아이를 갖고 싶다는 희망을 솔직하게 드러냈어야 하지 않을까? 언젠가 홀로 남을지도 모른다는 위험을 보다 더 분명히 의식했어야 하지 않을까? 당시 제바스티안의 뜻을 거스르고 아이를 가졌다면 어떻게 되었을까? 사후 분석의 대가인 친구들은 마를레네에게 이 모든 걸 예견할 수 있어야만 했다고 종알거렸다.

결혼은 인생의 항구일까, 걸림돌일까. 위의 사례에 비추어 보면 결혼이나 관계 혹은 파트너와 확실하게 결속하는 형태의 공동생활은 안전판이 아니라 인생을 송두리째 무너뜨리는 위협이다. 아무튼 관계는 인생의 꿈을 실현하지 못하게 만들거나 운명처럼 지워버린다. 중년의 한복판에서 맞이하는 이런 현실은 가혹하기만 하다.

항구를 위협하는 삶의 폭풍들

라르스와 던야는 멋진 한 쌍의 부부였다. 던야는 대학교의 사회학 강사였고 라르스는 스스로 일군 진료실을 운영하는 심리치료사였다. 부부는 아들과 딸을 세 살 터울로 가졌다. 가족은 행복했다. 그러나 아들이 여덟 살, 딸이 다섯 살이 되던 해인 2년 전 던야는 사망했다. 암이었다. 그녀는 치열하게 싸웠지만 암을 이겨내지 못했다. 라르스는 놀라울 정도로 평안하게 이런 이야기를 내게 들려주었다. 그 역시 사랑하는 사람을 잃지 않으려고 싸웠다. 아내를 잃은 아픔과도 싸웠다. 그처럼 행복했던 가정을 잃었다는 사실과도 싸웠다. 아직 너무 어려 손길이 많이 가는 두 아이를 홀로 키워야 하는 막막함과도 싸웠다. 그의 인생 계획은 전혀 다른 것이 되고 말았다. 두 아이를 전적으로 자신이 책임져야 한다는 것을 그는 계획하지 않았다. 부담은 너무 크고 어렵기만 했다.

이 장에서 소개한 일화들은 하나같이 평온한 항구가 격심한 풍랑과 폭우로 파괴될 수 있음을 상기시킨다. 게다가 이런 풍랑은 중년에 들어 높아지기만 한다.

관계라는 이름의 항구를 찾아내는 것은 좋다. 그러나 이 항구는 관심을 가지고 돌보기를 요구한다. 법칙은 그 이용자에 맞춰져야만 한다. 그렇지 않으면 항구는 불화로 위협받으며 어느 한쪽이 떠나버린다.

라르스와 던야는 물론 마를레네의 이야기 역시 항구가 온전하게 남는 게 당연한 일이 아님을 보여준다. 우리는 인생이 늘 위협에 시달린다는 것을 안다. 모든 것이 잘 풀릴 수만은 없다. 이는 분명한 사실이다. 그리고 당연히 우리는 이런 일이 우리에겐 일어나지 않기를 바란다('착각 7 내게 그런 일은 일어나지 않을 거야'를 보라). 인생의 위협은 삶의 모든 단계에 존재한다. 중년의 위협이 다른 점은 그 결과를 오로지 우리의 힘만으로 감당해야만 하기 때문에 충격이 엄청나다는 점이다. 이런 쓰라림을 우리는 처음으로 분명하게 체험한다. 부모가 없고 조부모도, 선생님도 없다. 충격을 어느 정도 완화시키고 그 결과를 감당할 수 있게 도와줄 사람이 아무도 없다. 우리는 오로지 자신의 힘만으로 이겨내야 한다. 심지어 다른 사람, 이를테면 자녀가 받을 충격까지 우리가 막아주어야 한다. 이런 사실을 분명하게 의식하고 다시 떨쳐 일어서기까지 최소한 금전적 위협만이라도 대비하려는 노력은 꼭 필요하다. 말하자면 만약의 경우를 대비한 '플랜 B'를 만들어두어야 한다. 플랜 B에는 경제적 대비책이 필수적이다. 배우자가 더 이상 돈벌이를 못 하는 상황에 어떻게 경제적 문제를 해결할 수 있을까? 나는 어떤 것을 포기할 수 있을까? 홀로 남은 나를 누가 몇 주 혹은 몇 달 동안 지원해줄 수 있을까? 내가 병에 걸리고 배우자가 옆에 없다면 아이들은 누가 돌볼까? ('이정표 36 어떤 길이든 장점과 단점이 있다'에서 '플랜 B를 마련하라'를 보라)

인생의 위험이 '항구의 상실'을 뜻한다면 온전히 자신의 힘만으로 모든 상황을 헤쳐나가야 하기에 아픔은 더욱 크다. 인생의 위험을 둘이서, 항구의 편안함 속에서라면 더 잘 이겨낼 수 있을 거라는 생각에 쓰라림이 몇 배는 더 커진다.

착각 '결혼은 인생의 항구다'

교정 '결혼과 관계는 세계를 향해 열려 있으며 난공불락의 요
      새가 아니다'

착각 7

내게 그런 일은
일어나지 않을 거야

우리 가운데 대다수는 이미 주변의 누군가가 중년의 예상하지 못한 불상사로 발을 디딜 기반을 잃는 것을 안타까운 마음으로 지켜봤을 것이다. 그런 경우 친구, 동료, 지인 사이에는 이런 수군거림이 오가기 마련이다. "그 소식 들었어? 진짜? 아, 불쌍한 사람! 이 무슨 끔찍한 일이람!"

우리는 이런 불행을 마치 기름을 잘 칠한 기계에 끼어든 먼지처럼 여기며, 안타깝지만 개인의 운명이라 치부한다. 그러면서 내심 이런 운명의 독배가 우리에게 오지 않기를 간절히 바란다. 그래도 혹시 몰라 보험 같은 안전판을 마련하려 안간힘을 쓴다.

이런 안간힘은 충분히 수긍이 가는 보호 심리이기는 하지만 실질적인 도움은 주지 못한다는 점에서 기만적이다. 인간이 중년의 어려운 사건에 부딪쳐 겪는 위기, 곧 인격 발달의 위기는 어느 한 개인의 운명이 아니기 때문이다. 중년의 성장 위기는 우리 모두가 아주 높은 확률로, 심지어 본격적인 예고와 함께 맞닥뜨릴 수 있다. 다만 누구도 이런 이야기를 하고 싶어 하지 않을 뿐이다. 아니, 어째서 성장 위기야? 우리는 이미 오래전부터 어른이잖아? 그러나 이런 관점은 우리 모두가 빠져 있는 착각이다.

'Not in my backyard!(내 집 뜰만 아니면 돼!)' 영국인은 흔히 이런 표현을 쓴다. 이런 태도는 문제가 자신의 뜰이 아니라 멀리 떨어진 다른 사람의 뜰에서만 일어난다고 여긴다.* 이에 해당하는 독일어 버전은 '성 플로리안 원칙Sankt-Florians-Prinzip'이다.** "거룩한 성자 플로리안이여, 나의 집은 지켜주시고 다른 사람의 집을 불타게 하소서!" 해를 입고 싶지 않은 것은 인간적인 소망이다. 이 원칙은 중년의 위기에도 그대로 적용된다. 제발 나는 위기를 겪지 않게 하소서! 참으로 간절한 기도다.

자신을 안전하게 지키고 싶은 태도를 비난할 수는 없다. 신을 믿는 자세로 자신을 안전하게 지키려는 노력은 오히려 바람직한 태도다. 또 그래야 마땅하지 않은가. 잠재적인 위협과 인생의 질곡을 미리부터 불안해해야 할 이유는 없다. 앞으로 무슨 일이 벌어질지 알지 못하면서 불안에 떠는 태도는 매력적이지 못할 뿐

• '님비 현상'이라고 알려진 이 표현은 위험과 위해적인 요소를 다른 지역으로 떠넘기는 지역이기주의를 뜻한다.

•• 성 플로리안(?~304)은 오스트리아 출신의 로마 군인으로 소방대장을 지낸 인물이다. 가톨릭교회는 물론이고 정교도 그를 성인으로 섬긴다.

만 아니라 짜증마저 난다. 그렇다면 '내게 그런 일은 일어나지 않을 거야!' 같은 마음가짐이 더 낫지 않을까?

만일 누군가 물어본다면, 나는 그렇기도 하고 아니기도 하다. 불평을 일삼으면서 암울하게 지내는 것은 기분 상하는 일임에 틀림없다. 인생의 불행한 사건을 대비해줄 종합보험을 마련한 사람은 아무도 없다. 적어도 낙관적 태도는 중년에 젖과 꿀이 흐르는 땅을 누릴 수 있으리라는 기대를 키워주기는 하리라. 그러나 나이를 먹는다는 것은 인생이 던지는 어려운 물음에 맞서 그 답을 스스로 찾아보는 자세를 의미한다. 우리는 이런 자세를 '성숙했다'고 한다.

비관적이어서가 아니라 '그런 일'은 그냥 일어난다. 아무튼 일이 벌어지고 나면 그때까지 그런대로 질서를 유지했던 삶은 뒤죽박죽 혼란에 빠지고 만다. 내게 그런 일이 일어나다니, 부당하다. 당연하다고 여겼던 법칙이 무너진다. 괘씸하다는 생각을 누를 수 없다. 그동안 안전하다고 여겨왔던 땅이 흔들리고, 걸음걸이는 허청거리기만 한다.

안전을 선호하기에 인생의 위기를 대비하는 사람이 없지는 않다. 그러나 위기와 맞물리는 인격의 성장 위기까지 대비하는 사람은 거의 없다. 성장 위기는 지진 끝에 이어지는 여진 또는 상수도관 파열, 번개가 치고 난 다음에 발생하는 전자제품 고장 또는 지붕 화재와도 같다.

삶의 의미는 어디에 있는가?

도무지 의미를 알 수 없는 몹쓸 일을 겪을 때 우리는 어떻게 생각해야 좋을까? 내가 보기에 이런 경우 의미란 없다. 아무런 의미가 없음을 깨닫게 만드는 일은 끊임없이 일어난다. 예를 들어 남편이 암으로 사망한 뒤 여덟 살 아들을 홀로 키워야 하는 어머니는 하늘이 무너진 것 같지 않을까? 어떤 젊은 부부가 아이가 생기지 않아 병원을 찾았는데, 의사에게서 임신할 확률이 4퍼센트에 지나지 않는다는 이야기를 듣는다면 어떨까? 심지어 비용이 많이 드는 호르몬 치료를 하면 임신할 확률이 6퍼센트까지 높아질 수 있다는 이야기를 듣는다면? 오랜 기다림 끝에 둘째 아이를 출산했는데 희귀한 유전자 손상으로 평생 돌봄을 받아야 한다는 이야기를 듣는 어머니는 억장이 무너지지 않을까? 경영진이 구조조정을 단행해서 일자리가 날아갔다면? 의미는 어디 있는가? 나는 무엇을 해야 할까?

사람들은 흔히 값싼 위로로 달랠 뿐이다. "모든 일에는 그에 맞는 의미가 있을 거야." 나는 그렇게 믿지 않는다. 그냥 감당하기 어렵고 실망스럽기 짝이 없는, 서글프고 무의미한 일과 사건이 있다고 생각한다. 그런 것에서 뭔가 좋은 점을 찾아내야만 한다는 말에는 냉소를 지을 수밖에 없다. 좋은 뜻이겠지만 의미를 찾으라는 말로 어려운 일을 겪는 사람을 섣불리 위로하지 말자. 한동안 자신에게 닥친 일을 곰곰이 생각할 시간, 충분히 실망하고 슬퍼할 시간은 필요한 법이다. 회의에 빠져 분노를 터뜨리는 것도 나쁘지 않다. 일단은 말이다.

오늘이 아니라 내일 할 일도 있다

어느 정도 시간이 흐른 뒤에 또는 많은 시간을 보내고 나서야 비로소 새로운 조건과 상황을 받아들일 마음가짐이 생겨난다. 비록 자신이 원했던 것은 아니라 할지라도 말이다. 일단 비극적 사건으로 발생한 흥분과 소란과 먼지가 가라앉고 난 다음에 우리는 의미를 찾을 수 있다.

겉보기에 무의미한 일일지라도 의미를 빚어내자

의미는 저절로 주어지지 않는다. 다음과 같은 말은 누구나 한 번쯤 들어봤을 것이다. '누구나 자신의 행복을 빚는 대장장이다' 초등학교 4학년 때 선생님이 들려준 시 구절을 적어 앨범에 담아두었던 기억이 또렷하다. 물론 선생님 얼굴은 이제 기억나지 않지만 말이다. 이 구절은 족히 2,200년 전에 아피우스 클라우디우스 카이쿠스Appius Claudius Caecus(기원전 340~273)*가 쓴 것으로, 상당히 해묵은 것이기는 하지만 우리가 말하고자 하는 맥락에 아주 잘 맞는다. 인간은 항상 자신의 행복을 빚어낼 수 없으며

---

* 로마 중기의 유명한 정치가. 평민의 권리를 위해 노력한 인물로 민주주의의 기초를 다졌다. 위 시구의 원문인 'fabrum esse suae quemque fortunae'는 보통 '인간은 자기 미래의 개척자다'라는 의역으로 통용된다. 본문의 번역문은 원문을 직역한 것이다.

오히려 그 반대로 행복은 언제라도 깨질 수 있다. 그러나 의미만큼은 빚어낼 수 있다.

그러면 개인적인 운명의 사건을 겪은 뒤에 중요한 일은 무엇일까? 이미 일어난 사건 뒤에 새롭게 써야 할 역사란 어떤 것이어야 할까?

우리는 위기를 겪고 난 뒤 통제력의 상실과 재기의 의지라는 기묘한 긴장 관계 속에서 살아간다. 초기에 우리는 두 극단 사이를 방황한다. 통제력 상실-재기의 의지-통제력 상실-재기의 의지. 늘 거듭되는 방황이다. 그러다 어느 순간 재기의 의지로부터 재기의 기회가 생겨난다. '이런 것이 현실이구나!' 하는 깨달음의 씨앗으로부터 새롭게 기운의 싹이 튼다. 이런 의미를 바탕으로 새로운 정체성을 키워가는 것, 이것이 과제다.

열린 자세로 차분히 과거를 받아들일 때 비로소 하나씩 기회가 열리기 시작한다. 인생이라는 화폭에 원치 않은 붓질로부터 좋은 것을 찾아내고 키워낼 기회가 우리 앞에 열린다.

피카소의 연인이자 화가였던 프랑수아즈 질로Françoise Gilot는 한 인터뷰에서 붓을 잘못 놀린 그림이 자신에게 무엇을 의미하는지 이야기한 바 있다. 중요한 것은 엇나간 붓질을 작품 전체와 조화시키는 일이다. 이로써 엇나간 붓질은 새로운 의미를 얻고 작품 전체에 더 큰 의미를 부여한다. 나는 이것이야말로 중년에 우리가 겪는 원치 않는 사건을 멋지게 소화해낸 비유라고 생각한다. 처음에는 화폭에 묻은 얼룩이나 엉뚱한 곳에 들어간 붓질이 속상하거나 원망스러운 게 당연하다. 그러나 이런 얼룩 위에 덧칠을 한다거나, 속상한 마음에 작품을 완성하지 않고 아예 포기해버리는 태도는 결코 바람직하지 않다. 중요한 것은 이 얼룩에도 의미를 부여해 전체와 조화를 이루게 하는 마음가짐이다. 의미부여, 이것이야말로 상처를 치유한다. 차츰 열리는 기회를 놓치지 않고 인생이라는 화폭에 다시 좋은 출발을 하는 의미를 담아주는 일은 꼭 필요하다.

있는 그대로 받아들인다는 것

"그런 거야!"

무슨 일이 있을 때마다 내 친구 에바마리아는 이렇게 말하곤 한다. 그녀는 이 말로 상황을 정리한다. 점을 찍거나 느낌표를 찍을 뿐 더는 아무 말도 하지 않는다. 군말이 필요 없다. 끝.

바꿀 수 없기 때문에 주어진 그대로 받아들여야만 하는 것은 분명 존재한다. 그러나 그걸로 끝이 아니라 새로운 반전을 얻을 때 이야기는 본격적으로 흥미로워진다. 있는 그대로 받아들이라는 말이 벌어진 그대로 두어야 한다는 뜻은 결코 아니다. 바꿀 수 없는 일이라고 해서 굴복해야 하는 것은 아니다. 희귀한 유전자 손상을 가지고 태어난 아이의 부모가 용감하게도 계속 아이를 갖는다. 모두 건강하다. 아이를 갖지 못한 부부가 청소년을 위한 봉사 활동을 한다. 미혼모가 아들을 위한 새로운 아빠가 아닌 자신을 위한 새로운 배우자를 찾는다. 파산으로 직장을 잃은

CEO가 더 작은 회사로 들어가 고군분투해서 자신의 회사를 세운다.

결국 중요한 질문은 있는 그대로 받아들인 현실을 이제부터 어떻게 다룰까 하는 것이다. 직장을 잃었다는 사실에서 나는 무엇을 만들어낼까? 일찌감치 돌아가신 어머니를 생각하며 계속 안타까워해야만 할까? 아내와 이혼했다고 해서 인생이 끝나는 것은 아니지 않은가? 당장의 어려움에만 빠지지 말고 이 어려움으로부터 좋은 결말을 얻어내는 자세가 중요하다. 그렇다. 결말이 중요하다! 정확히 좋은 결말이!

나쁜 일에서 좋은 것은 무엇일까? 이것이야말로 받아들임 뒤에 오는 흥미진진한 물음이다. 운명이라 체념하고 희생자처럼 구는 태도는 안 된다. 새롭게 주어지는 기회를 차분하게 받아들여 새로운 미래를 위한 기초로 활용하는 지혜가 꼭 필요하다. 새로운 정황으로부터 의미가 빚어져야 한다. 이렇게 해서 방점은 새로운 이야기를 위한 쉼표로 바뀐다. 겉보기에 무의미한 일로부터 새로운 의미가 솟아난다.

물론 이런 새로운 의미는 저절로 생겨나지 않는다. 새로운 의미를 찾기 위해서는 정신적 에너지(많은 경우 물리적 에너지도)를 쏟아부을 각오가 필요하다. 편자는 차가운 쇳덩어리를 구부려서 만들어지지 않는다. 뜨겁게 가열해 모루 위에 올려놓고 해머로 있는 힘을 다해 말굽에 정확히 맞을 때까지 내려쳐야만 완성된다.

착각 '내게 그런 일은 일어나지 않을 거야'

교정 '네가 생각하는 것 이상으로 많은 일이 일어나'

제3장

이젠
관계의 규칙을
새로 쓸 때

깨달음에는 행동이 따라야 한다. 직업에서든 친구, 배우자, 가족과의 관계에서든 또는 그저 통틀어 사회적 네트워크라고 부르는 것에서든 실천적 행동이 문제를 해결한다. 물론 자기 자신과의 문제에서도 실천하는 자세가 중요하다. 그러나 이 경우에도 지혜롭게 행동하지 못하게 막는 낡은 생각, 잘못된 고정관념이 적지 않게 작용한다.

착각 8

직장은 너를 소중히
여길 거야

우리의 직업은 단순히 먹고살기 위한 생업 이상으로 우리의 일상을 잡아주는 중심축이다. 우리는 보통 가족보다는 직장 동료와 상사를 더 자주 본다. 근무하는 일상이 우리의 개인적 일상에 틀을 잡아주며 어떤 박자를 가져야 하는지 정해준다. 우리는 휴가도 직업과 조율해야 한다. 그리고 직업으로 돈을 벌어 경제적 실존을 확보한다.

대기업인지 중소기업인지, 아니면 학교나 행정기관 같은 공공기관인지 하는 차이는 중요하지 않다. 분명한 사실은 일자리야말로 우리 인생의 중요한 구심점이라는 것이다. 중년에 들어서면 이런 사실이 더욱 또렷하게 부각된다. 어떤 직업에서 얼마나 많은 시간을 보냈는지, 즉 얼마나 많은 인생 시간을 투자했는지에 따라 우리의 직업적 성장 가능성과 미래가 결정되기 때문이다.

그래서 우리는 일자리에 많은 기대를 갖는다. 무엇보다도 우리는 돈을 벌기 원한다. 분명한 이야기다. 물론 일 자체도 성취감을 줄 수 있어야 한다. 우리는 재능과 지식을 적절히 활용할 수 있는 일자리를 원한다. 좋은 동료와 우리를 소중히 여기는 상사와 조화로운 근무 분위기를 이룰 수 있기를 원한다. 일자리에 갖는 기대감의 목록은 길기만 하다. 우리는 눈높이에 맞춘 교류를, 실력을 인정받기를, 즐겁고 흥미로운 과제를 원하며 배움을 통해 실력을 쌓기 원한다. 또한 공동체라는 감정이 살아 있고 자신이 맡은 일에 똑같이 자부심을 갖는 멋진 팀을 원한다. 어떤 이들은 심지어 '공동의 미션'이라는 표현을 쓰기도 한다. 우리는 회사의 사업이 성공할 수 있도록 노력을 아끼지 않으며 공동의 성공을 향유한다.

피고용자뿐만 아니라 고용주 역시 직장 내의 조화를 이루기 위해 노력을 아끼지 않는다. 기업의 웹사이트에 오른 구인 광고나 몇몇 직원의 경력을 읽어보면 단순히 능력을 제공하고 그에 상응하는 보수를 받는 거래 차원을 넘어 가족 같은 분위기를 이뤄내려는 노력을 쉽게 찾아볼 수 있다.

공공기관의 구인 포털도 마찬가지다. '공익을 위한 봉사에서 우리는 서로 매우 밀접하게 맞물린다. 성과를 이루기 위해서는 서로 도움을 주고받는 자세가 꼭 필요하다. 누구나 누구에게든 물어볼 수 있다'고 광고한다. 화장품 기업은 이런 광고를 한다. '우리는 네 가지 기본 가치를 중시한다. 책임감, 단순함, 용기, 신뢰다.

우리는 책임을 감당하고자 노력한다. 직원과 고객과 시장은 물론이고 사회와 환경을 위한 책임감이 우리의 목표다' 디지털 경제에서 빠른 성장 속도를 보이는 기업은 이런 광고를 한다. '우리와 함께 일하는 것은 역동적이며 즐겁다. 당신은 일을 사랑하는 다양한 프로들로 이뤄진 팀의 일원이다' 제약회사의 광고도 보자. '우리는 건강을 지키는 일에 봉사한다. 당신의 건강한 일과 생활 밸런스, 장기적으로는 경제적 안정을 우리가 보장해줄 것이다'

이런 사례들이 보여주듯, 직장을 생활의 중심축으로 보는 관점은 업종의 차이와 무관하다. 고용주는 자신의 회사를 신뢰할 수 있는 공동체로 선보이고 싶어 한다. 직업 생활에서 신뢰할 수 있고 장기적인 파트너라는 이미지를 다지기 위한 이런 노력은 구직자의 긍정적인 반응을 이끌어낸다. 메시지는 우리 회사로 오면 잘 지낼 수 있다는 것이다.

고용주는 직원들에게 자사의 가치를 확신시키고 결속을 도모하기 위해 다방면으로 노력을 아끼지 않는다. 이른바 '고용주 브랜딩Employer Branding'이라는 마케팅 분과는 고용주의 매력적 이미지를 구축하는 방법을 전문적으로 다룬다. 말하자면 직원과 기업 사이의 결속을 이뤄낼 모범과 원칙이 이 분과에서 만들어진다고 할 수 있다. 기업이 추구하는 가치를 텍스트와 그림과 음향으로 연출해서 회사 내부는 물론이고 외부의 홍보 자료로 활용되는 커뮤니케이션이 적극 구사된다. 위에서 살펴본 광고 카피가 바로 그런 예다.

이런 일에서 잘못되었다고 비난할 것은 없다. 오히려 그 반대로 추구하는 가치가 선명하게 드러난 사훈은, 예를 들어 두 부서 사이의 업무 분담으로 이해 갈등이 발생할 때 이를 완화하고 조화를 이뤄낼 수 있게 해준다. 적어도 이론상으로는 기업이 추구하는 가치와 규범은 이런 식으로 방향 정립을 한다. 이런 모범적 가치관은 기업이 반드시 갖춰야 할 일종의 진열장이다. 이를 보며 우리는 기업이 나아가고자 하는 방향을 읽는다. 그러나 그 목표가 직원에게 준수를 강요하는 성격의 것이 되어서는 안 된다. 무엇보다도 중요한 것은 고용주와 피고용인의 조화이기 때문이다.

이런 조화는 일반적으로 고용주와 피고용인 사이의 이해관계가 어긋나기 시작하면 무너지고 만다. 중년에 직장을 잃는 일은 내 경험으로 미루어 보건대 이런 조화가 무너져서 일어난다. 특히 좋은 교육을 받은 직원, 그래서 업무 처리에 능숙한 중년의 직원이 직장을 잃을 위험에 시달린다. 왜 그럴까?

우선 고용주가 일방적으로 자신의 이해관계에만 충실하기 때문이다. 고용주의 이해관계는 세월이 흐르면서 바뀐다. 더 이상 피고용인의 입장과 맞지 않는 본래의 계약 관계는 긴장과 함께 마찰을 일으킨다.

팀이니, 공동 미션이니 하는 이야기가 그저 빛 좋은 개살구처럼 변하면서 우리는 다음과 같은 사실을 잊어버린다. 고용주와 피고용인은 시간 단위로 묶인 이해공동체, 말하자면 노동계약으로 성립하는 이해공동체라는 사실이다. 이런 사실을 명확히 의식해야 갑자기 이해공동체가 일방적으로 해체된다 해도 놀라지 않는다. 상사나 경영진이 돌연 회사의 이해관계만 대변한다면 새 일자리를 찾아보는 편이 현명하다. 오랜 세월 동안 팀 정신이니, '인간이 중심이다' 같은 이야기를 해온 회사가 직원의 이해관계를 무시하기 시작하는 것은 그만큼 회사의 사정이 나빠졌거나 가치관이 붕괴되었음을 의미하기 때문이다.

중년에 들어서면서 이해관계의 엇갈림을 경험하는 일은 드물지 않다. 그러나 바로 중년이기에 상황은 까다로워진다. 중년은 경제적인 이유로 일자리에 대단히 의존적일 수밖에 없기 때문이다. 집의 대출금 상환을 위해 경제적 안정은 반드시 필요하며 자녀 교육은 이제 본격적인 궤도에 들어섰다. 그동안 힘들게 이룩한 삶의 안정도 지켜야만 한다.

왜 이해관계는 세월의 흐름과 함께 달라질까? 본래의 거래, 곧 기업에 입사하면서 성립했던 이해관계의 조화는 어째서 흔들릴까? 예전에 거래는 이렇게 우리를 유혹했다. '이 회사에 들어와 성실하게 일하면 잘 지낼 수 있을 거야' 이것이 우리가 머릿속에 간직한 모범이다. 그러나 이 모범이야말로 착각이다.

나는 이런 착각을 빚어내는 요소로 다섯 가지를 겪어봤다. 거래를 무너뜨리는 이른바 '빅 파이브Big Five'가 그것이다. 그중 몇 가지는 업계 또는 고용주에게서 찾을 수 있는 외적인 요소다. 나머지는 일상의 업무를 처리하는 바로 우리 자신이 빚어낸다. 그러면 차례로 살펴보자.

1. 회사의 구조조정으로 일자리가 사라진다.
2. 사라질 위기에 처한 직업군에 있다. 특정 직업군은 천천히 소멸하는 탓에 일자리와 함께 성장의 기회도 줄어든다.
3. 일이 답보 상태에 빠져 있다. 평생의 학습에 힘쓰지 않고 기존의 편한 일에만 매달려온 탓에 중년의 성장이 정체되고 만다.
4. 업무 부담이 지나치다. 자발적으로 일하지 못하고 상부의 명령만 받아 일하다 결국 소진되고 만다.
5. 일이 지루하다. 그럼에도 할 일은 너무 많아 말할 수 없이 황폐해진다.

구조조정은 잘못이 없다

기업은 시장에서 최고의 실적을 올리기 위해 거듭 그 내부 구조가 과제 달성에 맞느냐는 질문과 씨름해야만 한다. 우리는 필요한 직원을 적재적소에 투입하고 있는가? 바로 이 질문이야말로 내가 조직 관련 컨설턴트로 개혁 과정을 진행할 때 마주치는 핵심이다. 이 질문의 답은 기업의 기존 질서를 깊숙이 건드린다.

이렇게 해서 중간관리자, 가령 팀장의 자리가 비록 도입한 지 3년이 채 되지 않았음에도 더 이상 필요하지 않게 된다. 또는 몇 년 전 신설한 영업부가 기대에 맞는 매출을 올리지 못한다는 이유로 다시 폐쇄되거나, 함부르크 지점이 지역 고객을 베를린에서 관리하기로 결정이 나는 바람에 문을 닫거나, 신설 부서가 요구하는 자격 조건을 지금껏 일해온 직원은 감당할 수 없게 된다. 그 자리에는 예컨대 '영국 시장을 자신의 조끼 호주머니처럼 알아 민첩하게 대응할 수 있는' 직원이 필요하다. 새로운 일자리가 요구하는 조건은 대개 이런 식이다.

이런 구조조정은 기업의 관점에서 대단히 중요하다. 물론 구조조정은 지금껏 해당 직위를 가졌던 직원의 이해관계와 충돌할 수 있다. 곧 팀장이나 영업부 직원, 함부르크의 고객관리 직원에게 안타까운 일이 벌어진다. 직원과 기업의 거래는 흔들리고 이제 직원에게 무슨 일이 일어날지 새로운 협상이 시작된다. 재배치에서 재교육, 권고사직에 이르기까지 모든 것이 협상에서 다뤄진다. 이 모든 가능성의 끝에서 결국 그동안 혁혁한 공을 세우며 경력을 쌓은 직원은 직장을 잃는다.

쓰라리기는 하지만 진실은 이렇다. 기업은 직원에게 크게 잘못한 것이 없다. 고용주와 피고용인을 묶어주는 노동계약은 두 책임 당사자 사이의 거래다. 냉정하게 들릴지도 모르지만 이 사실을 잊어서도, 감추려 해서도 안 된다. 계약 관계가 효력을 잃었다고 해서 싸우는 태도는 지나치게 순진하다. 상점은 장사가 끝나면 점원에게 큰 부담을 갖지 않고 고용 관계를 끝낼 권리가 있다. 물론 해고를 정리하는 노동법의 규칙이 없는 것은 아니다. 그러나 파산이냐 아니냐를 따지는 심각한 순간에 노동법은 그저 법전일 뿐이다. 이런 상황은 피고용인에게 결국 단 하나의 현실만을 의미한다. 앞으로 어떻게 할지는 개인이 알아서 해결하라는 것이다.

구조조정 그 자체는 누구도 나쁘다고 여기지 않는다. 기업은 그저 이해관계에 따라 움직일 뿐이다. 사회적 책임을 고려하는 이해관계에 충실한 기업에서 일한다면 축하한다! 구조조정에도 공정함을 지키려 노력하는 기업에서 일한다면 역시 축하한다!

그리고 많은 경우 우리가 잊고 있는 사실은 피고용인도 거래를 해지할 권리가 있다는 점이다.

나는 상담을 하면서 어떤 이유에서든 일자리를 잃는 바람에 피고용인이 겪는 실망과 개인적 상처가 어떤 것인지 충분히 경험했다. 그런 상처는 얼마든지 이해가 가는 일이며 또 정당한 감정이기도 하다. 오랜 세월 그 자리에서 열심히 일했는데 업무가 다른 자리로 이관되거나 아예 업무 자체가 없어져버리면 실망하는 건 당연하다. 자신이 불필요한 존재가 된 것 같아 자존감에도 상처를 입는다. 얼마든지 수긍이 가는 감정이다.

그렇지만 이런 것이 경제다. 경제는 기술 발달에 따라 강력한 구조 변화를 겪기 마련이다. 이런 변화는 인사 문제라고 그냥 넘어가지 않는다. 오히려 그 반대로 중년에 들어선 직원에게 여러 이유로 거래 관계의 해지를 강요한다. 오랜 기간 근속해서 연봉이 너무 올랐다거나 젊은 직원처럼 유연하지 못해 기술의 발달을 따라가지 못하는 경우도 이런 상황을 초래한다. 솔직히 말해 스스로 적극적인 노력을 기울이지 않는다면 젊은이의 감각을 따라갈 수 없는 것이야 당연한 노릇이지 않은가.

디지털 기술과 자동화로 사라지는 직업들

특정 직업이 천천히 소멸하면서 해당 일자리의 수와 성장 기회가 줄어드는 경우다. 이는 직조공이나 방앗간 주인 같은 옛 수공업 일자리를 말하는 것이 아니다. 디지털 기술과 자동화는 전체 직업 세계를 바꿔놓고 최소한 직업 종사자의 수를 줄인다. 이런 경향은 향후 더욱 거세질 전망이다. 멸종 위기에 처한 직업의 목록은 길기만 하다.

손수 집까지 우편을 배달해주는 배달부가 앞으로도 필요할까? 자율주행 자동차가 현실이 된다면 기존의 수많은 택시 기사와 화물차 기사는 어떻게 될까? 컴퓨터의 발달로 사무자동화가 이뤄지고 통신 기술이 무서운 속도로 발전하는 마당에 전형적인 사무직이 버틸 수 있을까? 생산 정보가 상응하는 기술로 자동 비교되고 계산되며 예약되는 마당에 여전히 판매상담원이 제 역할을 할 수 있을까? 이런 식의 목록은 업종에 따라 얼마든지 늘어난다.

이런 추세는 젊은이들에게는 비교적 덜 충격적이다. 다만 안타까운 것은 지난 20년 동안 한 직장에서 충실하게 일해왔으며 아직 은퇴까지는 갈 길이 먼 중년들의 사정이다. 예전에 출판 업계에 종사하는 사람들, 신문과 잡지 편집장을 만나 이야기를 나눴는데, 이들은 한목소리로 "이 분야에서 일자리는 더 이상 필요하지 않다."고 호소했다. 우리가 올라탄 빙산이 녹아내리고 있다. 정확히 이것이 문제다.

희소식이 없지는 않다. 일군의 직업이 감소하는 추세와 나란히 새로운 과제를 담당하는 다른 업종이 생겨나고 있다. 오늘날 많은 업계가 디지털화에 맞춰 응용 기술을 프로그래밍할 프로그래머를 찾고 있다. 엄청난 양의 데이터를 가지고 트렌드를 읽어낼 줄 아는 판매 직종도 늘어난다. 프로그래머들을 조직해 목표를 이룰 수 있게 도와주는 팀장직도 새롭게 생겨나고 여러 이해 당사자들이 참여하는 복잡한 프로젝트를 성공적으로 이끌 수 있는 기획자의 수요도 늘어난다. 업계별로 새로운 기술과 능력을 요구하는 직업이 나날이 늘어난다. 이런 추세는 지켜보는 것만으로도 흥미진진하다.

이제 중년이 풀어야 하는 문제는 이렇다. 나는 새로운 요구에 얼마나 준비되어 있는가? 여전히 이런 추세를 따라잡을 수 있을까? 이런 추세와 접속하기 위해 나는 어떤 준비를 해야 하는가? 접속 자체를 원하기는 하는가?

일자리의 상실은 무시할 수 없는 단적인 사실이다. 그러나 중년의 경우 그에 못지않게 위험하게 진행되는 다른 과정도 있다. 조직은 앞으로도 계속 일자리를 줄이려 할 것이다. 이를 감안해

특히 경각심을 가지고 자신을 보호할 대책을 세워야 한다. 그 위험은 다음과 같다.

정체된 중년을 위한 회사는 없다

40대 중반을 넘긴 대다수 사람의 경력은 정체된다. 개인적인 지평을 확장해주는 트레이닝, 새로운 과제, 흥미로운 프로젝트, 새 직위는 젊은 세대에게 주어지거나 아웃소싱을 통해 해결된다. 그리고 이런 일을 맡을 수 있는 젊은이는 시장에 드물기 때문에 이들을 차지하려는 경쟁이 치열하다.

내가 비판적으로 보는 점은 기업이라는 조직이 그 구성원들을 그냥 늙게 만든다는 사실이다. 이는 중년에 들어선 직원이 특히 뼈아프게 체험한다. 늘 같은 형태의 과제, 경직성, 상상력의 빈곤은 40대 중반을 넘긴 직원을 안팎으로 늙게 만든다. 바로 그래서 나는 중년이 스스로 노력해야 한다고 말하고 싶다.

중년이 개인적 발달을 위해 할 수 있는 유일한 방법은 퇴사를 하고 퇴직금으로 재교육을 받는 것뿐이다. 그러나 퇴사를 하기에 중년은 아직 너무 젊다. 달리 대안이 마땅치 않아 많은 기업은 중년의 직원을 젖 짜는 암소와 같이 취급한다. 성과를 올리라고 독촉해대며 쥐어짜지만 그가 직업적 발전을 꾀할 수 있도록 투자하지는 않는다. 그러면서 생산의 품질이나 업무 처리 속도가 원하는 대로 나오지 않으면 그를 명예퇴직 또는 해고를 시키거나 파트타임으로 활용한다.

기업은 중년에 이른 직원의 개인적 발전을 위한 대책, 즉 경험을 중요하게 여기고 다른 방향으로 활용할 수 있게 해주려는 배려가 전혀 없다. 새로운 전문 지식을 취득하게 해주거나 새로운 과제에 도전할 기회를 주려는 노력도 찾아볼 수 없다. 어떤 기업 또는 상사가 중년 직원의 능력을 고려해 지속적인 학습, 즉 진정한 평생학습에 신경 쓰던가? 평생학습이 그토록 강조됨에도 참으로 안타까운 일이 아닐 수 없다.

중년의 직원을 따로 생각하는 대책은 지금껏 없다. 위계질서, 호봉, 프로젝트 따위만 고려할 뿐 인생의 단계는 무시한다. 인사 정책은 그저 입사와 퇴사만 신경 쓸 따름이다. 오로지 눈앞의 이익에만 골몰하기 때문에 이런 소홀함이 빚어진다. 그러나 기업은 중년을 정체와 지루함에 시달리게 만들지 않고 특별히 관리해서 그 실력과 각오를 뒷받침해주어야 한다.

어떤 구체적인 대책이 중년을 위해 필요한지는 표준적이면서도 개인의 편차를 고려해가며 방안을 강구해야 한다. 만병통치 같은 해결책이나 특별 처방 따위는 없다. 앞으로 중년 직원을 위한 장려 정책 분야는 향후 인적 자원의 주요 활용 방안으로 채택될 것이다. 인구구조의 변화로 젊은 세대가 갈수록 적어지는 탓이다. 이런 상황에서 중년의 직원은 과소평가할 수 없는, 그러나 제대로 된 투자가 이뤄지지 않아 활용되지 못하는 자원이다.

경력 직원의 흔한 착각

34세의 바르바라는 어떤 유통 기업으로부터 교육 담당 책임자라는 직책을 제안받았다. 젊은이들과 함께 일하는 자리라 그녀는 흔쾌히 제안을 받아들였다. 바르바라는 이 직책에 필요한 교육을 받아 상공회의소로부터 자격 인증도 얻었다. 그녀는 즐거운 마음으로 신입사원을 교육하는 일을 했다. 회사는 세월과 함께 변화했으며 몇 차례나 경영진이 바뀌었다. 그렇지만 바르바라의 업무는 똑같았다. 변화 추세에 적응하느라 기업은 갈수록 더 관련 학문을 전공해서 학위를 땄거나 복수전공을 한 신입 직원을 찾았다. 이런 통에 교육생의 수는 현저하게 줄어들었다. 그동안 49세가 된 바르바라는 15년이라는 경력을 자랑하게 되었다. 동료들은 그녀의 성실함과 전문성을 높이 평가했다. 그러나 갈수록 줄어드는 교육생 탓에 그녀의 위치는 조금씩 흔들리기 시작했다. 어떻게 해야 이 회사에서 계속 일할 수 있을까? 그녀의 이력을 보면 경험은 풍부했지만 발전이라곤 없었다. 그녀는 교육 담당이라는 업무에만 충실했을 뿐이다. 기업의 누구도 갈수록 막다른 골목으로 내몰리는 그녀의 처지를 신경 쓰지 않았다. 나는 이런 처지야말로 발목을 붙드는 정체라 부르고 싶다. 조기퇴직하기에 49세의 나이는 너무 젊다. 남은 방법은 12개월 동안 봉급을 계속 받는 조건으로 명예퇴직을 하는 것뿐이다. 바르바라는 중년에 새로운 직업을 찾아야 하는 신세가 되고 말았다. 금전적으로 완충 효과를 보기는 했지만 개인적으로는 대단히 불행한 불시착이다.

직업 코치로 상담을 해주면서 나는 직원의 직업적 정체를 해소해주거나 적어도 책임감을 느끼는 기업은 거의 보지 못했다. 그럼에도 분명하게 말할 수 있는 것은, 원인을 기업 차원에서만 찾는 것은 지나친 단견이다. 평생학습을 못마땅하게 여기거나 피상적으로만 접근하는 직원도 많이 봤기 때문이다.

물론 어느 정도 이해가 가는 태도이긴 하다. 그러나 배울 자세를 갖추지 않고 현재 위치만 고집하면 중년에 들어 정말이지 불편한 상황을 겪는다는 점을 꼭 말해두고 싶다. 자신의 안전지대를 넘어 시간을 투자해가며 변화에 대처하는 노력이 반드시 필요하다. 부지런해야 복이 온다는 해묵은 속담이 이런 사정을 잘 요약해준다.

한편 정체 외에도 중년의 직업 생활을 어렵게 만드는 또 다른 현상을 나는 자주 목격했는데, 바로 지나친 업무 부담이었다.

과도한 업무가 부르는 번아웃 현상

이제는 더 많은 양의 업무가 갈수록 더 적은 인원으로 처리된다. 양로원의 요양 업무는 물론이고 연구소의 연구 작업도 마찬가지다. 같은 시간 안에 개인이 처리해야 하는 과제가 늘어나는 이런 업무 부담은 엄청나게 커졌다. 그 결과 개인이 쓸 수 있는 시간은 갈수록 줄어들고 있다. 혁신 기술을 자랑하는 시스템은 예전보다 더 많은 양의 업무를 처리하는 것을 가능하게 했다. 동시에 과제 처리를 위한 개인의 행동 범위는 예전과 다를 바가 없다. 간단히 말해서, 자동화로 말미암아 업무 부담은 더욱 커졌다. 게다가 서로 협의를 거쳐야만 하는 복잡한 과제가 늘어났다. 이처럼 과중해진 업무 부담은 개인의 능력을 향상시키지 못하고 그저 같은 일만 반복하게 한다. 또한 스스로 통제할 수 없고 남의 명령에 따라야만 하는 업무는 30~35세의 젊은 직원보다 중년에게 더욱 괴로운 일로 다가온다. 타율적인 업무는 사람을 매우 피곤하게 만들 뿐만 아니라 결국 탈진시킨다.

업무가 한 사람에게 집중되는 현상은 하룻밤 사이에 이뤄지지 않는다. 몇 차례의 작은 단계를 거치는데, 예를 들면 동료가 퇴사하고 후임이 오지 않는 경우다. 새로운 과제가 추가되었음에도 지원은 없다. 같은 문제를 놓고 결재를 받아야 하는 라인은 더 길어지고 토론과 조율을 해야 할 필요성이 높아진다. 시스템이 업무를 덜어주기는 하지만 이런 시스템은 관리해주어야 하고 늘 정보를 업로드해주어야만 한다. 이런 추가적인 요구 사항은 담당자가 자발적으로 제시하는 것이 아니라 외부로부터 주어진다. 산더미처럼 쌓인 일은 끝날 줄을 모른다. 잔무. 야근. 마감. 개시. 매일같이.

'일시적'일 줄 알았던 야근이 일상이 되다

마티아스는 영업부 팀장이다. 그는 자신의 팀을 이끌고 고객을 관리하는 일을 한다. 마케팅 계획을 세우고 광고회사와 함께 홍보 자료를 만들고 각종 데이터와 서류로 평가 시스템을 구축하며, 이벤트를 평가해 다음 이벤트를 최적화한다. 늘 같은 일이 반복된다. 팀원들은 풍부한 경험으로 노련함을 자랑한다. 어느 날 부장이 새로운 고객을 한 명 더 확보했다. 동시에 팀원이 퇴사했으나 후임이 배정되지 않았다. "잠정적으로 그런 것이니 양해하시오!" 부장이 마티아스에게 말했다. 그러나 '잠정적'인 게 벌써 여섯 달째다. 신입 직원의 투입은 요원하기만하고 부족한 예산은 할당되지 않았다. 규모가 줄어든 팀이 해야 할 일은 계속 늘어난다. 그래도 일은 실수를 용납하지 않는다. 모든 것이 깔끔하게 처리되어야 해서 부담은 갈수록 커진다. 숨 돌릴 여가라고는 찾을 수 없을 정도로 할 일이 넘쳐난다. 팀의 업무량은 이미 한계에 달했다. 잔무와 야근이 일상이 되어버렸다. 팀원 가운데 즐겁게 일하는 사람은 아무도 없다. 언제부터인가 마티아스는 이런 게 직장 생활인가 하는 깊은 회의가 들기 시작했다. 그리고 이런 속도를 15년 더 버티고 싶지도, 버틸 수도 없다는 생각을 하면 분통이 터졌다.

당신이라면 마티아스가 하는 일을 계속 하고 싶을까? 아무튼 입사할 때 서명한 노동계약서와는 완전히 다르다. 이런 일을 계속해야 할까? 많은 중년이 속으로 곱씹다가 내 앞에 와서야 이런 이야기를 비로소 털어놓는다.

그런데 이런 과중한 업무 외에도 또 다른 부담스러운 현상이 있다.

바쁜 일상에 벌어지는 '지루함'이라는 틈

'보어아웃 신드롬Boreout-Syndrome' 역시 위험하기는 마찬가지다. 변함이 없는 과제에 지루함을 견딜 수 없어 하는 태도를 가리키는 말이다. 이 신드롬에 빠진 사람들은 할 일이 많음에도 자신의 능력이 제대로 평가받지 못한다고 느낀다. 책상 위에 놓인 일거리는 지루하기 짝이 없다. 경험 덕분에 일처리야 아주 간단하지만 일에 달려들 의욕은 전혀 없다. 이런 사람은 회사가 장려해주지 않아 자신의 잠재력이 살아나지 못한다고 굳게 믿는다. 경력과 출세와 관련해 회사에 더 이상 기대할 게 없으며, 비좁은 시장이라 새로운 과제를 찾기도 힘들다고 생각하며 속으로는 이미 사표를 쓴다. 사실 이들은 일과 직업에 더 많은 기대를 품었었다. 자극, 자기실현, 인정, 경제와 지위, 내실이 있는 발전을 꿈꾸었다. 그러나 현실은 지금의 고정된 위치를 벗어나지 못한다. 이들은 종종 병에 걸리거나 냉소적인 사람이 된다. "그래, 내가 이제 더는 젊지 않잖아." 그러나 내가 보기에 이는 생물학적 나이와 아무 상관이 없다. 자신의 환경이 못마땅한 나머지 쉬고 싶다는 뜻의 에두른 표현이다. 병은 휴식을 가질 정당한 이유이기 때문이다. 지루함을 핑계로 쉴 수야 없는 노릇이지 않은가.

성공조차 권태롭게 느껴질 때

시모네는 오랜 경험을 자랑하는 고객 관리 전문가다. 그녀는 고객과 상담할 때마다 기가 막힐 정도로 타이밍을 잘 잡아 유혹적인 가격으로 고객을 사로잡는다. 그녀는 이 일에 너무나 익숙한 나머지, 자신이 고객에게 하는 말이 환청으로 들릴 지경이라고 호소한다. 늘 똑같은 말을 하느라 질렸단다. 그녀는 고객이 무어라 답할지, 그러면 사장은 뭐라고 말할지, 그다음에는 자신이 무슨 말을 해야 하는지 너무도 잘 알았다. 이제는 성공조차 심드렁하고 관심이 가지 않는다. 바쁘기는 하지만 지루함은 참을 수가 없다. 시모네는 자신에게 이렇게 묻는다. '어떻게 해야 여기서 빠져나갈까?'

발목을 잡는 정체, 타율적인 업무 과중, 바쁜 지루함, 이 세 가지 현상은 내가 중년을 상담하며 흔히 듣고 보는 것이다.

중년의 잠재력을 끌어내는 조건

성장의 정체는 직원뿐만 아니라 기업에도 큰 문제다. 전문 능력은 갈수록 부족해진다. 기업은 새 직원을 채용하느라 너무 많은 비용을 지불하며 반대로 오래 근속한 중년 직원의 잠재력은 무시한다. 물론 매우 잘 짜인 인적 자원 개발 프로그램은 많다. 그러나 이런 대책은 주로 젊은 직원, 5~8년 근무한 젊은 직원과 중역에게만 집중된다. 젊은 직원에겐 '테이블 풋볼'과 좋은 '커피머신'을 제공해가며 회사가 매력적으로 보이도록 안간힘을 쓴다. 밀

레니엄 세대, Y 세대의 요구에 맞추려는 안간힘이다. 그러나 오랫동안 성실하게 근무해온 중년에겐 거의 주목하지 않는다.

회사는 일반적으로 이 연령대와 그 잠재력을 과소평가한다. 중년은 견실한 중간층이라 회사에 대한 충성심과 단결심을 의심받지 않는다. 집을 장만하느라 대출을 받았기 때문에 지금의 위치에도 만족한다고 경영진은 굳게 믿는다. 그리고 이들을 승진시키기 위해 새로운 직위를 더 만들어낼 수는 없다고 항변한다. 도대체 어떻게 대접해주어야 마땅하냐는 반문이 돌아온다. 매년 조금씩 더 연봉을 올려주면 그것으로 충분하다고 생각한다. 이 얼마나 기만적인 결론인가!

매년 열리는 직원 개인별 면담에서도 어떻게 하면 회사가 직원의 성장을 도울지 방안을 찾기는커녕 실질적 도움은 전혀 주지 않는다고 나와 상담했던 직장인들은 입을 모아 말한다. 성장하고 싶다는 직원의 희망에 돌아오는 답은 운이 좋아야 세미나가 전부다. 더 많은 연봉을 요구할라치면 달라진 게 없는 마당에 무슨 소리를 하는 거냐며 무시하기 일쑤다. 성장하고 싶다는 소망도 아마 그런 관점으로 무시할 것이다. 참으로 놀라운 이야기다.

내가 보기에 기업의 인사 문제는 아직 개척되지 않았지만 매우 매력적인 잠재력이 있는 분야다. 어떤 기업이든, 물론 직원의 연령 구조에 따라 약간씩 차이는 있겠지만 조만간 '중년층' 그룹을 가질 것이다. 따라서 이런 기존 인력으로부터 최선의 성과를 이끌어내는 것이 기업의 이해관계와 부합한다. 이 그룹이 계속 배우고 이를 기업에 유리하게 활용하도록 동기를 부여하려면 어떻게 해야 할까? 매번 그렇듯 승진으로 유혹하지 않고 정체에 사로잡히지 않도록 하려면?

크든 작든 모든 업계와 기업과 과제 영역에 맞춤한 특별 처방은 없다. 그때그때 상황에 따라 적합한 처방을 찾아야 한다. 그 첫걸음은 인적 자원 분야의 책임자와 함께 목표를 설정하고 필요한 과제를 수립해 이를 달성할 방안을 모색하는 것이다.

이를 위해 검색해볼 주제는 다음과 같다. 어떤 프로그램 또는 제안이 중년의 관심을 끌면서 동시에 기업에 중요한 부가가치를 가져다줄까? 자신의 경험으로 무엇을 해야 좋을지 몰라 지루해하는 중년 직원에게 따로 더 일거리를 안겨주어서는 안 된다. 여기서는 기업에 가치 창조적인 강점을 만들어줄 구상을 찾아야 한다. 기업의 (경제적) 이해관계에 보탬이 되지 않는다면 아무리 좋은 의도에서 기획된 프로젝트라 할지라도 직원과 기업 어느 쪽에도 쓸모가 없다. 그런 프로젝트는 일단 추진된다 할지라도 오래 지속될 수 없다.

다음의 검색어는 흥미로워서 간략하게나마 스케치해본 것이다.

중년은 일의 의미를 찾는다

중년은 예전보다 더 강렬하게 의미를 찾는다. 중년은 의미를 만드는 좋은 일에 자신을 불태운다.

일상의 업무에 의미를 더 강하게 부각시키거나 심어주는 일,

또는 일상의 업무와 병행해 의미를 찾을 수 있는 취미 활동을 어떻게 장려할 수 있는지 왜 생각해보지 않는가? 기업 또는 기업의 개별 부서에서 직원들이 참여할 수 있는 사회봉사 활동에는 어떤 것이 있는가? 흔히 말하는 '기업의 사회적 책임'은 대개 이렇게 시작한다. 그러나 이런 일의 중심에 중년 직원을 두는 경우는 드물다.

중년은 자신의 지평을 확장해줄 배움을 원한다

중년은 자신이 맡아온 분야를 가장 잘 안다. 이런 경험과 지식을 활용할 기회를 회사가 지원만 해준다면 중년에겐 대단히 매력적인 일일 것이다. 왜 파트너 기업이나 고객과 교환·방문 프로그램을 생각해보지 않는가? 이런 프로그램이라면 상대의 요구와 작업 방식을 더 잘 알 수 있지 않을까? 여기서 얻는 더 나은 고객 서비스와 상품은 경쟁력을 높일 것이다.

중년은 직업과 전문 분야에서의 소중한 경험을 전수해줄 수 있다

젊은 직원은 물론이고 회사의 다른 분야 직원 또는 회사 바깥, 이를테면 납품 업체나 고객에게도 이런 경험을 전수하는 것이 가능하다. 이런 전수는 일방통행이 아니다. 중년은 자신과 다른 관점과 경험에서 새로운 통찰을 얻기도 한다. 단순히 "그런 이야기를 나눌 수 있어 좋았어!"에 그치지 않고 구체적인 부가가치를 올려줄 교환이나 방문 프로그램을 계획하는 것은 어떨까?

중년은 다르게 일할 조건을 원한다

이 조건 가운데 대표적인 것은 간단한 의사결정 과정, 업무의 가시적인 성과, 영감을 불어넣어주는 팀 또는 파트타임 모델, 보다 더 자유롭게 숨 쉴 여유 등이다.

구성원의 일부를 중년으로 구성한 태스크포스 팀에게 맡길 프로젝트나 시범 사업에는 어떤 것이 있을까? 조직에서 그런 프로젝트는 주기적으로 생겨난다. 그러나 해당 프로젝트를 맡길 팀을 구성하면서 팀원 중 누구에게 이런 일이 성장 가능성을 제공할 수 있을지 고려하는 경우는 드물다. 대개는 프로젝트 담당 책임자가 자신의 부서에서 실력이 좋은 직원을 선발하기 마련이다. 회사의 다른 부서에 어떤 흥미로운 후보가 있는지 책임자는 잘 알지 못하기 때문이다(또는 그런 후보를 별로 달갑지 않게 여긴다). 그 외에 직원들은 이런 프로젝트가 한시적일 뿐이라는 이유로 지원을 기피하기도 한다. 더욱이 각 부서의 책임자는 자신의 부서에 속하지 않는 직원의 개인적 성장에 별로 관심을 가지지 않는다. 또 새로운 프로젝트를 추진할 팀을 구성하면서 기존 부서에 결원이 생기는 것을 어떻게 처리할지에 대한 대안도 있어야 한다.

결론적으로 직원의 개인적 성장을 가로막는 장애물은 너무 많다. 이런 일이 저절로 이뤄지지 않는 것은 놀라운 일이 아니다. 중년의 직원이 적절하게 장려될 수 있는 구상이 뿌리를 내리기 위해서는 경영진의 통찰과 의지가 중요하다. 그저 사람에게 친절히 대하라는 말이 아니다. 중년의 경험과 잠재력을 활용할 수 있어야 한다는 이야기다.

프로젝트에 필요한 인재 풀을 중년으로 구성하는 일은 무척 흥미로운 과제다. 이를 위해 적절한 중재자 역할은 인사 부서가 맡을 수 있다.

회사의 부가가치를 창출하려면 어떤 프로젝트가 중년의 자원과 잠재력을 키우는 데 적절한지 그 구상을 정밀하게 다듬어야 한다. 시범적인 프로젝트로 어떤 게 통하고 무엇은 안 되는지 시험해보는 것이 좋다. 물론 이런 테스트 역시 일정한 수고와 비용을 요구하는 장애물이기는 하다. 하지만 내 경험으로 미루어 볼 때 중년의 잠재력을 이끌어내지 못하게 막는 장애물은 아니다. 오히려 이런 노력을 기울이지 않는 것이 더 비싼 대가를 치를 수도 있다.

그러면 우리는 어떻게 해야 할까? '직장은 너를 소중히 여길 거야' 하며 안심하고 있다가 조기퇴직이나 정체에 빠지거나 과도한 업무, 바쁜 지루함에 시달릴까?

이것은 누구의 문제인가? 기업인가? 아니면 중년의 우리인가?

성장은 누구도 대신 해주지 않는다

회사나 상사로부터 지원을 기대할 수 없다는 것을 깨닫는 사람이 갈수록 많아지고 있다. 45세가 넘어 발전을 도모하는 것은 어디까지나 자신의 몫이다. 제때 대처하지 않으면 변화는 강제로 찾아온다. 이런 일을 당하기 전에 스스로 변화의 길을 찾아야 한다. 중년에는 자신의 직업적 전망을 직시하고 적극적으로 대처하는 자세가 무척 중요하다. 우리는 각자 자신의 개발 책임자가 되어야 한다.

우리가 직면해야만 하는 주제는 이런 것이다. 나는 무슨 일에서 기쁨을 느끼는가? 내게 의미 있는 일은 무엇인가? 나는 무엇을 잘할 수 있으며, 무엇이 내게 어울리는 일인가? 향후 노동시장은 어떤 인력을 필요로 할까? 나는 어떤 능력과 경험을 제공할 수 있는가? 나는 변화를 감당하기 위해 위험을 무릅쓸 각오가 되었는가? 금전적 측면에서는 어떤 위험이 도사리고 있을까?

이 모든 주제는 우리가 이미 첫 직업을 고를 때 이미 다뤘기에 다시 고민할 필요가 없다고 믿었던 것이다. 그러나 이제 이런 주제들이 다시 절박하게 다가오고 있다.

이 외에도 중년에 접어든 직장인이 고려해야만 하는 여섯 가지의 주제 영역이 있다. 이 질문들을 따로 떼어 바라보면서 각각의 물음에 자신의 답을 찾아보라. 그런 다음 이 답들로 전체 그림을 완성해 자신을 위해 가장 먼저 드는 깨달음이 무엇인지 정리해보자.

우선 직업의 어떤 측면에서 변화가 일어나야 하는지 생각해보자. 불만의 원인은 정확히 무엇인가? 나는 어느 지점에서 이 직업과 더 이상 맞지 않는가? 현재 하는 일에서 무엇이 지금 이 상태로 좋으며, 지켜져야 할까? 변화는 정확히 어디서 일어나야 할까? 다음의 주제들을 더 밝혀 살펴보도록 하자.

나는 어떤 일에 관심이 있는가

지금 하는 일이 내용 면에서 어떤 점이 마음에 드는가? 여전히 이 일이 즐거운가? 일의 어떤 부분이 여전히 흥미롭거나 내게 중요한가? 어떤 부분은 그렇지 않은데도 그럭저럭 버티고 있는가? 내가 생각하는 의미와 성공은 그동안 어떻게 바뀌었는가? 그것이 무엇인지 정의할 수 있는가? 어떤 일 또는 무슨 주제가 앞으로 내게 더 중요해질 수 있을까?

43세의 생산직 관리자인 소냐는 내게 이렇게 말했다. "전 회사의 상품 대부분에 관심을 잃었어요. 이 상품은 정말 중요한 게 아니라서 없어도 되거든요. 그저 국가의 국민총소득이나 회사의 매출을 올려주는, 다시 말해서 돈만 벌어들이는 수단일 뿐이에요. 그렇지만 함께 일하는 사람들은 정말 소중해요. 이 사람들을 이끄는 건 언제나 즐겁답니다!"

학습 잠재력과 학습의 결과로 일어나는 행동의 변화를 그래프로 그린 학습 곡선을 확인해보자. 나의 현재 학습 곡선은 어떤 모습인가? 내실 있는 성장을 이루기 위해 무엇을, 어떤 주제와 관련된 것을 더 배워야 할까? 나는 어떤 경험을 하기 원하는가?

내게 맞는 기본 조건은 무엇인가

스스로 만족스럽게 일하기 위해 어떤 기본 조건을 찾아야 할지 생각해보자. 나는 더 나은 팀워크를 원하는가, 아니면 누구에게도 의존하지 않는 독립적인 일을 원하는가? 더 유연한 근무 조건이 필요한가? 이를테면 하루 또는 일주일에 더 많거나 적은 시간 동안 일하기를 원하는가? 나는 계속해서 대기업이 제공하는 다양한 가능성을 활용하길 원하는가? 아니면 대기업의 규모와 복잡함은 싫고 규모는 작지만 기동력이 뛰어난 기업이 더 매력적으로 여겨지는가?

41세의 야콥은 영업사원이라 당연히 길을 다녀야 할 일이 많다. "지금은 물론이고 앞으로도 이 일은 제게 큰 부담일 겁니다. 지나치게 번거로워요. 매일 많은 사람들을 만나지만 이 사람들은 저와 별 관계가 없잖아요. 일과를 처리하거나 출장을 다니며 어쩔 수 없이 맞닥뜨리는 별로 중요하지 않은 경험들이 견디기 힘든 불협화음을 일으켜요. 공항에서 마일리지로 시비를 벌이고, 대형 고객과 미팅을 하며 굽실거리고, 경영 회의에서 실적을 그럴싸하게 보이려고 안간힘을 쓰는 일이 더는 견딜 수 없습니다. 너무 하찮은 일이 많고 저 자신을 위한 진정한 교류는 없어요. 예전에는 이런 것이 전혀 이상하지 않았어요. 오히려 그 반대로 여기저기 출장 여행을 다니는 게 흥미로웠고 제 삶이 풍요로워진다고 생각했죠. 하지만 이런 빈번한 여행으로 그동안의 삶을 낭비한 것 같습니다. 가족과 떨어져 홀로 낯선 곳에서 숙박을 한다는 것이 너무 힘듭니다. 그냥 제 도시에서 편안하게 일할 수 있었으면 좋겠습니다."

내가 만족하는 금전적 수준은 어느 정도인가

나는 지금 하고 있는 일에 금전적으로 얼마나 만족하는가? 전혀 만족하지 못하는가? 많이 또는 최소한 충분할 정도로 벌기는 하지만 내용 측면에서는 불만스러운가?

44세의 심리학자 카르스텐은 최고의 교육을 받고 지금은 빈곤 지역의 청소년들을 돌보는 일을 한다. 심리학자로 나무랄 데 없는 실력을 갖추었고 최고의 교육과정을 이수해 학계의 인정을 받고 있지만 현재 관청의 지원금으로 청소년의 심리 상담을 하며 받는 보수는 만족하기엔 턱없이 모자라다. 물론 그도 말했듯이 돈이 심리학이라는 전공을 택한 동기는 아니었다. "그렇지만 오래 일했음에도 전 여전히 가족을 위한 제대로 된 집을 마련할 수 없습니다. 은근히 부아가 치밉니다."

새 출발의 좋은 시점은 언제인가

바로 지금이다. 중년의 직업 생활이 맞을 변화는 오래전부터 준비하는 것이 대단히 중요하다. 내가 젊은 직장인에게 자주 해주는 충고다. 예를 들어 옛 업무에서 새로운 직업 환경으로 넘어가는 과도기를 버티기 위해서는 저축으로 금전적 대비를 해두는 것이 반드시 필요하다. 그리고 어떤 분야든 기회가 닿을 때마다 교육을 받아두는 것은 비록 이 교육으로 과연 해당 분야에서 일할 수 있을지 100퍼센트 분명하지 않다고 해도 좋은 선택이다. 예를 들어 나는 출판사에서 조직 개발 쪽으로 방향을 바꾸기 2년 전에 이미 코치 교육을 받았다. 기회가 닿을 때마다 자신의 능력을 확장시켜두면 중년에 적절한 직업을 선택하기가 그만큼 더 쉬워진다. 이미 준비가 되어 있는 마당에 찾아오는 변화의 시점은 전혀 문제될 게 없다.

계획을 추진하는 데 누가 도움을 줄 수 있을까

무엇인가 바꾸고 싶은 사람은 반드시 자신이 원하는 바를 정확히 살피고 어떤 것이 가능한지 알아내 적절한 계획을 세워야 한다. 새롭고 흥미로운 지식을 취득하고 멋진 프로젝트와 과제를 맡을 기회는 어디에 있을까? 직위와 상관없이 어떤 과제를 맡을 경험은 어디서 할 수 있는가? 상사에게 허락만 해준다면 내가 무슨 능력을 가졌는지 보여줄 기회를 달라고 충분히 알아들을 수 있게 말했는가? 확실치 않으면 여러 차례라도? 지금의 직장은 나를 더 성장시킬 수 있도록 안식년을 허락해주는가? 중요한 결정권자가 내가 어떤 일에 관심이 있는지 알고 있는가? 상사나 회장이라 할지라도 생각은 읽지 못하는 법이다. 이들은 흔히 '무소식이 희소식이다'라고 생각한다. 아무 말도 하지 않는 직원에게 따로 신경 쓸 이유는 없다.

새로운 전망을 키울 수 있게 나를 도와줄 사람은 누구인가?

내가 관심을 갖는 새로운 분야의 정보는 누가 아는가? 자립해본 경험을 가지고 있어서 나의 물음에 답해줄 사람은 누구인가? 새로운 분야 또는 보완을 위한 전문 분야를 모색할 때 정보는 누가 가졌는가? 작은 규모의 세미나를 통해 무엇을 시험해볼 수 있는가? 적당한 강의는 어디서 들을 수 있는가? 연수는 가능한가? ('이정표 41 탐색하고 시도하자'와 '이정표 23 좋은 대화 상대의 활용법'을 참고하라)

직업적으로 새로운 출발을 할 때도 무엇을 고수해서 상황을 긍정적으로 만들지, 무엇을 버려야 새로운 시작에 도움이 될지 숙고하는 태도는 반드시 필요하다('이정표 36 어떤 길이든 장점과 단점이 있다'와 '이정표 38 변화를 받아들이지 못하게 막는 것은 무엇인가'를 참고하라).

우리의 일은 밥을 벌어먹는 것 그 이상이다. 일은 우리 일상의 중심축이다. 자신의 미래를 다른 사람의 손에 맡겨둘 수 없듯, 우리의 일은 우리 자신에게 너무나 소중하다.

착각 '직장은 너를 소중히 여길 거야'

교정 '너 자신이 너의 직장이다. 너 자신에게 잘하고 자신의 개발자가 되어라'

우리는
네 편이야

지금처럼 사람들과 네트워크를 이루며 밀접하게 맞물렸던 때는 역사적으로도 찾아보기 힘들다. 오늘날 우리는 가족, 친구, 이웃, 동료, 동호회 회원 등 수많은 지인과 친구들에게 둘러싸여 있다. 우리는 페이스북, 트위터, 인스타그램, 왓츠앱 같은 소셜 네트워크로 교류하며 서로의 일상을 실시간으로 확인할 수 있다. 이런 식으로 우리가 맺는 교류의 범위는 꾸준히 늘어난다. 교류를 보관해주는 디지털 기술 덕분에 우리는 무엇 하나 빠뜨리는 일이 없이 접속과 결속을, 유효기간이 한참 지났음에도 보존할 수 있다.

"저 친구는 네트워크가 좋아!" "저 사람들 접속이 좋던데!" "저들은 친구가 엄청나게 많아!" 이런 이야기는 수백 명의 친구들과 인터넷 교류를 나누는 것을 가리켜 좋은 뜻으로 하는 말이다.

물론 우리는 이런 네트워크가 친한 친구들을 말하는 게 아니라는 점을 잘 안다. 정말 곤란한 문제에 시달릴 때는 이런 친구들을 믿을 수 없다는 점도 안다. 그럼에도 우리는 좋은 네트워크를 가지고 있다고 자랑스러워한다. 그러나 정말 필요할 때는 이렇게 반문하지 않을 수 없다. 아는 사람은 많은데, 이 사람들이 뭣에 좋은 거지?

특히 충격적인 사건, 이를테면 이별 또는 실직을 겪거나 부모님의 상태가 위중하다는 진단을 받으면 사람들은 일단 가족과 친구들에게 알린다. 전화를 걸고, 무슨 일인지 이야기한다. 많은 경우 저녁 내내 전화를 한다. 가족과 친구들, 파트너와 함께 이제 무엇을 어떻게 해야 하는지 의논한다.

이혼한 여자는 남편이 집을 나가고 아이들과 홀로 남으면 친구들과 형제자매를 초대한다. 친구들은 이사를 돕고 형제자매는 함께 시간을 보내자며 자신의 집으로 초대한다. 그리고 대다수의 친구들은 이렇게 말한다. "무슨 일이 있으면 언제라도 전화해."

그런데 언제 어떤 것이 '무슨 일'일까? 큰 사건은 빠르게 요약되어 전달된다. 이는 전화상으로 이뤄지는 일이니 어렵지 않다. 화급한 아픔, 절박한 상황이라는 단거리 구간에서는 일반적으로 친구나 가족 중에 대화 상대를 찾을 수 있다. 반대로 인내심과 지구력이 필요한 장거리 구간은 도움을 기대하기 어렵다.

중년을 뒤흔드는 변화는 대개 오랜 시간에 걸쳐 완만하게 진행되면서 여러 단계를 통해 이뤄지다가 본격적으로 불거진다(제4장의 '우리가 거쳐 가야 할 위기의 4단계'를 보라. 본문 191쪽). 이는 마치 애벌레가 고치로 변하는 과정을 겪어야 비로소 나비로 탈바꿈하는 것과 마찬가지다.

누구도 이런 발달 과정을 건너뛰거나 속도를 높일 수 없다. 적당히 얼버무리는 것도 허용되지 않는다. 당연히 조바심이 난다. 당사자는 당장 변화가 일어났으면 하고 간절히 바란다. 우리는 원하는 일이 되도록 빠른 속도로 일어나고, 그 성과와 결과가 곧장 가시적으로 드러나는 데 익숙하다. 기다림은 짜증스럽고 좀체 익숙해지지 않는다. 그러나 당장 보상이 주어지지 않는 문제는 분명 존재한다. 중년의 변혁이 그 대표적인 예다.

우리는 첫 충격이 어느 정도 가라앉은 뒤 몇 주나 몇 달이 지나도 여전히 문제는 문제로 남았음을 깨닫는다. 많은 경우 본래 사건 뒤에 이어지는 여진이 우리를 본격적으로 흔들어댄다. 이별보다도 이별을 이겨내는 과정이 더 힘들다. 우리는 면접에서 세 번째 거절을 당하고 나서야 비로소 이 도시에서 직장을 구한다는 게 정말 힘들다는 사실을 절감한다. 아버지가 암 진단을 받고 나서야 우리는 아버지의 인생뿐만 아니라 우리의 인생도 극적으로 변하리라는 점을 깨닫는다.

이런 변화의 장거리 구간을 지나는 동안 소통의 욕구가 생기는 것은 이해가 가고도 남는 일이다. 또 많은 문제와 씨름하는 동안 든든한 느낌을 주는 누군가에게 기대고 싶은 마음도 얼마든지 수긍이 간다. 어떻게 했으면 좋은지 충고를 얻기 위해 친구나 가족, 배우자를 찾는 것도 당연하다. 대화를 나누며 자신의 생각과 관점을 시험해보고 필요에 따라서는 바꾸고 싶은 심정 역시.

충격과 함께 걱정에 사로잡히는 첫 단계 이후, 곧 열정적인 대화를 나누고 충고를 구하는 시점 이후 기묘하게도 주변의 친구들과는 점차 거리가 생긴다. 우리는 친구의 호흡이 위기나 성장 단계에서 우리 자신이 겪는 것처럼 길지 못함을 알아차린다. 그동안 자랑해온 네트워크라는 것이 진정한 관계는 아니라는 아픈 깨달음과 함께.

중년은 우리를 홀로 있게 만든다. 왜 하필 소통을 나누었으면 하는 간절한 욕구와 도움을 얻고자 하는 희망을 가질 때 상대를 찾을 수 없을까? 이제 우리는 중요한 문제와 갈림길 앞에서 친구나 가족에게 진정으로 내 편이 되어달라고 할 수 없음을 깨닫는다.

주소록에는 친구들의 연락처로 가득한데 정작 중요할 때 누구도 이야기를 나누려 하지 않는 일은 어째서 생겨날까? 나를 찾아온 베아테는 자신이 겪은 사건을 아주 인상적으로 들려주었다.

정작 필요할 땐 왜 아무도 없을까?

베아테는 그동안 좋은 대화 상대로 생각했던 가장 친한 친구들을 차례로 꼽아가며 중년의 장거리 구간에서 그들에게 어떻게 말을 걸 수 없었는지 이야기했다. 그녀가 이런 체험을 한 것은 그녀 자신이나 친구들 개인의 문제는 아니었다. 그리고 내가 보기에 그녀의 체험은 보기 드문 예외가 아니었다.

베아테는 이렇게 말했다. "저는 정말이지 눈물이나 찍어내며 불평하고 싶지 않아요. 전 친구가 많아요. 숫자만 보면요. 하지만 정말 필요할 때 아무도 제 곁을 지켜주지 않더군요. 제 아이에겐 이런 문제를 털어놓을 수 없죠. 아무튼 차례로 이야기해볼게요. 제 친구 주자네는 오랫동안 저와 가까운 대화 상대였죠. 그녀는 제가 이혼을 하고 정말 암울하고 아팠던 몇 달 동안 제게 충실했어요. 남편과의 갑작스런 이혼은 친구들 사이에서도 충격으로 받아들여졌거든요. 40대 중반인 주자네 역시 가족이 있죠. 학교에 다니는 세 자녀와 개를 한 마리 키우고, 직장을 다니며 사회봉사 활동도 아주 열심히 합니다. 주자네의 인생에서도 많은 일이 일어났죠. 그녀의 어머니와 시아버지가 갑작스레 돌아가셨거든요. 그녀의 남편은 주중에 직장 때문에 다른 도시로 출퇴근을 해요. 언제였던가, 그녀의 오빠도 좋지 않은 일로 갑자기 아내와 이혼했어요. 당연히 주자네는 오빠와 조카들을 돌봐주었죠. 이후 그녀는 제가 저녁 내내 이야기하고 싶은 문제들의 의논 상대가 되어주지 못했어요. 자신의 삶에 바빠 제가 아니더라도 시간이 없었거든요. 객관적으로 봐도 그래요. 저는 이해했지만, 솔직히 말해서 어째 버려진 것 같아 쓸쓸했어요. 좋아요. 저는 다른 친구도 있으니까요. 제 친구 카롤린은 저처럼 홀로 아이를 키우며 직장에 다니죠. 말을 아주 유창하게 잘하고 유머도 풍부한 친구예요. 카롤린의 문제는 언제 어떻게 그녀를 믿어야 좋을지 모르겠다는 거죠. 그녀는 많은 경우 몇 주 동안 그냥 사라져요. 전화를 해도 문자 메시지를 보내도 반응하지 않아요. 그랬다가 다시 좋은 기분으로 나타나서는 아무 문제가 없다고 말하곤 하죠. 정말 필요로 할 때 그녀와의 대화는 기대할 수 없어요.

다음으로는 롤프와 그의 아내 니나가 있죠. 이 맞벌이 부부는 자녀가 없지만, 시간도 없어요. 둘 다 몹시 바빠 친구와 만나는 일도 철저하게 일정표에 따라요. 즉흥적인 만남은 기대도 할 수 없죠. 이 부부는 멋지고 영리한 대화 상대이기는 하지만 정작 중요한 일이 생겼을 때, 생각이 막히거나 누군가에게 기대고 싶은 기분이 들 때는 전혀 맞지 않아요. 그래서 저를 더 고독하게 만들죠.

그 외에도 제 오빠가 있기는 해요. 그러나 그의 인생에 제 자리는 없어요. 저는 그저 변두리 인물이자 손님일 뿐이죠. 오빠가 절 좋아하지 않는다거나 할 말이 없어서 그런 것은 아니에요. 서로 할 말이야 많죠. 하지만 그는 제게 따로 시간을 내지 않아요. 그걸로 끝.

특히 저는 성탄절에 절감했어요. 이혼하고 몇 년 동안은 성탄절에 오빠 가족과 함께 지내기는 했어요. 하지만 제가 먼저 제안한 것이고, 오빠와 언니는 거절하지 않은 것뿐이죠. 집안의 분위기는 마치 이렇게 말하는 것 같았죠. '누가 성탄절에 할머니를 돌보냐?' 억울하고 속상하고 힘들었어요. 제가 할머니예요? 올해는 아이들을 데리고 가지 않고 저만 하노버의 오빠 집에서 성탄절을 보내겠다고 제안했죠. 그랬더니 아주 빠르게 답장이 오더군요. 아무런 반문이나 반대 제안도 없이 이메일로 신속하게 답장이 왔어요. 그게 좋겠다나요. 이것이 오빠의 솔직함이죠. 더 속상하더군요. 하지만 이미 오래전부터 그럴 줄 알았기 때문에 별로 상처받지 않았어요. 그저 속이 시퍼렇게 멍들었다는 걸 보여주는 일종의 리트머스 테스트랄까."

베아테를 비롯해 내가 사람들에게서 들은 많은 이야기들은 중년의 장거리 구간에서 가족과 친구의 지원을 받는 일이 얼마나 어려운지 잘 보여준다.

가족과 친구가 계속해서 비상대기 상태에 있지 않고 자신의 일상으로 돌아가는 태도는 너무도 당연한 것이며, 이런 태도에 비난받을 점은 없다. 베아테 역시 비상대기 상태는 필요하지도 않다고 말했다. "그냥 이야기를 나누고 싶어 전화할 수 있는 사람이 있다면 얼마나 좋아요. 그러나 그런 욕구를 상대방에게 요구하는 것은 무례하고 부담을 주는 일이죠. 서로 상황이 맞지 않아 함께할 수 없을 때는 당연히 있으니까요. 제가 어렵다고 강제할 수야 없잖아요. 그럴 때는 어쩔 수 없이 괜찮다는 표정을 짓지요. 그래도 서글픈 감정은 지울 수 없어요."

이런 경험은 베아테만 한 것이 아니다. "우리는 네 편이야." 참 아름답고 따뜻하게 들리는 말이다. 거의 유혹처럼 달콤하기도 하다. 그러나 대화의 욕구가 아무리 절박해도 절대적으로 지켜지지는 않으며, 시간을 가리지 않을 수 있는 것도 아니다. 이렇게 보면 '우리는 네 편이야!'라는 말은 오히려 상처와 실망을 안겨주는 것일지 모른다.

내 경험으로 미루어 볼 때 사람들이 중년의 장거리 구간에서 신음하는 친구와 항상 함께해줄 수 없는 이유는 다양하다.

자신의 문제로 바쁘다

친구들 역시 중년의 한복판을 감당하고 있음을 잊지 말아야 한다. 이들도 가족, 배우자, 직업, 자녀에게 신경 쓰느라 여념이 없다. 이들의 시간적 여유는 제한되어 있으며 중년의 성찰을 친구와 오랜 시간 동안 나눌 시간이 없다. 야속하기는 하지만 조금만 생각해보면 얼마든지 수긍이 간다. 더욱이 우리가 유념해야 할 점은 자신의 문제에 골몰한 나머지(물론 자신의 문제가 아주 절박한 것이어도 말이다), 친구가 어찌 지내는지 물어보는 것을 잊지 않았는가 하는 점이다. 이런 질문을 해볼 때 균형이 회복되며, 자신이 안고 있는 문제도 놀라울 정도로 그 첨예함을 잃는다.

친구라고 문제를 해결해줄 수 있는 것은 아니다

친구가 항상 우리 질문의 답을 알거나 도울 수 있는 것은 아니다. 우리를 괴롭히는 문제의 답은 때로는 누구도 알 수 없는 것이기도 하다. 그만큼 우리의 문제는 개인적이고 특수하다. 예를 들어 지금 무엇이 중요하느냐는 질문, 더 나은 미래를 위해 자신이 진정으로 집중해야 할 게 무엇일까 하는 질문에는 "안타깝지만 내가 그걸 어떻게 알겠어. 그 답은 너 자신이 찾아야만 해."라고 말할 수밖에 없다. 이것이 진솔하다. "나는 네 편이야."라는 말이

"내가 너의 어려운 문제를 해결해줄게."는 아니다. 물론 후자가 귀에는 더 솔깃하게 들리겠지만 말이다.

주소가 잘못되었다

도움을 기대할 수 없는 또 다른 이유는 간단하다. 우리가 자랑하는 소셜 네트워크는 그런 도움을 줄 수 없다.

소셜 네트워크나 가족 또는 친구에게서 중년의 (새로운) 발판을 찾으려는 시도는 난처한 나머지 연민마저 불러일으킨다. 이런 식으로 새로운 소속감, 확인, 공감, 온정, 발판을 갈망하는 태도가 이해되지 않는 것은 아니나 그 대가는 다음 두 일화가 보여주듯 매우 높을 수 있다.

관계에도 변화가 필요하다

쇠렌

쇠렌은 이런 이야기를 들려주었다. "이 동호회에서는 특정 인물이 하는 말이 중요했지, 제 목소리는 아니더군요. 저는 공동체라는 분위기를 흐리기 싫고 나름대로 소속감도 느끼고 싶어 적응하려 노력했죠. 이 집단은 약간 과장하자면 마치 우상이나 다름없었습니다. 의견 차이는 용납되지 않았으며 공동의 목표를 중시해야 하고, 크든 작든 신분 상징을 대단히 중요하게 여겼습니다. 반론을 허용하지 않는 일종의 주종관계랄까요. 이렇게 말하면 무슨 사이비 종교처럼 들리죠. 그러나 저는 소속감을 위해 무던히 애를 썼습니다. 언제부터인가 저는 제 생각처럼 독립적이지 않다는 사실을 깨달았죠. 오히려 소속감에 목마른 사람이더군요. 저는 정말이지 무리라는 불꽃이 주는 온기를 갈망했습니다. 이 동호회의 사람들은 '봐, 우리 목표가 얼마나 멋져'라는 말을 입에 달고 살았죠. 무슨 과시욕은 아니었어요. 사람들은 저마다 사랑받고 존중받으며 '너는 우리 편이야'라는 말을 듣고 싶어 했을 뿐입니다. 그러나 저는 위기가 닥치면 이런 소속감이 얼마나 빨리 사라지는지 두 눈으로 똑똑히 보았습니다. 이처럼 구멍이 숭숭 뚫린 네트워크는 상상도 못 했죠. 감정과 생각과 시간과 열정의 투자는 아무짝에도 쓸모가 없었습니다. 필요할 때 이 네트워크는 저를 받쳐주지 않았어요."

줄리안

줄리안은 이렇게 말했다. "저는 어려웠을 때 정말이지 사람들의 관심과 인정에 목말랐어요. 그렇지만 사랑받기 위해 늘 좋은 기분인 것처럼 꾸미고 왜곡하고 싶지는 않았습니다. 오랫동안 저는 친구들에 맞추려 노력했어요. 나중에 보니 오히려 자신을 소홀히 하는 제 모습을 발견하고 깜짝 놀랐습니다. 이제 제 욕구는 친구들과 함께 있을 때도 다른 것이 되었습니다. 뒤틀림이 없는 진솔함이 중요해졌죠."

중년에 주변과 마찰을 빚는 일은 이상한 게 아니다. 뭔가 불만 스럽고 요구는 간절하나 원하는 것을 얻거나 찾지는 못한다.

바로 그래서 친구 사이에도 변화가 필요한 시점이 중년이다. 우리는 새로운 생각의 물꼬를 틀어주고 내용이 있는 말로 지원을 해줄 새로운 사람을 만나야 한다. 그러나 오해는 금물이다. 지금까지 사귀어온 친구들과 차례로 담을 쌓으라는 말이 아니다. "너희는 모두 멍청해!" 하고 외치는 것은 제 발등을 찍는 자해 행위다. 정말로 중요해진 것을 두고 솔직하게 의견을 나눌 수 있도록 마음의 문을 크게 열려는 태도가 중요하다. 누가 나에게 쓰지만 좋은 충고를 해주는가? 누가 이 중년이라는 시기에 나와 함께 길을 열어갈 좋은 동반자인가? 누가 내 새 인생을 함께해줄까?

친구들과 이야기를 나누는 것을 어렵게 하는 또 다른 원인은 다음과 같다.

고민을 환영하는 사람은 없다

나의 체험과 고민이 친구의 두려움을 불러일으킬 수 있다. 결혼 생활의 위기를 기꺼이 듣고 싶어 하는 친구가 있을까? 직장 생활의 불안도? 중년에 맞닥뜨리는 이런저런 고민거리를 매력적이라고 생각하거나 흥미롭게 여기는 사람은 없다. 그런 이야기를 듣느니 차라리 선크림을 바르고 일광욕을 즐기는 편이 낫다고 생각할 것이다. 중년의 고민거리를 보거나 말하고 싶지 않아 친구가 거리를 두는 일은 얼마든지 일어날 수 있다. 그냥 너무 어렵다. 너무 복잡하거나 힘들다. 이처럼 중년의 고민거리는 친구라고 해서 누구나 환영하는 것은 아니다.

친구는 저마다 다른 이유로 자신의 일상을 돌보며 자신의 고민을 해결해야 한다. 자신부터 돌보는 것이야말로 친구의 정당한 권리다. 바로 그래서 친구가 우리를 소홀히 대한다고 섭섭해하거나 앙심을 품어선 안 된다. 친구 역시 중년의 홍역을 앓고 있을 수 있다.

그럼에도 친구의 지원을 얻을 더 영리한 전략이 있다. 도움이 필요할 때 인맥 가운데 특정 인물을 콕 집어서 무슨 도움이 필요한지 명확하게 말해주는 것이다. 되도록 구체적으로 말이다. 그러면 친구는 이 구체적인 요청을 외면하기 힘들다. "X 때문에 속이 상해. 어떻게 해야 좋지?" 하고 애매모호하게 흘리는 도움 요청은 오히려 친구를 힘들게 만들 뿐이다. 뭐라 말해줘야 좋을지 이미 충고가 바닥이 났기 때문이다. 진정한 성장은 외부가 아닌 우리 안에서 시작되어야 한다. 친구도 우리 자신보다 우리를 더 잘 알지는 못한다.

친구의 도움은 부른다고 곧장 오는 게 아니다. 우리는 먼저 무엇이 정확히 문제인지 자신의 생각을 정리하고 어려움을 견디는 법을 배워야만 한다. 홀로 조용한 가운데 버틸 수 있어야 한다. 필요하다면 스스로 돕는 법을 배워야 한다. 어떻게 나는 나 자신에게 좋은 처방을 내릴까? ('이정표 9 자신만을 위한 시간 만들기'와 '이정표 17 스스로 자신을 돌보자'를 보라) 중년의 변혁으로 나아가는 장거리 구간의 많은 단계는 홀로 감당해야만 한다. 가족과 친구로 둘러싸인 한복판에서.

우리는 행동의 방향을 스스로 찾아 조종하는 법을 배워야만 한다. 가족과 친구와 지인으로 이뤄진 우리의 네트워크, 심지어 배우자와의 관계 역시 우리 자신이 무엇을 원하는지 알아내 간청해야만 그들도 도와줄 수 있다. 먼저 자신이 무엇을 원하는지 정확히 알아야만 정보나 충고, 의견, 나아가 구체적 도움을 청할 수 있다. 애매한 도움 요청은 모두를 힘들게 한다는 것이 경험의 가르침이다. 배우자든 가족이든 친구든 마찬가지다.

아무리 늦어도 중년에 우리는 자신의 항법사이자 조타수이며 선장이 되어야만 한다. 홀로 격랑을 헤쳐나가야만 한다는 사실은 두렵기는 하지만 다른 한편으로는 모든 것이 자신의 손에 달렸다는 자부심도 생겨난다. 어떻게 위기를 해결할지 방법은 스스로 찾되, 이따금 친구들과 무선 교신을 통해 의견을 구하자. 필요하다면 적시에 수로 안내인을 배에 초대할 수도 있다. 그러나 분명한 사실은 안내인은 빠르든 늦든 언젠가는 배를 떠나야만 한다는 점이다. 핵심은 분명하다. 나의 인생이라는 배는 내가 스스로 책임지고 운항해야 한다. "오케이, 잘 지내. 교신 끝."

착각 '우리는 네 편이야'
교정 '우리는 사정이 허락하는 한 네 편이야'

어른이니까 해낼 수
있을 거야

중년이 감당해야만 하는 도전 과제는 때때로 어려운 감정들로 우리를 혼란에 빠뜨린다. 통제 상실, 버려진다는 두려움, 결속의 해지, 실존적 두려움, 어디로 가야 할지 모르겠는 방향감각 상실, 실망, 당황함, 탈진, 부담이 그것이다.

우리는 인생을 더는 의연하게 살지 못한다. 적어도 그렇게 보인다. 자신감의 상실은 우리의 자화상을 흔들어 그 어떤 것보다도 더 큰 아픔을 안긴다. 중년은 지금껏 우리가 안다고 믿었던 영역, 우리의 인생에서 새로운 터전을 찾으라고 요구한다. 새로운 안정감을 찾기 위해서는 적극적인 행동과 함께 즐거운 마음으로 새로운 것을 시도하고 꾸려가는 자세가 필요하다. 우리는 스스로 자신을 일으켜 세워야 한다. 이런 노력은 다른 누구도 대신해줄 수 없는 우리 자신의 몫이다.

이 인생 단계에서는 그동안 익숙해서 변함이 없으리라고 믿었던 부모 자식 관계가 변화한다. 이런 변화는 눈치채지 못할 정도로 완만히 이뤄지는 경우도, 또 확연히 알아볼 수 있게 이뤄지는 경우도 많다. 어쨌거나 우리는 부모가 확연히 늙은 것을 발견한다. 어머니는 빠른 속도로 기운을 잃는다. 아버지도 이상하다 싶을 정도로 편협해지고 고집을 부린다. 우리는 놀랍고 당황스럽기만 하다. 형제자매에게 너희가 보기에도 그러냐고 물어보며, 부모님에게는 건강관리에 좀 더 신경 쓰시라고 권유한다. 그러나 이내 상황이 심각함을 깨닫는다. 어머니는 치매 진단을 받거나 몸이 급속도로 쇠약해진다. 어깨, 허리, 관절이 모두 문제를 일으킨다. 또는 아버지가 파킨슨병이나 암 같은 질환에 걸린다. 우리는 단계적으로 과제를 떠맡는다. 부모님의 은행 일을 대신 해주고 집 청소를 해준다. 아버지를 목욕시키거나 새 속옷을 갈아입히는 일들로 우리는 충격을 받는다. 아무튼 이런 일은 끊이지 않고 일어난다.

우리는 천천히 부모가 과거 우리를 돌봐주던 강인함을 잃었음을 깨닫는다. 언제나 의지할 수 있을 거라 믿었던 기둥, 이제는 더 이상 필요하지 않은 나이라고 생각했음에도 마음 한구석에서 언제나 의지가 돼주었던 기둥이 흔들린다는 사실에 깊은 충격을 받는다. 함께 모여 생일을 축하하고 어머니의 날, 부활절, 성탄절에 얼굴을 볼 수 있어 기쁘기만 했던 시절, "우리는 한 가족이야!" 했던 감정에 가슴이 아련해진다. 그동안 베를린, 프랑크푸르트, 함부르크, 라이프치히, 뮌헨 등지에서 떨어져 살거나 같은 도시의 반대편 끝에서 살면서 명절이면 함께 모였던 달콤한 고향의 느낌은 쇠약해진 부모를 보며 더욱 간절해진다.

낳아주고 키워주었으면서도 우리의 애들까지 돌봐주는 수고를 아끼지 않았던 부모, 정원의 잔디를 깎아야 할 때면 찾아와주었던 부모, 아이가 아픈데 출근해야만 하는 우리를 생각해 손주를 돌봐주러 찾아온 부모를 떠올리는 우리의 눈가는 어느덧 촉촉해진다.

주말에 병든 부모를 돌보느라 쉬지 못하고 출근한 월요일에 동료가 이렇게 묻는다. "어이, 주말에 잘 쉬었어?" 우리의 피곤한 얼굴에 씁쓸한 미소가 스친다. 우리는 어른이고 모든 것을 스스로 해결할 수 있어야 한다. 그러나 사실상 중년이 되어 부모를 돌봐야 하는 일은 상당한 부담이다. 세상은 천천히, 그러나 흘려 볼 수 없게 부모와의 작별을 준비한다. 우리는 강인했던 부모가 그리워진다. 마지막 피난처와 같던 부모의 따스한 품이 그립지만 이제 되돌아갈 수 없음을 안다.

우리가 해결할 수 있는 것은 없다. 우리는 힘없는 부모 앞에서 어찌할 바를 몰라 무력함을 느낀다. 우리는 생소하기만 한 문제와 씨름해야만 한다. 요양 단계, 요양원, 휠체어 위에서 하는 식사, 증상, 병을 위한 치료법, 우울증 대처법, 집에 덩그러니 홀로 남은 부모를 위로하고 당신이 잘못해서 그런 게 아니라고 다독여주는 일 등 무엇 하나 익숙한 것이 없다. 우리는 갑자기 인슐린과 진통제를 정확히 얼마나 투여해야 하는지 알아야 하며, 몸이 불편한 어머니가 화장실에 가는 것을 도와야 한다. 병원 복도에서 형제자매와 만나 의사를 찾아가서 정확히 뭐가 잘못된 것인지, 어디서 어떤 도움을 얻을 수 있는지 한마디도 놓치지 않고 귀담아들어야 한다. 우리는 부모를 대신해 수술 동의서에 서명을 하고 의사의 메스에 부모를 맡겨야만 한다.

정말이지 어른이 감당해야만 하는 문제들이다. 문제의 부담은 허리를 짓누른다. 행복의 정상? 어떻게 이런 것이 행복의 정상인가? 하지만 나는 어른이고, 모든 것을 다스릴 줄 알아야 한다! 내 안의 목소리가 외친다. 이 무슨 말도 안 되는 착각인가? 어른? 바람에 날리는 종이 쪼가리 같은 허약한 놈이 무슨 어른이라고. 빌어먹을.

아이에서 어른으로, 부모와 작별하기

티나는 어머니가 3년째 입원하고 있는 치매 전문 요양원으로부터 전화를 받았다. "안타깝지만 어머니의 신장이 기능을 잃었어요. 투석을 시작하지 않으면 천천히 몸에 독이 퍼져 사망하실 거예요. 물론 투석은 죽음을 몇 주 뒤로 미뤄줄 뿐입니다." 이 말을 들으며 티나는 분명히 깨달았다. 어머니는 37년 전 자신을 삶으로 안내했다. 이제 티나는 어머니를 죽음으로 안내해야 한다.

티나는 동생, 아빠, 삼촌과 함께 돌아가며 병상을 밤낮으로 지켰다. 병실 바닥에는 매트리스 한 장이 깔렸다. 티나는 한밤중에 여러 번 깨어 일어나 신음하는 어머니를 진정시키고 쓰다듬고 손을 잡아주었다. 어머니의 팔을 들어 자신의 팔 위에 올렸다. 살과 살을 맞대고 온기를 느꼈다. 이렇게 병상을 지키고 두 주가 지났을 때였다. 티나는 「달이 떠올랐네」라는 노래를 조용히 불렀다. 달리 할 말은 남아 있지 않았다.

어머니는 여러 차례 가쁜 숨을 몰아쉬었다. 마치 뛰어내리려는 것처럼. 티나는 얼른 어머니의 손을 잡았다. 어머니는 잡은 손에 힘을 준 뒤, 숨을 멈추었다.

너는 어른이고 모든 것을 다스릴 줄 알아야 해.

"엄마를 되돌려줘." 티나가 나직이 말했을 때 사람들은 이 어른이 여전히 누군가의 아이라는 사실을 깨달았다.

　부모의 죽음을 사회는 당연히 공감으로 반응한다. 흔히 보는 경건함으로. 그러나 이런 애도와 공감은 장례가 끝나기 무섭게 자취를 감춘다. 하긴 무슨 말을 더 하겠는가? 부모가 살던 집을 정리하고 처리하는 것은 분명 고된 일이다. 그 많은 잡동사니를 어떻게 할 것인가? 어려운 문제다. 그래서 사람들은 되도록 조용히 화제를 바꾼다.

　부모 가운데 어느 한 분이 돌아가신다. 사망일 직후 처리해야 할 일은 많기만 하다. 이런 경우 우리는 실제 어른스럽게 행동하기는 한다. 장례를 치르고 부모가 살던 집을 정리하며 관청, 보험

사, 전력 공급 업체와 서류 전쟁을 벌이며 크고 작은 일들을 차례로 처리한다. 부모가 쓰던 물건은 되도록 버리지 않고 보관하려 애를 쓴다. 이렇게 바쁠 때는 그래도 시간이 순식간에 지나간다. 힘들어지는 것은 장례를 치르고 정리가 끝난 뒤 홀로 조용히 있을 때다. 사진들을 보고 옛 기록물들을 살피다 소중했던 기억에 눈물이 흐른다. 그리움이 사무친다. 흔들리지 않으려 안간힘을 쓰지만 소용이 없다. 마치 부모가 어디 멀리 여행을 떠난 것만 같다. 대체 언제 돌아오실까? 깊은 한숨과 함께 우리는 생각하는 것 이상으로 자신이 아직 어리다는 것을 깨닫는다.

시간이 흐를수록 문제는 바깥에서 안으로 집중된다. 풀어야 할 문제는 어머니와 아버지를 보내드리는 것, 실제로 작별하는 일이다. 현재 주어진 것을 가지고 우리는 더욱 성장해야 한다. 좋지 않은 것, 맞지 않는 것을 내려놓을 줄 알아야 한다.

중요한 일은 부모와 자식의 관계를 돌아보며 앞으로 더욱 키워야 할 것과 버려야 할 것을 구분해 생각해보는 정리다. 나는 부모 덕분에 어떤 사람이 되었는가? 무엇이 내게 맞으며 앞으로 계속 지키고 싶은 것인가? 나를 계속해서 키울 수 있는 좋은 기초는 어떤 것인가? 맞지 않아 버려야 할 것은 무엇인가? 부모가 없는 나의 일상, 나의 인생은 어떻게 바뀌었는가? 이런 변화를 나는 어떻게 감당할까? 누가 남은 가족의 구심점 역할을 맡을까? 무엇이 이제 다시 가능해졌는가? 부모의 상실로 나는 어떤 점에서 성장했는가?

이런 (내면의) 대화는 대개 주저하고 멈칫거리며 이루어진다. 속내를 흉금 없이 털어놓을 스파링 파트너가 있다면 축복받은 사람이다. 형제자매나 이런 문제를 이미 고민해본 친구 또는 배우자가 그런 파트너일 수 있다.

부모와의 관계를 재조명해보면 함께했던 삶은 전혀 새로운 의미를 얻는다. 아름다웠던 추억을 환히 밝혀보자. 물론 많은 경우 불편한 기억도 떠오르리라. 이런 분류 작업은 꼭 필요한 것이다. 부모는 죽음 이후에도 우리의 인생에 영향을 미친다. 분류 작업이 제대로 이뤄지지 않으면 영향력은 더욱 커진다. 부모에게서 선물받은 인생과 나이를 먹어감과 죽음의 문제를 놓고 분명하게 정리된 생각을 가지면 더 높은 수준의 어른으로 성장할 수 있다.

부모에게 받은 영향에서 벗어나 스스로 할 수 있는 것이 무엇인지 명확히 이해하고 정리해보자. 이런 작업이야말로 중년이 누릴 수 있는 좋은 기회이자 과제다.

'너는 어른이니까 해낼 수 있을 거야'라는 착각은 도대체 어떻게 해서 생겨난 걸까?

일단 이런 생각이 착각임을 분명히 자각해야만 한다. 우리는 생각하는 것만큼 어른이 아니다. 부모와의 임박한 이별은 우리가 아직도 어른답지 않음을 환히 비춘다. 이런 깨달음은 작별이 불러일으키는 슬픔과 아픔, 걱정의 감정과 뒤섞인다. 우리는 처음으로 인생에 끝이라는 것이 있음을 실감한다. 우리는 작별하는 법을 배워야만 한다. 이 작별은 되돌릴 수 없는 중요한 떨어짐이다. 우리는 지금까지 어린애였거나 노인과 아이 사이에 낀 샌드위치 신세에 불과했다.

이제는 변화하는 위치를 받아들이고 과감하게 앞으로 나아가 인생의 조종석에 앉아야 할 때다. 이제 진짜 어른이 되어야 한다.

우리는 이제껏 머물렀던 자식의 자리에서 벗어나 부모인 어른이 되는 역할 변화를 적극적으로 주도해야 한다. 이래라저래라 하는 남의 말을 듣지 않고, 책임감을 가지고 주도해야 한다. 우리는 충분한 시간을 가지고 자기 자신과 대화를 나누며 어른이 될 준비를 해야 한다. 그래야 부모에게서 받았던 관심과 애정과 돌봄을 이제는 자신이 베풀 줄 아는 어른다움이 키워진다. 물론 모든 어머니와 아버지가 그런 어른다움을 보여주었던 것은 아니다. 그럼에도 분명하게 말할 수 있는 점은 이런 자기 성찰의 시간이야말로 우리의 인간됨을 품격 있게 끌어올려 인생의 소중한 가치를 구현할 수 있게 해준다는 사실이다. 자신의 모습을 거울에 비춰 보는 성찰의 시간은 우리를 비로소 어른으로 거듭나게 한다.

우리는 거울에 비춰진 자신의 모습을 외면해서는 안 된다. '안 그래도 할 일이 너무 많은데!' '인생이 다 그렇고 그런 거지, 뭐' 이렇게 회피하는 태도로는 얻을 수 있는 것이 없다. 부모와 이별하고 진정한 어른으로 거듭나는 이 단계는 회피하지 말아야 특별한 의미를 얻는다. 이 단계는 유효기간을 가질 정도로 제한적이다. 우리는 할 수 있는 한, 부모와의 작별에 의미를 부여해야 한다.

우리의 부모는 중년과 그 이후의 시절을 두고 무슨 말을 할까? 우리는 이 말을 정확히 귀담아들어야 한다. "우리 인생의 첫 40년 은 말하자면 일종의 텍스트와 같다. 이후 이어지는 30년은 이 텍 스트의 진정한 의미와 맥락을, 이 텍스트가 담은 도덕의 섬세한 측면들을 비로소 이해할 수 있게 해주는 주석이다." 아쉽지만 이 기막힌 명언은 내가 한 것이 아니다. 이 명언의 주인은 철학자 아 르투르 쇼펜하우어다.

중년에 부모와 자식의 관계라는 오래된 중심축은 많은 경우 점진적으로, 또 대개는 확연하게 변화한다. 세 번째 변형도 있다. 이런 관계는 전혀 변하지 않는다.

부모와 거리 두기에 실패할 경우

비르기트는 50대 초반이며 그녀의 어머니는 70대 중반이다. 초등학교 교사였던 어머니는 대단히 꼼꼼한 성격의 소유자다. 어머니는 비르기트 와 여동생을 홀몸으로 키웠다. 오늘날 많은 할머니들이 딸들은 물론 손 주에게도 어머니 노릇을 하는데, 비르기트의 어머니도 그랬다. 그녀는 매주 소포를 보낸다. 손주의 교육과 관련해 중요하다고 여겨지는 신문 기사들을 오려 스크랩한 것이다. 또 비르기트에게 수시로 전화를 걸어 온갖 생활의 지혜를 일깨워주기도 한다. "잠들기 전에 문단속은 확실히 하니?" "지난번에 보니 누수가 있는 것 같던데 고쳤니?" "식사는 규칙적으로 하니?" 어머니의 끊임없는 훈계에 비르기트는 꼭지가 돌아버릴 것만 같다. 비르기트는 자신을 여전히 10대로 여기는 어머니가 야속하기만 하다.

이런 사례는 얼마든지 있다. 아들의 직장 생활에 간섭하는 아버지, 1년에 고작 한 번 얼굴을 보면서 손주 교육에 시시콜콜 잔소리를 늘어놓는 할아버지 등. 정작 자신이 아버지였던 시절에는 아들의 교육에 관심도 없었으면서 말이다.

중년에 이르러 우리는 부모와 거리를 두어야 할 일이 아주 많다는 사실을 깨닫는다. 그럼에도 우리는 부모의 훈계에 아이나 10대 소년처럼 반응한다. 여전히 우리는 부모의 손길을 벗어나지 못한 채 상상할 수 있는 모든 상처와 분노와 불평으로 괴로워한다. 그래서 때론 부모와 다투기도 하고 속으로 화를 삭이느라 안간힘을 쓴다. 그러다 배우자도 같은 문제로 속을 끓이는 것을 발견하며 자기만 그런 게 아니구나 하고 안도하기도 한다.

스스로 어른이 되는 길

이제는 우리가 부모와의 관계를 주도할 때다. 중요한 것은 꼭 두각시 인형처럼 느껴지는 부모 자식 관계를 이제는 눈높이를 맞춘 어른과 어른 사이의 관계로 바꿔내는 일이다. 서로 어떤 감정을 숨기는지, 어떻게 해야 그런 감정을 다스리며 서로 인격적인 관계를 꾸릴 수 있는지 우리는 배워야 한다. 어느 쪽도 거만하거나 과민하게 구는 일이 없이 서로 눈높이를 맞춰 너그럽게 이해하려는 노력을 기울여야 한다. 그리고 부모가 더 이상 바뀔 수 없는 인간임을 받아들여야 한다. 자신의 인생을 살며 키워온 세계관 안에 사로잡힌 존재가 우리의 부모다. 이런 세계관은 좀체 바뀌지 않으며 합리적인 설명에도 결코 무너지지 않는다. 우리는 부모 역시 실수할 수 있는 인간이며 자신의 인생 안에 갇혔음을 이해해야 한다.

아마도 중년은 부모와 흉금을 털어놓는 대화를 나누며 서로 용서하고 너그러워질 최후의 순간일 수 있다. 신중하게 지금껏 아버지나 어머니가 차지했던 자리를, 절대적인 권위를 자랑하는 어른으로서 우리 마음속에 차지했던 자리를 들어내면서 부모를 존중하는 자세를 잃지 않는 지혜가 필요하다. 또는 얼굴을 붉히며 공격하는 것을 너그럽게 받아들이는 마음가짐을 배워야 한다. 끊임없이 참견하는 잔소리에 그저 좋은 뜻으로 하는 말이겠거니 하며 부드럽게 넘어갈 때 우리는 진정한 어른으로 거듭난다. "그거 했니?" "아, 네. 기대에 어긋나지 않도록 하죠!" 우리는 70대 중반의 부모가 우리를 어른으로 대해주길 기대하지만 부모는 우리를 어린애처럼 취급한다. 40~50대의 중년은 부모의 이런 고정관념을 극복하기 위해 노력해야 한다. 그러자면 스스로 어른이 되어 어른답게 행동하는 모습을 보여주어야 한다.

이 책은 가족 갈등의 치유가 주제는 아니다. 나는 가족 갈등 문제의 전문가가 아니다. 다만 이런 갈등을 겪는 중년에게 해당 분야의 전문가나 심리학자를 찾아 함께 상황을 분석해보고 스스로 어른이 되는 길을 찾으라고 권유하고 싶을 뿐이다. 그래야 부모와의 관계를 더 이상 자식이 아닌 어른으로 명확히 정리할 수 있다.

부모와의 관계를 명확히 정리하는 것은 인생의 다른 영역, 이를테면 배우자와의 갈등도 슬기롭게 해결할 능력을 키워준다. 재혼을 해서 새롭게 꾸린 가족 사이의 갈등도 이런 능력이면 해결되지 않을까. 아무튼 서로의 입장을 분명히 하고 아닌 것은 아니라고 말할 줄 아는 능력은 꼭 필요하다. 우리는 스스로 이런 능력을 키워야 한다.

착각 '어른이니까 해낼 수 있을 거야'
교정 '스스로 자신을 책임질 때 비로소 어른이 된다'

제4장

새로운 출발점에 선
이들을 위한
이정표

지금까지 이 책을 숙독한 당신은 중년이 갖는 10가지 착각과 이를 교정할 방법을 확인했다. 이 10가지 착각, 우리가 어릴 적부터 주입받았던 이 10가지 모범은 '이거, 내가 생각했던 것과 다르네' 하는 일깨움을 준다. 이 10가지 깨우침은 지금까지와는 다르게 인생을 살아야 한다고 우리에게 속삭인다. 이런 깨달음을 따르는 것이 너무 힘들고 귀중한 시간을 투자해야 한다는 점은 어쩔 수 없는 사실이다. 그러나 이런 노력을 기울이지 않는다면 우리 미래의 항로는 불투명하기만 하다.

핵심적인 통찰은 이렇다. 지금이야말로 자신이 어떤 행동을 하고 있는지, 지금까지의 행동을 대체할 대안은 무엇인지 주의 깊게 살펴야 한다. 중년에 미래를 새롭게 건설하고자 한다면 이런 노력은 힘들기는 해도 성공의 전망을 밝혀준다.

내가 볼 때 중년과 앞으로의 미래를 두고 씨름하는 일은 힘겨운 부담만은 아니다. 오히려 반대로 이런 길은 우리의 인생을 풍요롭게 가꿔주는 바람직한 선택이다. 주변에서 일어나는 일들을 마침내 더 잘 이해하고 머릿속에서 번뜩이는 깨달음으로 해방의 기쁨을 맛보면서 자신의 참모습을 발견하거나 새롭게 인식함으로써 눈빛이 빛나는 순간은 반드시 찾아온다.

중년의 새 출발을 위한 이런 기회를 놓쳐서는 안 된다! 우리의 자아를 이대로 방치할 수는 없다. 물론 이런 단계를 피하거나 그저 눈을 질끈 감고 질문을 외면하는 것이 편해 보이기는 한다. 그러면 이런 질문이 절로 자취를 감추겠지 하고 생각한다. 그러나 내 경험에 비춰 보면 질문은 사라지지 않는다. 적극적으로 달려들어 답을 찾으려 노력할 때만 진정한 해결의 실마리가 잡힌다. 이런 실마리만이 앞으로 어떻게 성장해나가야 할지 그 방향을 보여준다.

위기라는 중년의 불청객을
위한 변론

이 장은 내비게이션으로서 앞으로 우리가 거쳐야 할 아주 중요한 단계들을 안내할 것이다. 중년의 새 출발을 위한 조건이 무엇인지 함께 고민해보며 실질적인 해결 방안을 모색하고자 한다. 이 장이 다루는 질문의 대부분은 이미 내가 내담자들과 여러 차례 논의해본 것이다. 여기서 제시할 50가지 이정표는 실질적인 깨달음과 정보를 당신의 손에 쥐어줄 것이다.

내비게이션은 무엇보다도 당신이 혼자 있는 게 아니라고 말해준다. 이 길은 당신에 앞서 이미 많은 사람들이 걸었던 길이며 따라오는 사람들도 분명 많으리라. 내비게이션은 이 길의 어떤 지점에 우리가 위치했는지 방향을 가늠할 수 있게 해준다. 이 길을 나는 네 단계로 나누었다. 물론 이런 분류는 도식적이다. 그렇지만 각 단계는 방향을 잡고 앞으로 나아갈 거점을 마련해준다. 나는 '위기'라는 이름의 불청객을 위해 변론을 하고자 한다. 아마도 이 변론은 위기를 좀 더 집중적으로 다뤄보라는 작은 유혹이 될 것이다. 내 경험이 말해주었듯, 불청객은 전혀 예상치 못한 선물을 가져다준다. 장담한다!

우리가 거쳐 가야 할 위기의 4단계

불안할 때는 무엇이 진짜 중요한지 아는 것이 큰 도움이 된다. 맞닥뜨릴 수 있는 장애물에 어떤 것이 있는지 가늠할 수 있기 때문이다. 그리고 새로움을 놓치지 않으려면 어디를 주목하고 무엇에 귀를 기울여야 하는지 꿰뚫어 보는 혜안도 열린다.

대표적인 예로, 직업적 변화에서 거쳐야만 하는 단계들은 개인마다 각각 다르게 체험한다. 단계의 강약 정도나 한 단계와 씨름해야 하는 시간의 길이도 마찬가지다. 우리는 누구나 자신의 (감정적) 템포가 있으며, 각 단계들은 서로 겹치기도 한다. 네 가지 단계는 다음과 같다.

1. 무너진 터널에서 생존하기. 강력한 충격 또는 많은 경우 은근하고 집요한 충격을 경험한다. 상실과 단절의 시간.
2. 홀로 생각하고 좋은 대화 나누기. 미지의 땅에 들어서서 공허함을 경험하고 참아내는 시간. 이를 자신에게 유리하게 이용

할 수도 있다.

3. 새로운 의미 부여를 통해 회복하기. 지금 위기를 어떻게 견뎌
낼까? 불안에 시달리며 서서히 안정을 찾는 단계.

4. 스스로 선택하고 결정한 인생을 살기. 정면 돌파가 필요하다.
새 출발의 깃발을 올리고 옛것과 작별하는 발걸음 내딛기.

우리는 모두 잃은 뒤에 출발한다

내비게이션은 네 단계 모두에 관여한다. 그리고 각 단계에는 앞
으로 나아가기 위해 풀어야 할 전형적인 문제가 있다. 물론 네 단
계가 선명하게 분리되는 것은 아니다. 다뤄야 할 문제들이 너무
복잡해서 네 단계를 동시에 겪는 일도 얼마든지 있다. 앞서 '착
각 1 이제 이룰 만큼 이루었다'를 다시 떠올려보자.

한 예로, 마침 새로운 직업을 구해야만 하는 상황에 처한 알렉
산더의 경우를 보자. 그가 일하던 회사가 미국인에게 팔렸고 구
조조정의 칼바람이 불었다. 그는 좋은 실력과 실적에도 구조조정
에 희생될 것이었다. "우리는 시너지를 필요로 합니다. 이해하시
죠?" 21년의 세월 동안 여덟 개 직위를 거친 알렉산더에게 이런
상황은 하늘이 무너지는 것만 같았고 경제적 문제도 심각했다.
그는 50대 초반, 이른바 인생의 황금기였다. 두 딸은 이제 막 대
학교에 입학했다. 딸들이 학업을 위해 각자 집을 떠나 도시로 나

가자 돌연 그는 시간제로 일하는 아내와 함께 집에 남게 되었다.

결국 그는 해고 통지를 받고 미지의 땅에 들어서서 불안을 경험했다. 명예퇴직 보상 협상마저 몇 달이 걸리자, 알렉산더는 자신이 가장 잘 안다고 믿었던 직업에 등을 돌리고 다른 분야를 찾아야겠다고 결심했다. 그는 국제 성인교육 시설의 책임자 자리를 맡기로 했다. 새로운 주제, 새로운 게임 규칙, 새로운 사람들의 새로운 세계로 발을 내디딘 것이다.

이 자리를 맡은 지 3개월 뒤 알렉산더의 84세 아버지가 돌연 병에 걸려 몸져눕게 되었다. 이제 알렉산더는 아내와 함께 아버지 수발까지 책임지며 돌아가실 때까지 돌봐야만 했다. 정말 힘든 시기였다. 일찌감치 어머니를 여의었던 그는 아버지의 죽음을 심각한 상실이자 인생 단계의 단절로 받아들였다. 그는 이제 중년이라는 시기도 끝나간다는 걸 깨달았다. 아내 역시 딸들을 돌보지 않아도 되자 다른 직업을 생각하기 시작했다.

단절과 상실의 단계는 동시에 새 출발의 단계이기도 하다. 위에서 살핀 예는 변화의 여러 단계를 동시에 겪을 수 있음을 보여준다. 중년의 변화가 이처럼 까다롭고 힘겹게 드러나는 것은 전혀 놀라운 일이 아니다.

무너진 터널에서
생존하기

변화는 아주 조용한 발걸음으로 찾아오기도 한다. 나는 이런 변화를 '내면의 불안'이라 부른다. 본래 바깥에서 볼 때는 모든 것이 좋기만 하다. 직업은 그럭저럭 굴러가며 가족은 최고로 잘 지낸다. 배우자와 관계도 서로 잘 이해하는 덕에 아무 문제가 없다. 주기적으로 모이는 친구들은 기쁨 그 자체다. 그럼에도 고개를 드는 질문은 이런 상태가 앞으로도 지속될까 하는 것이다. 여기서 '이런 상태'란 할 일이 너무 많거나 집중해야 해서 시간적 부담을 느끼는 탓에 현재 잘 지냄에도 잠복해 있는 불만을 의미한다. 또는 일에 지루함이 찾아왔거나 더는 자신만을 위한 시간을 내기 어려워 이런 상태가 나타나기도 한다.

내담자들은 흔히 이런 말로 자신의 심경을 묘사한다. "알아요. 배부른 소리 한다는 거. 하지만…" 그러면서 자신을 괴롭히는 내적인 불안, 어딘가 들어맞지 않는 불균형을 하소연한다. 이 사람들은 뭔가 막바지에 다다랐다는 것, 자신이 시대의 흐름에 뒤처지고 있다는 것, 아무튼 최소한 끝나가고 있음을 느낀다. 이들은 변혁이 임박했음을 깨닫고 정확히 어떤 변화가 일어날 것인지 탐색하려 한다. 그럼에도 외적 상황은 평온하게만 보인다. 이들은 긴장한 채 숨을 죽이고 새로운 길을 찾는다. 그러다 마침내 자신을 불안하게 만드는 것의 정체를 알아내고 이윽고 변화가 일어나기를 희망한다.

그러나 단계 1에서 사정은 전혀 다를 수 있다. 변화가 일어난다는 게 명확해지는 순간은 불현듯 찾아오기도 하기 때문이다. 돌연 인생이 뒤틀리기 시작한다. 이런 변화는 우리가 원해서 일어나는 게 아니다. 원치 않았음에도 피할 수 없이 변화는 시작된다. 대개 이런 일은 커다란 충격을 불러일으킨다. 전혀 예상하지 못했던 해고 통지가 날아드는가 하면, 불의의 사고로 어머니가 돌아가신다. 그러나 많은 경우 변화는 천천히 조짐을 보이다가 순식간에 그 전모를 크리스털처럼 투명하게 드러낸다. 변화의 조짐을 감지했음에도 우리는 충격을 이기지 못한다. 그 좋은 예가 어머니의 치매 진단이다. 오래전부터 단순히 덜렁거리며 잘 잊어버리는 게 아니라 어딘지 모르게 우스꽝스러워 보였던 어머니의 행동이 바로 치매 때문이었다는 것을 아는 순간 우리는 깊은 충격에 빠진다. 또는 몇 년 동안 불편한 기색을 보이기는 했지만 별말이 없던 남편이 돌연 이혼을 선언한다. 아니면 사업이 결국 파산에 처한다. 그동안 계약 건수가 갈수록 줄어들고 경쟁이 심해지며 가격 압박을 받기는 했지만 파산까지 할까 했던 자영업자는 그대로 무너지고 만다. 파산까지는 아니더라도 생계를 이어가기 힘들어지면 우리는 터져버릴 것만 같은 불안에 시달린다.

이런 위기에 보이는 전형적인 반응은 누구나 한 번쯤 들어봤던 것이다. 친구나 친절한 인사부장은 이런 말을 한다. "위기에는 언제나 기회가 숨어 있기도 하지." 나는 그런 말을 들으면 토할 것만 같다. 아무튼 변화의 조짐이 나타나는 단계 1에서 그런 말은 누구도 듣고 싶어 하지 않는다.

이정표 1 위기는 기회라는 생각을 일단 지우고 유예하자

위기는 그것이 어떤 성격의 것이든 일단은 감당하기 힘들다. 그리고 나쁜 감정은 저수지의 둑이 무너진 것처럼 우리를 엄습한다. 무조건 이 단계를 통과해야만 한다. 통과하며 흠씬 젖을 각오를 해야만 한다.

일단은 이 물살에 휩쓸려 익사하지 않을 정도로 안전 대책을 강구하자. 이것만 해도 너무 힘들다. 위기가 기회니 하는 생각으로 더 헛힘을 쓰지 말아야 한다.

이정표 2 충분히 생각하지 않고 행동하는 것은 피하자

극단적 행동은 피해야만 한다. 충동에 사로잡혔을 때 바랐던 효과를 발휘하는 극단적 행동은 없다. 화가 난다고 문을 쾅 닫지 말

자. 그 누구에게도 말이다. 처음에는 통쾌할지 모르나 나중에 대가를 치르기 마련이다. 영화는 항상 그런 행동을 '쿨'하게 묘사한다. 화를 내며 문을 쾅 닫고, 사표를 던지고 짐을 싸서 여행을 떠난다. 맥주나 와인을 엄청나게 마셔대며, 고객과 잠을 자거나 돈을 흥청망청 써댄다. 이런 장면을 보며 관객은 대리 만족을 느낀다. 그러나 숨통 한번 틔우려 한 행동이 막심한 후회를 불러온다. 상대에게 허풍 떨고 사기 치며 모욕감을 안기는 일은 나중에 물어주어야 할 보상을 생각해서 삼가야만 한다.

물론 극단적 행동이라 할지라도 기분을 풀어주는 데 도움이 되는 것이 있기는 하다. 예를 들어 얼마 동안 연락을 끊고 잠적한다든지, 일주일 동안 훌쩍 여행을 떠난다든지, 지름신에 홀려 충동구매를 한다든지 하는 행동은 자신의 생각을 정리할 수 있는 기회를 제공한다.

이정표 3 도움과 충고 받기

문제가 어떤 성격의 것인가에 따라 변호사, 심리학자, 전문가, 코치는 우리가 상황 전체를 조망할 수 있도록 돕는다. 위기에 닥쳤을 때 자녀, 살림, 반려동물을 위한 실질적인 도움을 받는 것이 좋다. 첫 번째 단계에서 친구와 가족은 흔쾌히 대화 상대가 되어주며 필요한 도움을 베푼다. 이런 도움은 감사한 마음으로 받아들이자. 장거리 구간을 생각해 일찌감치 마음을 대비하기 위함이다('착각 9 우리는 네 편이야'를 보라).

단계 1의 다른 이름은 '생존 모드'다. 우리는 위기의 화급한 불을 끄고 견뎌내야 한다. 말 그대로 살아남기가 핵심이다. 지금 당장 필요한 것은 지구력과 인내심을 키우는 일이다. 중년의 변혁은 전력을 다해 달리는 스프린트가 아니라 마라톤이다.

물론 당장 닥친 위기를 그저 받아들여야만 하는지 명확하지 않은 경우도 흔히 볼 수 있다. 갑작스러운 명예퇴직, 이혼의 위기, 질병. 왜 내가 이런 일을 당해야만 하지? 위기를 봉합하거나 최소한 미룰 수는 없을까? 미룬다면 얼마나 오랫동안? 이런 경우에도 인내심은 필수다. 되도록 긴 호흡이 필요하다. 생존 모드로 들어가자. 더 많은 것이 필요하지는 않다. 그리고 더 많은 것은 감당하기도 힘들다.

신이여, 제가 바꿀 수 없는 것을 달게 받아들일 마음의 평안을 베풀어 주시고
바꿀 수 있는 것은 바꾸어갈 용기를 주시며
바꿀 수 있는 것과 없는 것을 가려볼 지혜를 허락하소서.

미국의 신학자인 라인홀트 니부어Reinhold Niebuhr(1892~1972)*가 1940년에 썼다는 「평정 기도문Gelassenheitsgebet」이다. 단절과 상실

---

* 미국의 신학자이자 철학자, 정치학자. 독일계 미국인으로 아버지와 동생도 목사인 기독교 가문 출신이다. 기독교 정신에 충실한 평화주의의 실현을 위해 노력했다.

의 첫 단계에서는 실제로 자신이 체험한 일에서 어떤 것을 달게 받아들여야 할지, 무엇을 바꿀 수 있을지 가려내기가 어렵기만 하다. 일단은 흥분을 가라앉히고 기다리는 자세로 차분하게 살피는 마음가짐이 필요하다. 며칠, 몇 주 혹은 몇 달이 걸릴지라도 바꿀 수 있는 것과 없는 것을 구분할 줄 아는 확신, 니부어가 말하는 뜻의 지혜는 반드시 생겨난다.

아마도 우리는 어느 정도 시간이 흐른 뒤에 냉철한 이성에 따라 바꿀 수 있는 것과 없는 것을 구분할 수는 있으리라. 그럼에도 운명적 타격을 바꿀 수 없는 것으로 감수하는 마음가짐은 생겨나지 않을 수 있다. 쓰라린 운명을 감수하는 태도는 많은 세월이 흐른 뒤에야 생겨난다. 그러므로 우리는 곧장 모든 것을 받아들이라는 요구, 인정하고 수용한다는 뜻에서 받아들이라는 요구를 자신에게 할 필요는 없다. 물론 돌이킬 수 없는 것을 받아들이는 것이 목표이긴 하다. 그러나 이런 받아들임은 강요한다고 되는 것이 아니며 시간을 필요로 한다.

아무튼 위기의 첫 단계에서 우리는 통제력 상실, 그토록 싫어하는 통제력 상실과 직면한다. 우리는 바꿀 수 있는 게 없으며 운명을 어쩔 수 없이 받아들여야만 한다. 어려운 일이다. 충격을 받아 혼란스럽고 화가 치밀며 두려움이 엄습하고 머리를 얻어맞은 것만 같은 느낌이 드는 것은 당연하다.

사람들은 이런 격변에 저마다 매우 다른 반응을 보인다. 어떤 사람은 너무도 침착하게 어머니의 장례식을 준비하고 치르는 탓에 사람들이 "어쩌면 저렇게 냉정할 수 있나." 하고 의아해하기도 한다. 이런 사람은 남들이 보는 앞에서 눈물을 보이지 않는다.

어떤 사람은 직장을 잃은 뒤 친구들과 술을 마신다. 직장 동료들과도 마신다. 술로 밤낮을 지새운다. 또 어떤 사람은 곧장 인터넷에 들어가 일자리를 찾는다. 어떤 사람은 병에 걸려 며칠을 집에서 시름시름 앓는다. 어떤 이는 이혼하자는 남편의 요구에 그대로 무너져 친구가 끓여주는 닭고기 수프로 속을 달랜다. 또 어떤 사람은 곧장 새집을 찾아 아이들과 함께 이사한다. 아무튼 이런 식이다. 이런 반응은 운명의 사건이 몰고 온 문제를 해결하거나 극복하는 것이 아니라 생존 모드다.

이정표 4 글쓰기는 감정과 생각을 다루는 데 도움을 준다

내면의 불안에 시달리든, 외부의 충격으로 괴롭든 글쓰기는 감정과 생각을 걸러내고 정리하는 데 도움을 준다. 글은 감정과 생각을 포착한다. 스쳐 지나가던 생각이 구체적인 모습을 얻어 파악된다. 그러면 상황을 더 잘 정리하게 되고 최선의 해결책을 찾을 수 있다. 매일 또는 매주, 아니면 이따금 쓰든 기간은 중요하지 않다.

일기장은 생각을 잡아두는 아주 좋은 방법이다. 메모와 마음에 드는 글귀를 발췌해 정리하는 스크랩북도 나쁘지 않다. 컴퓨터에 흥미로운 기사와 링크를 저장해두는 것도 괜찮은 방법이다. 나는 텍스트를 읽으며 중요한 구절을 발견할 때마다 그 구절과 나의 감상을 손 글씨로 다이어리에 기록해둔다. 다이어리는 늘 지니고 다니면서 언제라도 꺼내볼 수 있다는 장점이 있다.

또한 다이어리는 우리의 생각과 감정을 어떻게 하면 더 잘 다듬어 성장시킬 수 있을지 확인해주는 좋은 도구다. 글쓰기는 조용한 가운데 차분하게 생각을 다듬는 아주 개인적인 과정으로서 현재 생각이 어떤 지점에 매달려 있는지 보여준다. 이런 특별한 지점을 주목할 때 생각은 더 확대되고 깊어진다.

이정표 5 운동은 길을 열어준다

달리기, 요가, 수영을 하거나 개를 데리고 산책하자. 요컨대 운동을 하자. 혼자서. 우리의 몸은 그 자체가 개척자다. 중요한 것은 운동이 마음의 평안을 찾도록 도와준다는 점이다. 자신의 몸을 잘 느껴보자. 규칙적이고도 깊게 숨을 쉬자. 그러면 생각을 정리할 여유가 생긴다. 자신이 무슨 생각을 하는지 귀 기울여 듣자. 때문에 파워 뮤직을 틀어놓는 피트니스 센터나 이어폰으로 음악을 듣는 조깅은 좋은 방법이 아니다. 산만해진 주의력 탓에 내면의 나직한 음성을 나쁘게 듣거나 전혀 듣지 못하기 때문이다. 운동을 하며 내면의 평안을 찾는 방법은 개인마다 다르다. 어떤 것이 자신에게 가장 잘 맞는지 살펴보자. 중요한 것은 바깥에서 홀로 하는 운동이다. 운동은 스트레스를 해소시키고 평안을 선물한다. 이는 익히 알려진 사실이다. 이런 힘의 원천을 이용하라.

홀로 생각하고
좋은 대화 나누기

이제 우리는 새롭게 생겨난 빈자리를 온몸으로 감당하고 견뎌내야만 한다. 첫 번째 단계의 혼란이 가라앉은 지금 우리에겐 아무것도 없다. 친구, 지인, 동료 혹은 구경꾼은 입 밖으로 드러내든 암묵적으로든 똑같이 질문한다. "그래서, 지금 뭐하고 지내?" 이런 질문은 비록 선의로 묻는 것이라 할지라도 듣기가 거북해서 제발 듣지 않았으면 하는 것이다. 마치 그런 일이 자신에게 일어났다는 이유 하나만으로 위기관리 책임자이자 전문가 취급을 하는 태도가 불편하기만 하다. 당장 해결책이 무엇이냐는 요구는 부담스럽다 못해 끔찍하기까지 하다. 아마도 우리는 자신에게 이런 요구를 내세울 수도 있다. 우리의 문화는 거의 모든 것을 통제할 수 있어야만 한다고 굳게 믿는 탓에 이런 요구를 당연시하기 때문이다. 그러나 지금은 위기로부터 벗어날 방법이 막연하기만 하다.

상실에는 당황스러움도 따라붙지만 되도록 빨리 회복했으면 하는 기대감의 압박도 크다. '앞만 보고 달려라!' 달력에 인쇄된 명언은 좋은 뜻임에도 오글거린다. 어깨를 펴고 고개를 들어라, 한바탕 소나기가 퍼부은 뒤에는 해가 나기 마련이다. 하하.

자신의 손으로 뭔가 변화를 이끌어내야만 한다는 깨달음 또는 간절함은 무엇을 어찌하면 좋을지 모르겠다는 당혹감으로 이어진다. 우리는 전혀 가본 적이 없는 미지의 땅에서 헤맨다. 신속히 해결책을 찾는다는 것은 거의 무망한 노릇이다.

이정표 6 현실을 있는 그대로 바라보자

이제 어떻게 한다? 누가 그 답을 알까. 우선 어찌해야 좋을지 모르겠는 자신의 무지함을 관대하고 너그럽게 받아들이자.

39세의 한나는 이렇게 말했다. "남편이 집을 나가버린 뒤 저는 너무 피곤해 모든 상황을 새롭게 생각할 수 없었죠. 저는 그저 '일상'이라는 이름의 물이 새는 배가 뒤집어지지 않도록 안간힘을 쓸 뿐이었어요. 새롭게 돛을 올릴 힘은 없었어요. 그리고 어디로 나아가야 할지 항로도 애매하기만 했습니다."

이정표 7 내면의 불안은 신호다

많은 경우 지금까지 해왔던 그대로를 더 이상 원하지 않는다거나 견딜 수 없다는 생각은 하는 것만으로도 힘들다. 이런 깨달음은 일단 푹 익어야만 한다. 내면의 불안은 그 정체가 선명하게 걸러져 분명히 알 수 있을 때까지 어느 정도 시간을 필요로 한다. 불안에 시달릴 때 우리는 마치 자신을 취조하는 것만 같은 느낌을 지울 수 없다. 몇 번이고 내면의 목소리에 귀를 기울여보지만 답은 언제나 똑같다. '지금까지 해왔던 대로는 더 이상 안 돼' 심장은 안다. 머리도 이미 알아들었다. 이런 신호야말로 우리를 새로운 길로 이끄는 첫 전환점이다.

41세의 다니엘은 이런 감정을 다음과 같이 묘사했다. "낡은 습관, 낡은 해결책, 지루하게만 느껴지는 관계가 정말 싫다. 목표와 과제로 끝없이 이어지는 실행 목록 따위는 더 이상 필요하지 않다. 미친 일상, 즉 직장, 가족, 아이들의 끝없는 요구에 시달리는 힘든 일상은 정말이지 신물이 난다. 긴장을 풀고 쉰다는 게 버스에서 고작 10분 동안 조는 것일 뿐이다. 잠이나 푹 잤으면 더 바랄 게 없다. 나는 이런 생활이 정말 싫다."

54세의 유디트 말을 들어보자. "주변을 둘러싼 남자들에게 더는 맞출 수도 없고 맞추고 싶지도 않다. 적어도 과거에 했던 그대로는 하고 싶지 않다. 남편, 상사, 동료, 아버지의 요구에 나는 늘 맞추기만 해왔다. 나라는 존재는 늘 다른 사람을 위해 노심초사해왔다. 다른 사람의 기분에 맞추려 안간힘을 썼다. 도대체 나는 어디 있는가? 나는 54세이고 아이들은 거의 독립했다. 내가 원하는 대로 살려면 지금까지 해온 그대로는 안 된다."

고민은 오로지 나의 것

상실과 단절의 단계 1에서 사람들은 대개 우리를 둘러싼 변화에 관심을 갖는다. 이 단계는 충격과 그 여진으로 가장 큰 주목을 받는 단계다. 그러나 단계 2에 이르면 주변의 관심은 현저히 줄어든다. 우리는 천천히, 홀로 남는다('착각 9 우리는 네 편이야'를 보라).

격심한 불안에도 겉으로는 아무렇지 않게 보여야 한다는 요구는 실로 기괴하기만 하다. 우리는 매일 일터로 향하고 자녀와 배우자와 친구를 돌본다. 요양 당번을 정해 화학 치료를 받으러 가는 아버지를 병원에 데리고 가야 한다. 불안과 초조함에도 아무렇지 않게 일상을 소화해야 하는 우리의 처지는 아프지 않은 게 이상할 정도다. 이처럼 고민에 시달리는 중년은 외롭게 떨어진 섬이 아니라 실제로는 바쁜 일상과 맞물릴 수밖에 없다. 겉으로는 평상시와 다를 바 없이 행동하는 반면, 내면의 고민은 갈수록 커진다. 또 그럴 수밖에 없다. 바로 그래서 고민의 해결은 무엇보다도 우리 자신이 책임을 지는 개인적 프로젝트가 되어야 한다.

이정표 8 생각할 시간을 만들자

중년의 문제와 대결하며 자신을 돌아보고 내면의 목소리에 귀를 기울이는 일은 시간을 요구한다. 자기 자신과의 '소중한 시간'은 잠을 푹 자고, 조용한 가운데 주의가 흐려지지 않아야 얻어진다. 이런 시간은 저절로 주어지지 않는다. 따라서 의식적으로 만들어내야 한다. 어차피 해야 할 일이 많은 터라 이런 시간을 어떻게 만들어내느냐는 문제는 어렵기만 하다.

이 책의 주제가 시간 관리에 대한 것은 아니므로 지금은 그저 몇 가지 방법만 생각해보자. 우리는 대개 스스로 설정한 요구가 일으키는 눈사태의 희생자다. 정말 꼭 필요한 일은 무엇인가? 필요하지 않은 일은 무엇인가? 정확히 살펴보자. 지금 우리 자신을 위해 중요한 일을 하지 못하게 막는 것은 무엇인가? 자기 자신을 최고의 우선순위로 삼자. 다른 것은 내려놓자. 한동안 미뤄두자. 지금은 아니라고 말하자. 지금은 나 자신의 시간이다.

자신이 가진 시간 자원을 점검하고 꼭 시간을 내야 하는 것이 무슨 일인지 분석해보는 일은 반드시 필요하다. 무엇보다도 현실적이 되어야 한다. 나는 무엇을 내 생각의 주제로 삼고 싶은가? 잠깐일지라도 시간의 창을 열 수 있는 방법은 찾기 어렵지 않다. 예를 들어 아침에 한 시간 정도만 일찍 일어나도 좋은 사색은 충분하다. 아이들을 재우고 난 뒤의 저녁 시간도 마찬가지다. 이런 시간을 자신을 위한 생각의 시간으로 만들자.

우리는 어떤 일에 지나칠 정도로 많은 시간을 쓸까? 그중 시간 낭비에 해당하는 건 무엇인가? 흔히 소셜 미디어에 매달리는 시간, 텔레비전을 보는 시간, 긴 전화 통화에 드는 시간은 다르게 활용할 수 있는 좋은 시간 자원이다. 얼마나 자주, 얼마나 오래 전화 통화를 하느라 차분히 생각할 여유를 잃고 있는가? 인터넷에서 종횡무진 서핑하느라 허비하는 시간은 얼마나 되는가? 꼭 매일 점심시간에 직장 동료들과 함께 구내식당에서 식사를 해야 할까? 일주일에 적어도 한 번쯤은 카페에 가서 홀로 조용한 시간을 가질 수 없을까?

지금 내가 하고 있는 일이 세월이 흐르면 정말 내 인생을 더 풍요롭게 만들어줄까? 이런 안목으로 해야 할 일과 하지 않아도 좋을 일을 구분해보는 것은 대단히 바람직한 선택이다. 이 일은 내 생각을 깊게 만드는 데 도움을 줄까? 우리의 소중한 시간을 잡아먹는 허튼 일의 목록은 길기만 하다. 생각이라는 작업에 최우선 순위를 부여하자. 그렇지 않으면 생각 작업은 산만하고 피상적이며 조각조각 단절되어 결코 완전해질 수 없다.

또한 지극히 평범한 일상을 고려해 생각 작업을 계획하자. 그렇지 않으면 생각은 일상에 잡아먹힌다. 이를테면 가사를 돌보면서도 생각할 틈을 찾자. 직장에서도 마찬가지다. 나는 매일 배우자, 자녀, 이웃과 연결 고리를 유지하며 각종 대소사를 꾸미느라 얼마나 많은 시간을 쓰는가? 그중 어떤 것이 정말 필요한 일인가? 이렇게 검토해야 할 일의 목록은 상당히 길 것이다.

여유 시간을 찾기 위해 주변의 도움도 기꺼이 받자. 누가 일의 부담을 덜어주거나 준비 작업을 하는 데 도움을 줄 수 있는가? 아이를 친구와 놀게 하고 세 시간 정도 방해받지 않는 시간을 마련해 사색에 잠기는 것도 좋은 방법이다. 이런 시간에는 가사나 직장 일은 생각하지 말자. 오로지 자신을 위해 쓰는 시간이다.

아스트리드 린드그렌Astrid Lindgren(1907~2002)*은 37세에 글을 쓰기 시작하면서 가정부를 두었다. 당시 그녀의 자녀는 아주 어리지는 않았지만 그래도 엄마의 손길을 필요로 했다. 가정부를 두어 가사를 줄이고 글쓰기를 위한 시간을 확보한 덕에 그녀는 주옥같은 작품을 세상에 선보일 수 있었다.

중요한 생각 프로젝트를 위해 무조건 시간 여유를 내도록 하자. 생각 프로젝트는 생각의 물꼬를 터줄 수 있는 책을 읽거나 강연 청강, 대화, 글쓰기, 성찰 등 다양하게 시도할 수 있다. 급하지 않은 다른 문제는 내려놓거나 미뤄두자. 이런 시간은 그저 남아돌아서 쓰는 것이어서는 안 된다. 생각을 다듬어 자신의 성장을 도모하는 정말 귀중한 기회가 되어야 한다. 이제 자신만을 위한 시간을 누려보자.

초점은 어떻게 해야 창의성을 이끌어낼 수 있는가 하는 질문에 맞춰져야 한다. 어떤 상황, 어떤 장소에서 신선한 발상이 나오는가? 어디라면 독특한 것을 생각해내기에 적당한가? 외부의 시선이나 비판을 의식할 필요 없이 심장이 즐거운 비명을 지를 관심사로 생각 프로젝트를 꾸며보도록 하자. 장소는 평소 좋아하는 거실 안락의자나 조용한 카페의 테이블, 한적한 숲길이 적당하다. 때는 모든 것이 조용한 새벽이나 오후 늦은 시간이 어떨

---

* 스웨덴의 동화 작가. 『말괄량이 삐삐(Pippi Långstrump)』 시리즈로 세계적인 명성을 얻었다.

까? 그리고 내게 필요한 정보를 찾아 취합할 만한 도구로는 어떤 게 좋을까?

이정표 9 자신만을 위한 시간 만들기

개인적으로 자신만을 위한 시간을 설계해보자. 예를 들면 잠자리에 들기 전에 하루를 차분히 정리할 시간을 마련할 수 있다. 오롯이 자신만을 위한 시간을 갖는 것은 잘못이 아니다. 지극히 정상이다. 중년의 시간은 많은 요구에 시달린다. 우리는 차분하게 생각을 정리하고 새로운 힘을 충전할 시간을 필요로 한다. 충분히 쉬고 빠르게 회복할 방법은 어떤 게 가장 좋을까? 자신만을 위한 방법을 알아내자.

이정표 10 자녀와 가족을 위한 시간을 내자

모든 것과 단절하고 혼자서만 웅크리며 지내는 것은 비현실적일 뿐만 아니라 아무런 도움도 주지 않는다. 중년은 일반적으로 짧고 굵직하게 힘 한번 쓴다고 해서 완주되는 시기가 아니다. 그리고 갑자기 해결책이 주어지지도 않는다. 오히려 중년은 여러 중간 단계를 거쳐 목표에 도달한다. 생각 작업은 그래서 많은 중간 단계를 갖는 것으로 계획하는 게 좋다. 단계를 하나씩 차례로 밟아가며 우리의 두뇌는 생각을 가다듬는다. 또 그래야만 일상생활과 호흡을 같이하는 생각 작업이 가능하다. 단계마다 생각을 이어나가면서 자녀와 가족에게 충분히 관심을 베풀도록 하자.

아이들이 주말에 축구하러 나갔는가? 배우자가 운동하러 갔는가? 얼마나 좋은가. 다른 약속은 잡지 말자. 일하지도 말자. 살림도 신경 쓰지 말자.

오롯이 자신만을 위한 차분한 시간을 갖자. 몇 차례 이런 시간을 가지면 자신과의 대화를 통해 중년에 절실히 필요한 새로운 발상을 키우고 있는 자신을 발견하게 된다. 살림은 얼마든지 우리를 기다려준다.

이정표 11 머릿속의 혼란을 정리하기

어지럽게 널린 과제와 요구를 정리해볼 시간을 가지는 것은 언제나 도움을 준다. 지휘자가 오케스트라를 이끌듯 이렇게 물어보자. 이번 주에는 무엇이 중요하지? 오늘 중요한 일은 무엇일까? 여유 있게 하루를 살아내지 못하게 방해하고 압박하는 것은 무엇일까? 중요한 일에 집중하기 위해 버려야 할 것은 무엇일까?

이정표 12 멀티태스킹은 주의력을 잡아먹는 킬러다

동시에 여러 일을 벌이는 것은 내 경험에 따르면 집중적인 생각 작업을 방해한다. 멀티태스킹은 신경을 분산시키는 주범이다. 멀티태스킹을 하면 생각을 차분히 정리할 수가 없다. 한 가지 일에만 집중하고 그 일을 끝낸 뒤에야 다음 과제(일과)를 시작하는 태도를 키우도록 하자. 그러면 중년의 문제를 훨씬 더 효율적으로 집중해서 다룰 수 있다.

이정표 *13* 생각 작업을 일상에 접목시키자

혼자만의 시간을 갖고 생각에 집중하라는 말이 동굴로 들어가라는 뜻은 아니다. 생각을 통해 자아의 성장을 꾀하려는 노력이 일상과 자연스러운 조화를 이루도록 유도해야 한다. 우리는 인생의 한복판에 서 있다. 일을 하고, 일상사를 처리하며, 아이들을 돌보고, 배우자 또는 친구와 어울리며 인생의 즐거움을 누리는 것은 모두 시간을 필요로 한다. 자신의 관심사를 찾아보고 취미를 즐기는 일도 마찬가지다. 물론 자기 자신과 내면을 돌보는 시간도 가져야만 한다. 아마도 이런 이야기가 생소하게 들리는 사람이 적지 않으리라. 그러나 그동안 외부의 많은 일과 조건과 사람들과 씨름해오면서 자신이 고갈되었다고 느끼는 사람은 분명 많다. 바로 그래서 내면을 돌보는 일은 꼭 필요하다.

이정표 *14* 홀로 있음의 소중함 깨닫기

중년에 겪는 사건들로 우리는 지금껏 경험하지 못한 강한 밀도를 자랑하는 두 가지 감정과 직면한다. 불현듯 홀로 남았다는 느낌과 그래서 외롭다는 느낌, 이 두 가지 감정이다. 이혼으로 갑자기 혼자가 되어 오로지 아이들만 바라보고 있는 사람은 격심한 외로움에 시달린다. 직장을 잃은 사람도 마찬가지다. 심각한 병에 걸려 많은 시간을 홀로 집에 누워 있어야 하는 사람은 배우자를 포함해 다른 사람들이 바쁜 일상을 보내는 것을 보며 견디기 힘든 고독으로 괴롭다. 그동안 익숙했던 하루의 리듬은 속절

없이 무너져버린다.

사람들은 홀로 있음에 저마다 매우 다른 반응을 보인다. 어떤 이에게 홀로 있음은 '찬란한 시간'이다. 그는 홀로 있음으로써 화려하고 밝게 빛나며 멋진 체험을 한다. 반면 홀로 있음을 참기 힘든 고역으로 여기는 사람도 많다. 특히 불안한 시간을 견뎌내야 하는 사람은 타인의 위로와 확인을 갈망한다. 홀로 있음 그 자체가 문제는 아니다. 자발적으로 원하지 않았음에도 홀로 버려졌다는 느낌이 우리를 괴롭히는 원흉이다. 주변에 아무도 없다. 의도하지 않았음에도 주변으로부터 거부당한 것만 같은 심정이 홀로 있음을 고독으로 만든다.

몸이 좋지 않거나 마음이 불편해 잘 지내지 못하는 경우에도 홀로 있음은 빠르게 고독으로 둔갑한다. 많은 경우 이런 감정은 변화무쌍한 모습을 보인다. 홀로 있음이 고독으로 변했다가, 고독함이 다시금 마음 편한 홀로 있음으로 바뀐다.

왜 이런 이야기를 할까? 자신을 올바로 살피기 위해 홀로 있음은 절대적으로 필요하다. 이런 홀로 있음이 누구에게나 간단한 일은 아니다. 중요한 핵심은 이런 홀로 있음을 자신이 원해야만 한다는 점이다. 홀로 있는 사람은 자신을 다독이고 자신과 더불어 잘 지낼 수 있는 법을 배운다. 불안한 시간을 견뎌야 하는 사람은 남의 위로와 확인과 충고를 갈망하지만, 홀로 있을 때에만 우리는 내면의 목소리에 귀를 기울일 수 있다. 이처럼 자발적으로 홀로 있으려 하지 않는 사람은 쓰라린 고독을 맛본다.

이정표 15 외로워하지 않고 홀로 있기

외로워하지 않고 홀로 있다는 것은 대개 홀로 있는 순간에 부여하는 의미, 여기서 얻는 의미 덕분에 가능해진다. 의미는 그 순간 창의력을 끌어올리고, 자신을 추스르고 진정시킴으로써 마음의 평안을 이루게 해준다.

이정표 16 집중하기

홀로 있음은 집중하는 데 커다란 도움을 준다. 의식적으로 어떤 주제나 텍스트 또는 책을 선택해 온전히 집중하는 순간을 누려보자. 글쓰기는 집중할 때 추진력을 얻는다. 그래서 글쓰기는 홀로 있을 때의 좋은 동반자다.

중년은 가족, 자녀, 일과 밀접하게 맞물린 시기이기에 자신만을 위한 시간을 내기 어렵다. 그래서 의식적으로 이런 시간을 마련해야 한다('이정표 8 생각할 시간을 만들자'를 보라).

이정표 17 스스로 자신을 돌보자

홀로 있거나 외롭다고 느끼는 사람은 자신이 어려운 경우에 처할 때 자신이 아니고는 누구도 관심을 베풀지 않는다는 점을 명확히 깨달아야만 한다. 홀로 잘 지낼 수 있도록 스스로 신경 써야만 하는 이유가 달리 있는 게 아니다. 충분히 잘 먹고 운동하며 푹 자자. 스스로 자신을 다스리기 위해 지압이나 명상을 배우자. 자신을 돌보는 법을 배우자.

이정표 18 나를 진정시킬 방법은 무엇인가

많은 경우 침착하고 차분해지기 어렵다. 끊임없이 이어지는 생각은 마치 강물 위를 떠내려 오는 나뭇조각처럼 어지럽게 부딪친다. 바위를 때리는 파도처럼 소란스럽다. 우리는 하루 종일 쉬지 않고 일대를 뛰어다닌다. 어떻게 해야 하루의 긴장을 다시 풀 수 있을까? 혼란스럽고 힘든 하루를 보내고 난 뒤 평정을 회복하는 법을 배워두는 것이 좋다. 바쁘게 뛰어다녔던 하루와 자신의 생각 또는 감정 사이에 일종의 완충지대를 마련해두는 것은 현명한 선택이다. 완충지대를 구성하는 방법과 내용물 역시 개인적으로 큰 편차를 보인다. 어떤 사람은 글을 읽고 어떤 사람은 청소를 하며, 어떤 사람은 차를 마시거나 조깅을 한다.

이정표 19 사람들과 어울리기

우리는 좋은 기분을 느끼기 위해 두 가지, 곧 좋은 만남과 홀로 있음을 필요로 한다. 두 가지 모두 우리에게 도움이 되는 방법이다. 그러나 먼저 어떤 모임에서 누구와 만날 것인지 정확히 살펴볼 필요가 있다.

파티

좀 진부하게 들릴 수 있지만 제대로 파티를 즐길 줄 아는 것은 매우 중요하다! 그리고 감사하게도 좋은 사람들과 함께 즐길 계기는 많다. 일부러 피할 필요는 없다. 즐거운 마음으로 초대를 받아들이고, 직접 파티를 벌일 기회를 만들어보자. 사람들을 한자리에 모으자. 기회가 있을 때마다 우리의 인생에 신선한 자극을 심어줄 새 얼굴을 찾자.

인맥 키우기

우리가 원하는 것은 중년의 항로를 올바른 궤도에 올려놓는 일이다. 이런 항로 조정을 위해 필요한 것은 좋은 인맥이다. 자신의 생각과 다른 사람의 발상이 함께 만나 그물망을 이룰 때 펄떡이는 물고기, 즉 인생의 활력을 포착할 기회가 커진다. 인맥을 키우고 확장하자. 새로운 낚시터를 찾아다니자. 사람들과의 만남은 호기심을 일깨워준다. 좋은 상대를 찾는 사람은 저쪽에서 보내는 신호를 감지할 센서를 키우기 마련이다. 친구들, 동네, 도시, 세계는 신선한 자극을 줄 아이디어로 넘쳐난다. 중년이야말로 우리를 둘러싼 세상을 더 잘 알아볼 최적의 시기다. 주변의 신선한 자극을 빨아들여 내 것으로 만들자. 좋은 인맥은 자신을 성장시킬 힘을 선사한다.

구경 다니기

외로움과 쌍벽을 이루는 구경 다니기를 즐겨보자. 젊은 시절 이리저리 헤매는 것처럼 무작위로 다니며 그저 뭔가 한다는 기분에 취하는 게 아니라 신중하게 구경의 대상을 골라보자. 누가 내게 힘을 전해줄까? 누가 신선한 자극과 충격을 줄까? 어디에 가면 흥미로운 사람을 만날 수 있을까? 누가, 어떤 것이 영감을 불어넣는가? 이런 질문들에 초점을 맞춰 신중하게 고르자. 나는 학술대회, 강연, 전람회, 독서 모임, 최근 가입한 단체가 주최하는 인맥 다지기 행사 등을 신중하게 골라서 찾아다닌다. 그런 자리에는 뭔가 할 말이 있는 사람을 만날 기회가 주어진다. 나는 그들의 생각과 관점을 고래가 플랑크톤을 아가미로 빨아들이듯 내 것으로 만든다. 그중 내 입맛에 맞는 것은 항상 있다. 나는 상대에게서 들은 말을 잘 새겨가며 내 성장의 자양분으로 삼는다. 물론 늘 따라다니는 설익고 들뜨기만 한 허튼소리는 다시 토해내면 그만이다.

놀이

잠시 숨을 돌리며 자유롭게 즐길 시간도 물론 필요하다. 늘 고민거리를 안고 씨름만 하는 것은 가능하지도 바람직하지도 않다. 이따금 긴장을 풀고 놀아주어야 우리의 영혼은 해답을 찾는다.

이정표 20 새로운 추억을 위한 공간을 만들자

인생의 중요한 고비를 맞이해 미지의 땅에 홀로 버려진 것 같을 때 새로운 추억을 위한 공간을 만드는 것은 중요한 선택이다. 새로운 카페를 찾아다니거나, 휴가를 즐길 새로운 여행지를 찾아보거나, 주말에 지금까지 했던 것과 다른 일을 도모해보는 등 나자신을 기념할 새로운 의례를 만들 때 새로운 추억이 쌓인다. 새로운 음악을 들어보는 것은 어떨까? 이렇게 창조되는 새로운 추억은 새로운 관점을 선사한다. 새로운 관점과 더불어 예전의 추억은 아름다운 새 추억과 오순도순 어우러진다.

이정표 21 영혼의 목소리에 귀를 기울이자

왜 영혼의 목소리를 들어야만 하는가? 어떻게 해야 들을 수 있을까? 핵심은 홀로 있음의 공간과 기회를 만드는 것이다. 주변과 거리를 두는 것, 홀로 있음의 진정한 의미는 자아를 돌볼 줄 아는 마음의 여유다. 내면을 살필 시간을 찾아 자신에게 선물하는 일은 절대적으로 중요하다. 일단은 주변에 아무도 없어야 한다. 음악도 틀어놓지 말자. 많은 것이 필요하지는 않지만 고요함만큼은 꼭 지켜져야 한다. 쉽지 않은 일이다. 바로 그래서 우리는 충분한 시간을 가져야만 한다. 숲에서, 집에서 홀로, 음악을 듣지 않고 달리면서. 술은 아쉽게도 우리를 너무 빨리 피곤하게 만들며 자신에게 집중하지 못하게 한다. 해야 할 일의 목록은 옆으로 내려놓자. 휴대폰은 비행 모드로 설정해두자. 만발한 꽃들의 한복판에 서 있다고 생각하자. 호흡을 길게 가져가자.

마음을 가라앉히고 자기 자신에게 이르는 것은 우리의 영혼이 과거에 이런 일을 해본 적이 없어 시간이 좀 걸린다. 머릿속을 뿌옇게 만든 생각의 먼지 회오리가 일단 가라앉아야 한다. 그래야 무의식에 숨었던 자신만의 고유한 생각이 억지로 강제하지 않아도 자연스레 의식의 수면 위로 떠오른다. 떠오른 생각은 자연스러운 흐름을 이어간다. 그러면 주의 깊게 이 흐름을 따르며 손에 쥔 연필로 그때그때 떠오르는 느낌, 깨달음, 의문, 감탄을 자아내는 요소 등을 받아 적는다. 이렇게 한동안 시간이 지나면 생각의 흐름이 완만해지며 영혼이 오늘은 이걸로 끝이라고 말한다. 영혼은 작별을 고하고, 다시금 이성이 제자리를 찾는다. 아름다웠다! 또 만나요. 사랑하는 영혼! 영혼이 이성에게 어떤 생각거리를 남겨놓았는지 살펴보자. 이 생각거리를 차분하게 곱씹으며 푹 익히도록 하자.

이정표 *22* **나쁜 대화 상대의 프로필**

흔히 우리는 대화를 나누는 도중이나 나눈 뒤에 상대방이 본래 친절한 사람이었음에도 어딘지 모르게 성실하지 않다는 인상을 받는다. 좋은 대화 상대를 찾는다는 것은 생각처럼 간단한 일이 아니다. 중년이라는 인생 단계를 겪는 우리를 성숙한 혜안으로 사심이 없이 동행해줄 수 있는 사람은 주변에 많지 않다.

상대방이 내 말을 정말 귀담아듣는지 시험해볼 이유는 차고도 넘쳐난다. 혹시 상대가 자신의 인생을 나의 인생과 비교하려는 것은 아닐까? 대화를 나누는 도중에 상대가 뜬금없이 이런 말을 한다. "제 경우도 다르지 않았어요. 고통의 시작이랄까? 정말 끔찍하더군요. 제 어머니도 당신 어머니처럼 알츠하이머에다가 심지어 파킨슨병까지 앓았으니까요!" 다른 사람도 같은 아픔을 겪는다는 사실이 위로가 될 수는 있다. 그러나 상대의 이런 반응은 내 말을 진지하게 듣지 않았다는 모욕감을 줄 뿐이다. "아니, 그게 아니고요. 제 어머니는 알츠하이머병만 앓으셨어요."

혹시 상대가 자극적인 이야기를 듣는 것을 즐겨서 우리가 말하고 싶은 욕구를 자신의 만족을 위해 이용하는 것은 아닐까? "맙소사, 그나마 저는 다행이군요." 신문의 가십 기사나 들먹이며 왕족도 그런 일을 겪더라고 시답잖은 위로의 말을 늘어놓는 사람도 있다. "허, 그래요? 남편은 뭐래요? 어머니는? 직장 상사는? 거참, 믿을 수가 없네!"

상대가 계속해서 특정 질문을 물고 늘어진다면 정말 나를 걱정해 질문하는 것인지, 다른 의도가 있는 게 아닌지 살펴야 한다. 이런 질문은 문제 해결에 도움을 주지 않으며, 오히려 우리를 아픔과 좋지 않은 기분으로 되돌려놓을 뿐이다. 내게 상담을 받았던 나디아는 남편이 바람을 피워 이혼하게 된 것을 가지고 꼬치꼬치 캐묻던 친구의 이야기를 들려주었다. 나디아는 그 문제라면 더 말하고 싶지 않았지만, 자신의 처지를 안타까워해주는 친구에게 그만하라는 말을 하기가 힘들었다고 털어놓았다. 그녀의 친구는 이런 상황에서 도움을 줄 좋은 대화 상대가 아니다.

안드레아스는 전 직장 동료가 불편하다고 하소연했다. 동료는 자신을 무자비하게 해고한 사장을 '갑질'이나 일삼는 돼먹지 못한 인간이라고 끝없이 불평을 늘어놓았다. 안드레아스는 자신도 해고당하기는 했지만 그 사장 이야기라면 더 하고 싶지 않았다. 그럼에도 동료는 끝없이 안드레아스에게 아픔을 상기시켰다. 이 동료 역시 부적절한 대화 상대다.

틀린 말을 하는 것은 아니지만 그렇다고 해서 진심에서 우러나는 도움을 주지 않는 대화 상대도 있다. "직장을 잃은 건 기회일 수 있어.""병은 긍정적인 마음가짐만으로도 나을 수 있어.""흔들리는 결혼 생활이라도 배우자에게 관심을 보여주고 친근하게 대하면 다시 봉합될 수 있어.""뭘 그런 걸 가지고 그래? 자네는 그래도 잘 지내잖아!" 이런 식의 말을 늘어놓는 대화 상대는 그저 상투적인 태도로 대화에 임할 뿐, 진심으로 당사자의 처지를 헤아려주지 않는다. "위기란 없는 거야. 네가 태도만 올바르게 가지면 돼." 이런 하나 마나 한 소리는 절대 도움이 되지 않는다.

이런 대화 상대는 말을 하면서도 생각할 수 있다는 것 빼고는 아무런 도움을 주지 않는다. 이런 대화는 깨달음과 에너지를 선물하기는커녕 시간과 힘만 잡아먹을 뿐이다.

이정표 23 좋은 대화 상대의 활용법

흥미로운 이야기에만 관심을 갖지 않고 좋은 질문을 던질 수 있는 사람, 자신의 이야기를 하기보다는 경청하는 자세로 상대를 걱정해줄 수 있는 사람을 찾자. 지금 힘들어하는 문제에 구체적인 경험을 갖고 있어서 좋은 충고와 실질적인 정보를 줄 수 있는 사람이 적절한 대화 상대다. 사안을 잘 알지 못하는 가까운 친구가 선의로 해주는 충고보다 자신을 잘 알지 못하는 타인의 충고가 많은 경우 실질적인 도움을 준다. 타인이라고 두려워할 필요는 없다! 충고를 받아들일지 말지 판단하는 것은 결국 우리 자신의 몫이다.

특히 강조하고 싶은 것은 코치, 변호사, 의사, 상담가 등 해당 분야의 전문가가 좋은 대화 상대라는 점이다. 이들은 각자의 전문 지식으로 실질적인 도움을 준다. 물론 이런 도움에는 그에 상응하는 대가를 지불해야 하지만 그만큼 빠르게 문제를 풀 수 있다.

이정표 24 당장 해결되지 않더라도 대화하라

아마도 쉽게 직접적인 결과를 낳지 않을 수많은 대화를 하게 될 것이다. 그렇다 할지라도 이 대화들은 생각을 가다듬으며 정보를 취합하고 선택지를 검토하며 인맥을 다질 수 있게 해준다. 이런 인맥은 나중에 귀히 쓰일 수 있다. 말하자면 이런 인맥은 우리 문제의 연구개발 부서다. 숱한 대화를 나누며 모색하고 구축하면서 힘들어하거나 낙담하지 말자. 결국 모든 좋은 대화는 새로운 인생을 세울 귀중한 건축 자재다.

새로운 의미 부여를
통해 회복하기

이 단계는 일종의 중간 정거장이다. 우리는 이미 출발했다. 과거의 낡은 삶, 낡은 신분으로부터 멀어졌다. 마치 아무 일도 없던 것처럼 되돌아가는 일은 있을 수 없다. 그러나 일반적으로 우리가 그리는 새로운 인생은 그저 스케치로만 모습을 드러낸다. 우리는 숱한 스케치들을 버려가며 단계적으로 구상을 다듬는다. 아직 많은 것이 그려지지 않았으며 향방이 불분명하다. 이런 불확실함을 버텨내야만 한다. 우리는 거듭 발판을 다져가면서 방향을 잡고, 변혁이라는 아주 특별한 길을 걸어갈 용기를 내야 한다.

"행복이 아니라 의미를 찾아라!" 행복 찾기를 주제로 책을 쓴 심리학자 만프레트 뤼츠^{Manfred Lütz}나 베를린의 철학자 빌헬름 슈미트^{Wilhelm Schmidt} 같은 많은 저자들이 강조하는 핵심 메시지다.* 이 메시지에 따르면 행복은 만들어지지 않는다. 행복은 의지나 의식적 행동의 결과물이 아니다.

이정표 25 의미를 찾아라

대다수 사람들은 중년에 새로운 의미를 찾는다. 많은 경우 처음으로 고개를 드는 의문은 의미가 자신의 인생에서 무엇을 뜻해야만 하는가다. 이 의문만 가지고도 책 한 권은 너끈히 쓰고도 남으리라. 또 썼다고 해도 이 주제를 다룬 첫 번째 책은 틀림없이 아니다.

지난 수 세기 동안 이 의미 문제는 끊임없는 토론의 주제였다. 이런 토론은 활발한 게 당연하며, 바로 그렇기에 "네게 의미란 뭐야? 너는 무엇이 중요하니?"라는 질문에 누구나 만족할 만한 보편적인 답도 없다. 이 질문은 어른으로 지구상에서 20~25년 정도 헤매본 사람에겐 정말 절박한 것이다. 우리는 중년에 누구나 의미 충만함과 무의미함을 경험하며 이 두 가지를 구분하는 법을 배운다. 많은 사람들은 중년에 무의미한 일을 지나칠 정도로 겪는 탓에 젊은 시절보다 더욱 예민해진다. 땀 흘려 노력해온 것이 과연 그만한 의미를 갖는지 짙은 회의를 지울 수 없기 때문이

---

* 만프레트 뤼츠는 심리학자이자 정신과 전문의, 신학자로 1954년에 독일에서 태어났다. 인생의 문제를 성찰하는 책들을 주로 썼다. 빌헬름 슈미트는 철학자로 1946년에 독일에서 태어났다. 베를린 자유대학교 교수로 일하면서 대중적으로 철학을 다룬 많은 책을 펴냈다.

다. 중년이 겪는 불안함과 허무함이 달리 생겨나는 게 아니다. 또 바로 그래서 우리는 새로운 길을 찾아 변혁을 시도한다. 그래서 좋기도 하다.

49세의 카르스텐은 이렇게 말했다. "저는 정신적 교감을 나누며 결속을 다지고 서로 흔쾌히 교류할 수 있는 대화, 영혼이 기뻐할 대화가 의미 있다고 생각합니다. 최근 친구들과 가진 술자리는 정말 실망스럽더군요. 그들은 지루하기 짝이 없는 대화, '누가 더 잘났나?' 하는 늘 똑같은 게임을 벌이더군요. 인생의 모든 것을 비교하면서 누가 더 많이 벌고 더 멋진 자동차를 굴리는지, 누가 더 예쁜 아내를 가졌는지 뻐기는 것은 진짜 끔찍했어요. 그런 대화는 교묘하게 편을 가르고 따돌리며 어떻게든 상대의 기를 죽이려고 하죠. 이런 걸 두고 의미 있는 대화라고 할 순 없습니다. 그럼에도 이런 무의미한 대화는 드물지 않아요. 대개 남자들은 직업이나 사업, 축구를 대화 소재로 삼고 여자들은 아이들 이야기를 할 뿐이죠. 여자들도 직업을 가졌으면서 그런 걸 보면 참 묘하다는 기분이 듭니다. 그것도 요즘 시대에 말이죠! 그저 하품만 나올 뿐이에요."

44세의 제니는 이런 말을 했다. "몸과 자연을 느끼는 시간이 제게는 의미가 충만한 순간이에요. 그리고 아이들과 함께 보내는 즐거운 시간이 그렇죠. 아이들의 눈높이에 맞추는 일은 정말 즐거워요. 저는 이런 것을 '인생의 기쁨'이라 부르고 싶어요. 주변에서 번잡하게 튀려고 하는 허튼짓과는 되도록 거리를 두려고 하죠."

49세의 아냐는 이렇게 말했다. "제게 의미란 제 직업인 의사 역할을 충실히 하는 거예요. 저는 사람들을 치유하고 도움을 주고 싶어요. 또 아이들과 함께하며 무엇이든 가르쳐주고 싶고요. 의미란 중요한 정의를 실현하기 위해 변화를 일으키는 거예요. 그리고 아름다운 것을 만들어냄을 뜻하죠."

46세의 타냐는 의미를 이렇게 풀었다. "제게 의미는 사람들에게 사회적 책임을 환기시키는 겁니다. 건강한 시민사회를 이루자고 사람들에게 호소하는 것이죠. 그러자면 단체나 프로젝트, 기부 활동에 활발히 참여해야 해요. 이런 사회적 책임은 오늘날 그 어느 때보다도 중요해졌습니다."

52세의 저널리스트 마티아스 도브린스키Matthias Dobrinski는《쥐트도이체 차이퉁Süddeutsche Zeitung》*에 기고한 글에서 의미 탐색을 두고 다음과 같이 설명했다. "의미는 자신의 이해관계에만 충실한 태도를 넘어 공동체에 책임감을 느끼는 태도를 뜻한다. 오로지 자신의 행복만 추구하는 사람은 이웃을 진정으로 사랑할 수 없으며 아이들을 교육하고 노인을 봉양하지 못한다. 그런 사람은 세계문학을 쓰거나 의약품을 개발할 수 없다. 의미 탐색을 위해 노력하는 사람은 이 모든 것을 할 수 있다. 그러면 불현듯 행복이 찾아온다. 행복은 야생동물과 같아서 사로잡아 길들이거나

---

* 독일 뮌헨에서 1945년에 창간된 일간지로 약 110만 명의 구독자를 가진 정론지. 진보적 성향을 대변하는 신문이다. 프랑크푸르트에서 발간되는《프랑크푸르터 알게마이네 차이퉁(Frankfurter Allgemeine Zeitung)》과 양대 산맥을 이루는 권위지다.

키울 수 없다. 행복은 자유로운 것이며, 그렇지 않은 것은 행복이 아니다."

개인이 갖는 의미의 목록은 끝없이 늘어난다. 그리고 의미는 대단히 개인적이다. 그래서 의미는 아름답기도 하다. 지금 여기서 중년의 내게 의미가 있는 것은 무엇일까? 의미를 빚어내기 위해 내가 기여할 수 있는 재능은 무엇일까? 이런 의미에 나는 내 인생의 어떤 부분을 할애할까? 지금까지보다 더 큰 부분일까? 이렇게 우리는 자문해야 한다.

이정표 26 인내심을 갖고 시간을 들여 자신을 키우자

지금까지 중년의 문제를 가지고 어느 정도 씨름했지만 여전히 상황은 불투명하다. 우리는 차츰 초조해지며 자신에게 불만이 생긴다. 속도 모르고 모든 게 다시 좋아질 거라며 위로를 늘어놓는 친구 때문에 속은 더 터진다. 이혼을 하고 여전히 아픔을 이겨내지 못하고 있는데 친구들은 "어때? 새로운 사람이 생겼어?" 하고 묻는다. 또는 다른 사람에게 나를 소개하며 "얘는 이혼했어." 하고 상대가 묻지도 않았는데 천연덕스럽게 말한다. 대체 무슨 속셈으로 저럴까 의아하고 분통이 터진다. 7개월 전에 이미 직장을 그만두고 자영업으로 독립하겠다고 선언했음에도 친구들은 이제 와서 정말 독립하려는 게 맞느냐고 묻는다. 정말 친구 맞아?

조심하자. 함정이다. 주변의 이런 반응에 신경 쓸 것 없다. 인내심을 가져야 한다. 주변 사람들의 생각에 맞춰 인생을 살아야 하는 것은 아니다. 변화와 변모는 시간을 필요로 한다. 더욱 발전하고 성숙한 면모를 자랑하기 위해 변화와 변모는 시간을 투자할 것을 요구한다. 중요한 것은 우리 자신이 꾸준히 변화를 위해 노력하는 태도다. 변모의 속도를 결정하는 쪽은 어디까지나 우리 자신이다. 다른 모든 것은 친구들, 곧 주변에게 보여주기 위한 겉치레일 뿐이다.

이정표 27 세상을 있는 그대로 받아들이기

쾰른 지방의 속담을 모은 '라인의 기본법' 제1항은 '에트 에스, 비 에트 에스Et es, wie et es(있는 그대로 보라)'이다. 세상일을 주어진 그대로 바라보기까지는 시간이 걸리기 마련이다. 갑작스런 실직, 배우자와의 이별, 가족을 잃은 아픔은 어느 정도 시간이 지나야만 받아들여진다. 되돌리거나 바꿀 수 있는 것은 없다. 이런 것이 인생의 체험을 어렵게 만드는 부분이다. 이런 일을 끝장이라고 여기지 말고('착각 7 내게 그런 일은 일어나지 않을 거야'를 보라) 어떻게 해야 어려움을 극복할 수 있을지에 더 집중한다면 받아들이기가 더 쉬워지지 않을까? 그러면 새 출발도 한결 더 가벼워진 마음으로 시작할 수 있으리라.

세상일이 주어진 그대로이고 바뀌지 않는다는 점을 통찰하려면 우리는 어떤 마음가짐을 가져야만 할까? 파블로 피카소는 이렇게 말했다. "가슴에 푸른 멍이 드는 일이 벌어질 때마다 나는 붉은색으로 그렸다." 한계의 절감, 실망, 변화, 상실을 의연하게 대처할 줄 아는 자세가 필요한 때다. 그러면 자초하지 않은 새로운 상황에 어떻게 대처해야 할까? 붉은색으로 그리기 위해 우리는 무엇을 바꿔야 할까? 지금까지와 똑같은 모티브를 계속 그릴까? 그림처럼 완벽하기만 한 이상을 계속 고집해야 할까? 아니면 전혀 새로운, 아주 독특하고 심지어 훨씬 더 나은 모티브를 찾을까? 그러면 우리의 푸른 멍은 어떻게 해야 할까?

대다수의 상실과 좌절은 처음에는 심각하게 느껴질지라도 그것이 끝을 뜻하지는 않는다. 또 모든 것이 변화 직후의 순간에 주어진 그대로 남거나 남아야만 하는 것도 아니다. 우리가 물어야 할 중요한 질문은 이렇다. '이 상황으로 나는 무엇을 할 것인가?' 주어진 상황을 있는 그대로 받아들이고 이를 새로운 출발점으로 삼아 더욱 생각을 가다듬어 강력한 계획을 짜야 한다.

이정표 *28* 자신의 '회복력 요소'를 확인하라

1970년대부터 논의되기 시작한 심리학 개념인 '회복력', 즉 어려운 상황을 참고 이겨낼 능력을 다룬 책들이 최근 들어 속속 출간되고 있다. 1970년대에 이 개념은 어려운 상황에서도 예상과 달리 잘 성장하고 차곡차곡 발달 단계를 밟는 아이의 심리적 저항력에 초점을 맞췄다. 오늘날에는 매우 폭넓게 적용되고 해석되어, 심지어 기업의 회복력이라는 문제에서도 다뤄진다.

핵심은 위기 상황을 버텨낼 심적인 저항 능력이다. 이런 능력을 키우는 일은 특정 자원에서 이끌어낼 수 있는 요소를 활용할 때 성공한다. 이를테면 특정 활동이나 난국을 이기도록 도와주는 신조, 특정 인물이 그런 요소다.

우리의 회복력 요소에는 어떤 것이 있을까? 무엇이 우리를 어려운 시기에 힘을 심어주어 강하게 만들어줄까? 음악? 좋은 설교? 기도? 차분한 독서? 사우나? 콘서트? 가족과의 식사? 여자친구와의 대화? 자신을 강하게 만들어줄 요소를 찾아 활용하자.

이정표 *29* 중년을 위한 힘을 충전하라

비유해서 말하면, 나의 정원을 꽃으로 가득 채울 수 있는 것은 무엇인가? 내가 힘을 길어 올릴 수 있는 기쁨은 무엇인가? 어디서 나는 사랑과 조화를 누릴 수 있을까? 고요한 가운데 하는 명상, 곧 홀로 있음에서 우리는 창의력을 길어 올릴 수 있다. 멀티태스킹 대신 평온한 가운데 생각을 집중하는 명상으로 바닥난 배터리를 다시 충전할 수 있다.

다음은 내담자들이 한 말 가운데 몇 가지 골라본 것이다.

"다른 사람은 어떨지 몰라도 저는 정원에서 꽃을 돌보는 일이 좋더군요. 남편은 요리를 하면 힘이 생긴다고 하더라고요. 저는 요리는 힘들어요."

"매일 두세 시간 정도 저만의 시간을 가져요. 제가 저의 파트너가 되는 겁니다. 저는 기운을 다시 회복하려면 시간이 필요해요. 방전된 휴대폰을 충전기에 꽂아야 하듯 말이에요."

"저는 주말마다 저 자신을 추스르기 위해 달리기를 해요."

"저는 콘서트에 가요. 음악은 저를 받쳐주죠. 콘서트가 끝나면 저는 다시 새롭게 영혼과 조화를 이룹니다."

"저는 터치해주는 걸 좋아합니다. 그래서 뭔가 고민이 있어 완전히 지쳤을 때 마사지를 받으러 가요. 아무런 요구가 없는 터치가 좋기만 합니다."

저마다 자신에게 맞는 힘의 원천을 찾아 시도해보기 바란다. 주기적으로 이 작은 충전소를 찾아 재충전의 기회를 갖자. 이런 재충전은 아주 중요하다. 우리는 마라톤을 뛰어야 하기 때문이다. 힘을 충전해두어 만전을 기하자.

이정표 30 감사하는 마음으로 재활의 기회를 활용하자

중년에 건강하기만 하다면, 또 신이 허락한다면 아주 많은 시간을 앞에 둘 수 있다! 이는 커다란 행운이며 귀중한 보물이다. 동시에 이 시간은 우리가 지금껏 해온 대로 그냥 단순하게 이어갈 수 없음을 명확히 보여준다. 47세에 직업에 불만이 있는 사람은 시급히 더 성장할 수 있는 다른 기회를 찾아야만 한다. 족히 20년은 더 직업 활동을 해야 한다는 걸 고려하면 이런 노력은 반드시 필요하다. 적극적으로 달려들어 새로운 계획을 다듬지 않는 것은 이성적이지 못한 태도이자 개인의 직업적 행복을 짓밟는 범죄행위이기도 하다. 그러나 바로 이처럼 오랜 시간의 전망 앞에서 많은 사람들이 지레 지친다. 과감히 새로운 시도를 하는 것에 피로감부터 느끼기 때문이다. 하지만 그럴수록 버릴 것은 과감하게 버리고 새로운 목표를 세우기 위해 노력해야 한다.

현재의 상태 또는 잃어버린 직장에 대한 불만과 불안과 불편한 마음은 우리의 인생을 현재에 맞는 궤도로 올려놓을 두 번째 기회를 알아보지 못하게 한다.

이정표 31 아직 끝이 아니며 우리는 필요한 모든 것을 가졌다

우리는 자신이 왜소하고 허약하다고 느낀다. 그러나 우리를 불안하게 만드는 것은 위기, 곧 인격 발달로 나아가는 단계일 뿐 파국은 아니다. 당황할 필요는 전혀 없다. 아직 끝이 아니다. 무엇보다도 이 단계를 돌파하면서 자신 안에 숨겨진 것을 발견하려는 노력이 중요하다. 중년에 도달한 우리는 더 발전하기 위해 필요한 모든 것을 가졌다. 우리의 자원은 경험, 지식, 재능, 경제적 능력, 인맥, 세상이 어떻게 돌아가는지 읽을 줄 아는 능력 등이 있다. 당신은 어떤 것을 덧붙일 수 있는가?

이정표 32 낡은 습관을 버리고 새로운 규율을 세워라

우리는 천천히 새로운 길로 나선다. 조심스럽게 더듬어가며 나아간다. 핵심은 새로운 것의 시도다. 이런 시도는 부분적으로 새로운 행동 방식이나 나쁜 습관과의 작별을 요구한다. 이를테면 옛 애인이 오래전에 보낸 이메일이나 문자 메시지를 잊을 만하면 다시 읽어보는 건 나쁜 습관이다. 옛 직장과 못된 사장을 두고 계속 험담을 늘어놓거나 흥분하는 것도 나쁜 습관이다. 나쁜 줄 잘 알면서도 비만을 부르는 옛 식습관에 다시 빠지는 것도 마찬가지다. 다른 사람보다 더 힘든 시절을 보내고 있다는 이유로 자기 연민에 빠진 나머지 술로 속을 달래는 것도 좋지 않은 습관이다. 객관적으로 봐도 술이나 자기 연민은 문제를 해결할 수 있는 방법이 아니다.

중년의 우리는 젊은 시절보다 이런 나쁜 습관의 해악을 더 잘 안다. 이렇게 본다면 우리는 확실히 성장했다. 젊은 시절에 우리는 낡고 좋지 않은 습관을 고집한다는 것을 알지 못했다. 그러나 이제는 안다. 그런데도 나쁜 습관에서 헤어나지 못한다면, 도대체 왜 그런 것일까?

나쁜 줄 알면서도 끊지 못하는 태도는 일종의 자포자기다. 익숙한 것, 친근한 것을 되풀이하려는 충동은 단기적으로는 이득을 주기도 한다. 화를 풀어주고 아름다운 추억에 기분이 좋아지는 것 따위가 그런 이득이다. 하지만 이런 태도는 장기적인 목표에 해를 끼치며 이 사실도 우리는 알고 있다. 알면서도 행동은 딴판이다. 왜 그럴까?

아직 아픔이 충분하지 않다

아픔의 압력이 아직 충분하지 않다. 그래서 더 나아지기보다 더 열악해지는 쪽으로 상황이 꼬인다. 자신의 행동에 스스로 책임을 져야만 한다는 통찰은 언제나 뒤통수를 때리는 지혜일 따름이다. 책임을 무시하고 낡은 습관에 매달리는 태도는 소중한 시간을 허비하게 만들며 우리의 에너지를 잡아먹는다. 새로운 목표를 향하는 길이 아니라 엉뚱한 곳에서 헤매기 때문이다.

규율이 필요하다

자포자기하는 행동 습관을 깨는 일은 간단하지 않다. 좀 구식이기는 하지만 이런 경우는 규율을 요구한다. 규율이라는 단어는 병영과 군율과 질서라는 울림을 주기에 썩 좋게 들리지 않는다. 규율을 따르는 사람은 마치 기계적인 군인 같은 인상을 불러일으키곤 한다. 그러나 우리는 이 개념의 깊은 뜻을 헤아려 중년의 변혁을 위한 단초로 삼아야 한다.

중년의 중요한 과제는 새로운 질서를, 최소한 부분적으로라도 찾아내고 만들어내는 것이다. 이런 맥락에서 규율은 목표를 의식하고 일관되게 행동함으로써 조금이라도 더 목표에 가까이 가려는 노력을 뜻한다. 중요한 것은 자신의 행동을 스스로 통제할 줄 아는 능력이다. 통제하고자 하는 의지가 규율이라고 할까. 원칙적으로 이런 능력은 누구나 있다. 차이가 있다면 실천에 옮기는 정도가 다르다는 것뿐이다. 아무튼 단기적인 보상에 연연하지 않고 장기적 목표를 추구하는 태도가 중요하다.

규율이라는 단어는 인생의 요구에 맞춰 이를 해결하려는 노력을 아끼지 않는 태도라고 옮길 수 있다. 지금까지와는 다르게 행동하자. 새로운 것을 시도하자. 물론 이런 시도는 옛것에 집착해 끝없이 되풀이하는 것보다 힘들다.

행동 방식과 습관을 바꾼다는 것은 쉽지 않은 일이다. 새로운 것이 새로운 습관으로 자리 잡기까지 연습을 해야만 한다. 이런 맥락에서 스스로 자신을 통제할 줄 아는 자제력은 군대의 교관이 아니라 우리를 도와주는 개척자다. 이런 자제력을 소중히 여기고 키우는 법을 배워야 한다. 사랑도 키워야 진정한 사랑이 되듯이.

이정표 33 자포자기를 거부하자

이정표 32에서 묘사한 것처럼 혹시 다음에 자포자기하는 심정으로 낡은 습관에 매달리는 자신을 보거든 '그래서는 안 돼!' 하고 속으로 외쳐야 한다. 이렇게 낡은 습관에 저항하는 태도가 필요하다. 이를테면 내면의 경고판이랄까. '너는 더 나은 것을 계획했잖아!' 하고 자신과의 약속을 상기시키자.

나아가 옛것에 더 이상 집착하지 않고 새로운 공간을 열어간다는 좋은 기분을 따르는 자세를 가져야 한다.

단계 4

스스로 선택하고
결정한 인생을 살기

피할 수 없이 찾아온 변화, 불투명한 상황의 한복판에서 불안에 시달리다 보면 언제부터인가 새 출발의 조짐이 보이기 시작한다. 심지어 많은 경우 대단히 빠르게 진행된다. 우리는 새 출발을 위해 신발 끈을 질끈 동여매야 한다. 또 이런 순간은 대개 우리가 눈치채지 못하는 가운데 찾아온다. 우리는 무슨 소리를 듣는다. 이게 뭘까 호기심이 발동한다. 의문이 고개를 든다. 의문의 답을 찾으려 책을 읽기 시작한다. 한 치 앞을 볼 수 없던 미래라는 이름의 안개 속에서 새로운 아이디어, 첫 번째 행동의 선택지가 모습을 드러낸다. 우리는 정신 속의 새로운 길을 걷기 시작한다. 만약 이 길이 아니라면?

39세의 말테는 이렇게 말했다. "드디어 나는 터널 끝 빛을 보기 시작했다. 새로운 직업교육을 받으면서 뭔가 새로운 것을 말해줄 수 있는 사람들을 만났다. 이들과 나누는 대화는 예전 직장의 동료들과 나누던 대화, 늘 한자리를 맴돌기만 해서 지치곤 했던 대화와 전혀 달랐다. 나는 완전히 새로운, 따뜻한 감정을 느꼈다. 교육은 새로운 세상을 향해 열린 창이다. 덕분에 나는 계속 버틸 힘을 얻었으며 이 교육이 직업과 더불어 내 인생을 어디로 안내할지 볼 수 있게 되었다."

이정표 34 다양하고도 풍요로운 선택지를 기대하지 말자

이제 우리가 무엇을 원하며 찾는지, 무엇은 아닌지 하는 질문의 답은 점점 명확해진다. 탐색의 초기에 우리는 흔히 이렇게 생각한다. 어디서부터 찾기 시작해야 하며 어떤 기준으로 '이것'이라고 결정해야 할까? 선택할 수 있는 행동의 폭은 그리 넓지 않음을 우리는 나중에 가서야 확인한다.

왜 그럴까? 중년에는 좋다고 여긴 나머지 버리고 싶지 않거나 버릴 수 없는 많은 것이 쌓여 있기 때문이다. 그동안 살아오면서 정이 들어 떠날 수 없는 동네, 지금까지 돈을 벌어 먹고살 수 있는 기반이 되어준 업계가 그런 예다. 그렇지만 이제 분명하고도 중요한 사실은 이렇다. 우리는 충분한 경험을 쌓았으며, 이런 경험을 바탕으로 더 이상 원하지 않는 것이 무엇인지 확실하게 말할 수 있다.

이런 이유로 우리 앞에 놓인 선택지는 생각처럼 다양하지 않다. 고작해야 손가락으로 꼽을 정도밖에 되지 않는다. 하지만 더 많은 것이 필요하지도 않다. 그 대신 새로운 선택지는 그 어느 때보다도 더 좋은 것이다. 지난 시간 동안 고민을 거듭해가며 얻어낸 깨달음이기에 새로운 방향을 잡을 수 있도록 우리를 돕는다. 이제 아주 작은 첫걸음을 떼었을지라도 이 적은 선택지로도 우리는 새 출발의 각오를 불태울 수 있다.

이정표 35 모두의 마음에 드는 길을 고를 수는 없다

자신에게 맞는 길을 찾는 것이 중요하다. 자갈투성이의 거친 길이라면 길을 다지겠다는 각오를 해야 한다.

40세의 안나는 대기업의 안정적인 중간관리자로 일하다 규모가 훨씬 더 작은 컨설팅 기업으로 자리를 옮기기 위해 사표를 던졌다. 기존의 대기업에서는 가능하지 않은 컨설팅 경험을 쌓기 위해서였다. 대기업의 고용주는 좋은 직장을 포기하는 그녀의 선택을 이해하지 못했다. 안나는 이 작은 컨설팅 기업에 오래 머무르지 않았으며, 1년 뒤 이전 대기업보다 훨씬 규모가 더 큰 국제적인 컨설팅 하우스로 스카우트되었다. 계획했던 것은 아니었지만 안나의 선택은 성공적인 컨설턴트로 화려한 경력을 다질 길을 열어주었다.

44세의 마틸다는 이렇게 말했다. "저는 아들을 출산하고 암에 걸렸어요. 그때 제가 정확히 뭘 원하는지 깨달았죠. 저는 제 사업으로 독립하고 싶었습니다. 물론 경제적 위험이 크다는 건 잘 알았죠. 하지만 저는 여성에게 도움을 주는 아름답고 매력적인 건강 상품을 시장에 내놓고 싶었어요. 그동안 쌓은 마케팅 경험이 도움이 될 거라고 확신했죠. 이 결정으로 저는 매우 행복했어요. 사업은 전혀 새로운 거예요. 하지만 첫발은 내디뎠죠!"

이정표 36 어떤 길이든 장점과 단점이 있다

많은 경우 앞으로 어떻게 나아가야 좋을지 간단하게 말하기는 어렵다. "어떤 것이든 장점과 단점이 있다." 나의 내담자들이 자주 하는 말이다. 그렇다. 그 어떤 길도 장점만 있지는 않다. 바로 그래서 우리는 선택할 수 있는 조건들을 명확히 살피고 신중하게 검토해야 한다.

혼자서 하는 생각 워크숍

잠시 혼자서도 해볼 수 있는 생각 워크숍을 소개한다. 다른 사람과의 대화가 어느 정도 도움은 되겠지만 결국 자기반성은 그 무엇으로도, 누구로도 대체될 수 없다. 적절한 대화 상대를 찾는 방법은 '이정표 3 도움과 충고 받기'와 '이정표 23 좋은 대화 상대의 활용법'을 참고하자.

생각 워크숍의 바탕이 되어주는 것은 '착각 1 이제 이룰 만큼 이루었다'에서 다룬 버림과 남음과 새로운 출발이라는 세 가지 이야기다. 이 이야기들은 스스로 묻고 답해야 하는 중요한 질문으로 우리를 이끈다. 이렇게 해서 우리는 단계적으로 자신의 상황에 맞는 올바른 길을 찾는다.

질문의 답을 찾으면서 중요한 것은 인내심이다. 답을 그럴싸하게 표현하는 것이야 어려운 일이 아니지만, 정확한 답은 오랜 생각과 검토를 거쳐야만 나오기 때문이다.

검색창 *1* 무엇을 버릴 것인가

착각 1에서 소개한 이야기에서 알렉산드라는 대가족을 이루는 것이 꿈이었다. 그녀는 38세에 엄마가 되었다가 5년 뒤 사전 경고도 없이 남편으로부터 버림을 받았다. 어느 정도 시간이 흐르고 나서야 비로소 그녀는 자신에게 벌어진 상황을 받아들였다. 원래의 꿈과 너무도 다른 상황이 가슴 아팠지만 그녀는 버리고 내려놓음을 통해 새로운 길을 찾았다.

중년에 새로운 방향을 찾고자 하는 사람은 먼저 뭔가 새로운 것을 찾아내야만 한다는 생각을 한다. 그러나 그러자면 우선 버림과 내려놓음에 해당하는 것이 무엇인지 생각해야 한다.

- 이제 더 이상 맞지 않아 버려야만 하는 것은 무엇인가? 지금까지 좋거나 중요했다고 해서 앞으로도 계속되어야만 하는 것은 아니다.
- 나 자신과 주변과 직업에 품었던 생각 가운데 나를 행복하게 만들어주기는커녕 늘 실망만 안기는 것은 무엇일까?

- 내가 쏟아부은 에너지가 결실을 맺지 못하고 오히려 피곤해지기만 하는 것은 무엇인가? 직업이나 가족, 자신을 둘러싼 정황 가운데 분명 이런 게 숨어 있다. 무엇 또는 누가 나를 지치게 만드는 에너지 탈취범인가?
- 이미 가졌거나 체험해봐서 조금도 아쉬워하지 않고 버릴 수 있는 것은 무엇인가? 계속 붙들고 있기에는 너무 큰 대가를 치러야 하기에 포기하고 싶은 것은 무엇인가? 예를 들면 직업에서 특정 지위나 온갖 이벤트와 힘든 의무로 가득 찬 일정표일 수도 있다. 또 새 도시로 이사를 간다거나 아이를 더 가지고 싶다는 생각일 수도 있다. 누구나 조금만 생각해보면 자신에게 해당하는 특별한 사례를 찾을 수 있다.
- 몇 주나 몇 달 동안 내려두거나 미루는 게 좋은 일은 무엇인가? 또는 실험 삼아 어떤 변화가 일어나는지 살피기 위해 내려놓거나 버릴 것은 무엇인가? 이렇게 하면 뭔가 새로운 것, 짐작하지 못했던 것이 생겨날 수 있다.

어떤 것을 버리거나 내려놓으면 새로운 생각이 들어설 공간을 창출해서 새로운 인생 단계를 맞이하게 해준다.

검색창 2 균형을 위해 남기로 하다

한편으로 우리는 인생의 어떤 부분을 붙들고 남겨놓고 싶은지 물어야 한다.

'남음'이라는 주제를 다룬 착각 1의 일화를 떠올려보자. 베티나는 자신에게 불행한 변화가 일어났음에도 퇴사하지 않고 남아 인내심을 발휘한 덕에 이제는 재무 부서의 책임자가 되었다.

참기 힘든 부정적인 일이 일어났음에도 남기로 하는 결정은 어떻게 내려질까? 언젠가는 분통이 터지지 않을까?

미리 이야기해두자면 장점과 단점의 긴 목록을 만드는 일반적인 방법 그 이상의 것이 필요하다('이정표 48 어려운 결정은 어떻게 내리는가'를 보라).

대개 직장 생활의 어려움은 당사자가 아니라 외부의 예외적인 상황 탓에 빚어진다. 현재 상태에 변화가 있으리라는 공지가 사내 게시판에 걸린다. 새로운 상사, 부서의 합병, 프로젝트 취소나 예산 삭감 따위가 그런 예다. 동료들은 사무실 한구석에 모여 수군거린다. 아마도 충격을 받은 모양이다. 벌써 몇 주째 떠돌던 풍문이 마침내 사실로 확인된 것일 수도 있다. 모든 사람이 속으로 얼마나 오래 이 회사를 다닐 수 있을지, 얼마나 오래 머물렀으면 좋겠는지 가늠하기 바쁘다. 자녀가 얼마나 더 교육을 받아야 하는지도 계산 대상이다. 대체 어찌해야 좋을까? 이들의 머릿속은 혼란스럽기만 하다.

다른 시나리오도 얼마든지 생각할 수 있다. 외적인 계기는 없지만 우리의 내면에서 어떤 불만이 무르익어가며 갈수록 절박해진다. 업무는 이미 오래전부터 아무런 자극을 주지 못한다. 늘 똑같은 대화, 회의, 동료들과의 암투로 진이 빠지는 바람에 직장 생활은 시들하기만 하다. 업계의 하루, 일주일, 1년의 업무는 어김없이 찾아오는 명절처럼 똑같다. 어쩔 수 없어 일은 하지만 지루함은 참을 수 없는 지경이다. 내 실력에 이런 일을 해야만 하는지 회의감은 갈수록 커진다. 더는 이대로 지속될 수 없다는 깨달음이 무르익는다. 몇 달이 흐르면서 이런 감정은 갈수록 커지고 해가 갈수록 굳어진다. 그러나 지금 가는 이 길이 막다른 골목으로 끝날 거라는 생각에 섣불리 행동하지 못한다. 아직 너무 많은 것이 이 길에 달려 있기 때문이다.

세 번째 시나리오는 앞서 살펴본 두 가지의 혼합이다. 벌써 몇 달 전부터 이런 식으로 지속될 수 없다는 점은 너무나 분명해서 우리는 어떤 쪽으로든 결정을 내려야만 한다. 외부로부터 주어진 변화다. 이제 어떻게 할 것인가? 머리는 두통으로 지끈거린다.

그냥 아무것도 하지 않고 현재 상태에 안주하는 것이 첫 번째 선택이다. 가장 먼저 진지하게 고려해야 할 선택지 중에서 꼭 나쁘다고만은 할 수 없는 결정이다. 결정하기에 앞서 다음의 질문들을 살펴보자.

- 그대로 남음으로써 얻는 것은 무엇인가?
- 현재 상황에 안주하면서 벌어질 수 있는 최악의 경우는 무엇인가? 2년 혹은 5년 뒤의 상황이 어떨 것이라고 예상하는가? 이로써 빚어질 결말은 여전히 중요한가, 아니면 무시해도 좋을 수준의 것인가?

- 정말 이렇게 호들갑을 떨어야 하는 일인가? 혹시 동료들의 막연한 불안에 휩쓸린 것은 아닌가?
- 변화가 몰아온 아픔은 실제로 얼마나 큰가? 결국 이런 변화는 얼마나 극적인 결말을 부를까?
- 남기로 결정한 인내심이 시간이 가면 상황을 긍정적으로 바꿔줄 수 있을까?
- 어떤 다른 부담을 덜어야 인내심과 지구력이 예전보다 더 좋아질까?
- 남아야 할 이유는 충분히 수긍할 만하다. 남은 상황에서 우리가 무엇을 어떻게 바꿀 수 있을까?

상황이 불투명할수록 실제 일어나고 있는 변화를 잘 파악할 수 있을 때까지 기다려야 한다. 몇 주 뒤에 다시 이 문제를 생각해보자고 자신과 합의하자.

플랜 B를 마련하라

우리의 성격과 실제로 받는 압력에 따라 조금씩 차이는 있겠지만, 늦든 빠르든 플랜 B는 가동되어야만 한다. 남겠다는 선택지를 대안으로 받아들이려면 플랜 B는 반드시 필요하다. 달리 선택할 것이 없어 남기로 한 결심이 결정이라고 하기도 힘들다면

모를까. 그렇다면 남음에 다른 대안은 없다. 참으로 안타까운 상황이다.

그러나 대개 플랜 B는 적극적으로 원하고 찾아야만 구할 수 있다. 심지어 지어내야 하는 경우도 드물지 않다. 물론 이미 이 문제를 충분히 생각한 끝에 플랜 B가 나왔다면 더할 나위 없이 좋다. 또는 외부적으로 다른 대안이 주어져도 좋다. 중년의 플랜 B는 아주 까다로운 사안이며 30대 초반과는 전혀 다른 기준을 만족시켜야만 한다. 즉, 중년에 이르기까지 땀 흘려 구축한 것을 되도록 살려낼 조건들이어야 한다.

- 내가 생각하는 플랜 B의 내용은 무엇이며, 그 구체적 과제는 어떤 것인가?
- 플랜 B는 경제적으로 무엇을 의미하는가?
- 나는 플랜 B로 (마찬가지로 직업 활동을 하는) 배우자에게 어떤 부담을 안기는가?
- 나는 플랜 B로 (아직 사춘기일 수도 있는) 자녀에게 어떤 부담을 안기는가?
- 병약해진 부모를 돌볼 시간은 충분한가?

내 경험으로 미루어 보면 중년에 직업을 위해 플랜 B를 스케치해두는 일은 반드시 필요하다. 준비는 아무리 해도 부족한 법이다(더 자세한 것은 '착각 8 직장은 너를 소중히 여길 거야'를 보라). 플랜 B는 대안을 최소한 머릿속으로라도 탐색하면서 이 대안이 들어설 문을 활짝 열어주는 것이다. 현재의 직장 생활에서 무슨 트집을 잡자거나 공연히 걱정하라는 말이 아니다. 핵심은 대안을 생각할 수 있는 자유다.

플랜 B는 다양한 기능을 가진다. 이것은 플랜 A가 좌초할 때 우리를 받아줄 안전망이다. 또한 변화한 상황에서 플랜 A를 정확히 판단할 일종의 척도다. 플랜 B는 만약의 경우를 대비한 대안의 초안이다. 플랜 B가 없다면 변화의 상황에서 남는 것은 실제로 피할 수 없는 선택이다. 두 손이 묶인 것 같은 이런 선택을 누가 원할까?

검색창 3 새로운 출발

처음 볼 때보다는 '남음'에 더 많은 보물이 숨겨져 있는 경우가 드물지는 않다. 그러나 많은 경우 그래도 남음은 대안이 아니다. 그렇다면 새 출발은 피할 수 없다.

생각의 틀을 바꾸는 것을 주제로 한 착각 1에서 마르크는 오랜 세월 동안 일해온 직장을 과감히 버리고 업계를 바꿔 새 출발을 시도했다. 그는 자신을 힘들게 한 것이 조직이라는 틀이었음을 절감했다. 그래서 과감하게 뛰어들어 자신의 전문성을 살려 창업하는 선택을 했다.

현명한 선택을 위한 검토 매트릭스

떠날 것인가, 남을 것인가? 어느 쪽이 현명한 선택일지는 대안인 플랜 B가 있을 때만 알 수 있다. 현실적인 대안, 예를 들어 아예 직종을 바꿔 새 직업을 찾는다거나 최소한 머릿속으로 대안을 찾는 스케치가 플랜 B다.

이런 스케치는 다음 도식과 같이 정리할 수 있다.

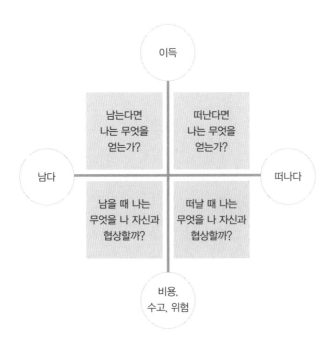

각각의 질문은 그 후속 질문을 이끈다. 다음은 간단하지만 적절한 체크리스트다.

- 떠난다면 나는 무엇을 얻는가?
- 새로운 과제, 새로운 지위의 매력은 정확히 무엇인가?
- 남느냐, 떠나느냐를 가름할 기준은 연봉인가? 경제적으로 확실히 나아진 연봉인가? 연봉은 선택이 가져올 단점을 상쇄해줄 정도로 충분한가?
- 바꾸기로 한 결정이 남는 결정에 비해 내 인생에 더 많은 결정권과 성장 가능성을 선물하는가?

나 자신과 무엇을 협상해야 하는가

옛것을 정리하고 새것을 취하는 변화를 꾀할 때 여기에 들이는 에너지와 수고, 위험과 실질적 비용을 생각하지 않을 수 없다. 변화는 항상 그에 맞는 가격표가 있기 마련이다.

- 변화는 분명 손해를 끼치는 측면이 있다. 새 직장은 미지의 영토이며, 인맥도 구축되지 않았고, 일이 쉽게 풀릴 자신의 평판도 없는 곳이다. 말 그대로 제로에서 출발하는 것이 새 직장이다. 초기에 가진 열정이 빠르게 식을 수 있다.
- 새로운 과제와 직면한 첫해에는 그 어느 때보다도 많은 일거리가 기다린다. 우선 새 환경에 적응하는 데도 시간이 걸린다. 내부의 새로운 인맥은 이제부터 구축해야 하고, 고객

과의 접촉도 새롭게 시도해야 한다. 숙련된 솜씨로 가볍게 처리할 일은 어느 곳에도 없다. 무엇보다도 자신의 실력을 입증해야만 새 환경은 마음의 문을 연다. 110퍼센트 열의와 성의를 보여야만 하며, 이런 기대는 분명히 존재한다.

- 옛 직장에서 누렸던 시간적인 자유와 업무에서의 자율권은 옛 직장의 출입증 반납과 함께 사라진다. 이런 것은 새롭게 다지거나 투쟁해야만 얻을 수 있다.

- 지금까지는 성공적이었다 할지라도 새로운 조직에서 좌초할 지뢰는 곳곳에 널려 있다. 업무의 성격, 팀워크, 권력 관계, 어느 것 하나 쉽지 않다. 새로운 시장 또는 고객은 잘 알지 못하거나 처음 짐작했던 것과 다르게 반응한다.

- 변화가 초래하는 수고는 어떻게 감당할까? 이를테면 이사와 맞물린 각종 문제는 누가 어떻게 해결할까? 새집, 새 학교, 새로운 의사, 아이들의 새 친구, 새로운 계좌, 새 전력공급자, 새로운 친구들 등. 변화의 목록은 끝이 없다. 이처럼 중년의 인생이 고려해야 할 문제는 수천 가지다. 이런 문제는 몇 주 혹은 몇 달에 걸쳐 온 힘을 쏟아부어야만 정리된다. 누가 이걸 해결할까?

- 자녀들 문제도 간단치 않다. 아이들이 부담을 충분히 이겨낼 수 있을까? 환경의 변화가 초래하는 어려움을 이겨낼까? 아주 어리다면 비교적 쉽지만 사춘기 아이는 도대체 어쩔 것인가?

- 변화는 배우자에게 직업적으로나 개인적으로 어떤 영향을 미칠까? 배우자를 위한 검토 매트릭스에는 어떤 질문이 있는가?

남는 쪽을 대안으로 선택하는 경우에도 똑같은 질문에 답할 수 있어야 한다. 대개 떠나기로 한 결정을 뒤집어본 것이 그런 답일 수 있다. 그렇지만 전혀 예상치 못한 독특한 문제도 따라붙는다. 수고를 아끼지 말고 다음 질문들의 답을 찾아보자.

- 남는다면 나는 무엇을 얻는가?
- 남을 때 나는 무엇을 나 자신과 협상할까?

카드에 적어 하나씩 접근하기

이런 질문들을 철저히 곱씹어보는 것은 분명 쉽지 않은 일이다. 나는 그때그때 떠오르는 생각을 반드시 글로 써보라고 권한다. 그래야 생각이 구체적인 모습을 갖추고 답이 어렵지 않게 나오는 것을 발견한다. 생각을 쪽지나 카드에 적어보도록 하자. 그리고 이렇게 정리된 카드를 검토 매트릭스의 해당 분야에 놓아보자. 각 분야에 놓인 카드를 보는 것만으로도 우리는 번쩍이는 아이디어를 떠올릴 수 있다. 이런 매트릭스 작업을 여러 차례 시도해보자. 생각이 갈수록 더 완전해지면서 그동안 막연하기만 했던 감정을 구체적인 단어로 정리할 수 있다.

검토 매트릭스를 살펴보며 지금 자신의 현주소를 점검해보자. 나는 무엇을 알고 있는가? 더 많은 정보와 팩트가 필요한 곳은 어디인가? 정보는 충분히 조사하라. 많은 사람들이 정보를 실제로 확인해보고 놀라곤 한다.

의욕을 잃을 정도로 커 보이기만 했던 문제는 조사를 통해 접근하면 작아진다. 동화책 『짐 크노프와 기관사 루카스』에 등장하는 거인 투르투르가 기억나는가?* 겉보기에 엄청난 몸집을 자랑하는 거인 투르투르는 두려워하지 않고 가까이 다가가면 작아진다. 짐 크노프가 마침내 투르투르와 악수를 하자, 거인은 정말 상냥해진다. 불투명한 문제를 다룰 때도 우리는 같은 효과를 기대할 수 있다. 거대하게만 보이는 문제지만 차근차근 접근해보도록 하자!

사려 깊게 검토된 정보 혹은 충분한 조사를 바탕으로 한 평가가 테이블 위에 놓이면, 이제는 새로운 과제에 따르는 위험이 얼마나 클지 검토할 때다.

- 위험 또는 수고를 최소화하거나, 이득을 확보하거나 더 높일

---

* *Jim Knopf und Lukas, der Lokomotivführer* (1960). 독일 작가 미하엘 엔데(Michael Ende, 1929~1995)가 쓴 작품이다.

수 있는 가능성이 있는가? 예를 들어 새로 취직한 회사는 이사 비용을 일부라도 지원해줄까? 배우자는 직장을 옮기기로 한 결정을 흔쾌히 받아들일까? 이사 가야 할 곳에 친구가 있거나, 최소한 연락을 주고받을 사람이 있는가? 이사를 가면 배우자에게는 어떤 직업적 기회가 열릴까? 아이들은 언제나 대도시에서 살고 싶어 했는데 기꺼이 이사를 가려 할까? 갈증에 시달리는 구간을 이겨내기 위한 경제적 여력은 충분한가? 현재 들어가는 생활비 가운데 어떤 부분을 줄일 수 있을까?

- 변화를 감당하기로 결정한 시점은 적당한가? 지금 아니면 절대 안 되는 시점인가? 나는 지금의 이 행보를 반드시 감행해야 하는가? 이 행보, 예를 들어 자립하기로 한 결정을 몇 년 뒤로 미루고 지금은 준비에 충실한 것이 더 지혜로운 선택이 아닐까?

- 이런 유예의 가능성이 위험과 이득의 평가에 어떤 영향을 주는가? 이런 식으로 차분하게 검토의 2단계로 넘어가자.

어려운 결정은 절대 합리적으로만 내려질 수 없다. 어려운 결정을 내릴 수 있으려면 자신의 가치관을 의식하는 것이 꼭 필요하다('이정표 48 어려운 결정은 어떻게 내리는가'를 참고하라). 가치관은 상황을 포괄적으로 관찰할 수 있도록 도와주는 평가 틀이다. 자신의 가치관으로 상황을 판단하는 것은 합리적 차원을 넘어 감정적으로도 감당할 수 있는 해결책을 찾는 데 도움을 준다. 가치에 기초한 평가는 순전히 합리적인 평가를 말 그대로 갈아엎는다.

가치는 모순된 찬반논쟁을 감정과 어울리도록 정리하게 해준다. 이렇게 정리를 할 때 비로소 무엇을 해야 할지 조화로운 판단이 가능해진다.

- 배우자의 직업적 기회를 나는 어떻게 평가하는가? 배우자가 손해를 감수하고 나를 따라 변화를 감당할 수 있을까?
- 나는 이런 변화로 적지 않은 이득을 본다 해도, 배우자는 실질적인 수고를 감당할 수 있을까? 이런 문제를 우리는 어떻게 서로 합의할 수 있을까?
- 이런 변화로 나는 (비교적 큰) 자녀에게 어떤 부담을 안기는가? 변화 안에 아이들을 위한 기회도 숨어 있을까? 이런 상황을 나는 어떻게 평가하는가? 자녀들은 어떻게 평가하는가? 나는 자녀의 상황과 의견에 어떤 가치(위상)를 부여하는가?
- 서로 다른 도시에 살면서 주말에만 보는 생활을 어떻게 생각하는가?
- 나 자신과 배우자와 가족에게 경제적 안정과 만약의 경우를 대비하는 것은 얼마나 중요한가?
- 나는 중년에 직업에 얼마나 많은 힘을 쓰기 원하며, 가족에게 요구하는 희생의 정도는 얼마인가?

이처럼 가치에 기초한 판단으로 베티나는 남는 쪽이 최선의 선택이라는 결론을 내렸다. 지금껏 일한 뮌헨의 회사에 남기로 한 것이다. 그녀는 남편의 입장을 존중했으며 한참 성장기에 있는 딸에게 다른 도시로 이사하는 부담을 주지 않으려 했다. 거주지와 근무지를 오가는 생활, 가족의 일상을 영위할 수 없는 생활을 그녀는 매력적이라고 여기지 않았다. 또한 새 회사에서 완전히 새로 시작해서 인맥과 평판을 다시 구축하고 회사 생활의 자유를 쟁취해야 하는 과정이 싫었다. 그럴 에너지를 자신과 가족을 위해 쓰고 싶었다. 물론 이따금 속상할 일이 없지는 않겠지만 말이다.

남는다는 것이 그저 현재의 상황을 고집하고 모든 희생을 감수함을 뜻하지는 않는다. 예나 지금이나 자신의 희망과 계획에 충실하면서 그 실현을 위해 꾸준히 노력하는 것을 뜻한다.

다음 질문들은 남음의 대안을 더욱 매력적으로 만들어주는 것들이다.

- 현재의 상황에서 나는 무엇을 개선할 수 있는가? 남기로 했을지라도 더 나아질 수 있는 것은 무엇인가? 또는 남기로 했기 때문에 더 나아질 수 있는 것은 무엇인가?
- 나는 (고려한) 대안에서 어떤 매력을 느끼는가? 이 대안을 포기하고 남기로 결정했음에도 이런 매력적 요소를 현재의 상황에 어떻게 살려낼까?

- 고용주, 배우자, 가족과 지금 협상해야 할 것은 정확히 무엇인가? 더 많은 연봉, 나 자신과 가족을 위해 쓸 수 있는 시간적 여유, 이를테면 늘 꿈꿔온 해외여행을 위한 안식년이나 업무 처리를 더 확실하게 해줄 교육 프로그램, 새로운 배움 등이 그런 협상의 대상일 수 있다.
- 남기로 한 결정을 더 매력적으로 만들기 위해 내가 할 수 있는 일은 무엇인가?
- 남음은 내게 무슨 혜택을 주는가? 이런 결정의 긍정적 효과는 무엇인가? 예를 들어 기존 인맥의 활용, 익히 아는 분야가 주는 안정감, 경제적 강점, 그동안 힘들게 얻어낸 자유, 연속적인 여유와 평온이 그런 긍정적 효과에 해당한다.
- 다른 대안을 일정 기간 동안 미뤄두기로 했다고 가정해보자. 나는 남아서 보내는 시간을 어떻게 해야 의미 있게 활용할까? 자영업을 준비하기 위한 보충 교육을 받을까? 새로운 직업 인맥을 다지는 노력을 해야 할까?

이정표 37 자발적 적극성은 자유를 선물한다

중년의 모든 변화가 강제로 일어나는 것만은 아니다. 오히려 나와 이야기를 나눈 많은 사람들은 뭔가 변화가 있어야만 한다는 내면의 불안이 컸다고 했다. 바로 그래서 이들은 자발적인 변화를 택했다. 주어진 상황을 있는 그대로 받아들이는 자유를 선택한 것이다. 그렇지만 상황을 다시금 새롭게 평가하고 아마도 지금까지와 다르게 생각할 필요가 언젠가 찾아온다고도 믿었다. 내가 보기에는 막연히 기다릴 게 아니라, 자신의 불안을 진지하게 받아들여 성장의 엔진으로 삼는 것이 현명한 선택이다.

이정표 38 변화를 받아들이지 못하게 막는 것은 무엇인가

변화를 적극적으로 주도하지 못하게 만드는 요인으로는 다음 세 가지가 있다.

자신이 아직 너무 젊다고 여긴다

젊음은 '아직 경험이 충분치 못하다' 또는 '아직 아는 게 부족하다'는 특성 또한 가진다. 우리는 자신의 능력을 과소평가하며 특정 단계로 가기 위한 경험과 노하우를 가지고 있음에도 변화에 성큼 다가서지 못한다. 반대로 이 단계를 감행하는 데 요구되는 것을 부풀린다. 내가 말하고자 하는 것은 건강한 자기비판 능력이 아니라, 자신에게 과도할 정도로 비판적인 나머지 심지어 중년에 이르러서도 자신이 아직 어리고 경험이 부족하며 아는 게 너무 없다고 여기는 태도다. 예를 들어 우리는 교육 X가 부족하다거나 관련 인물 Y를 잘 알지 못하며, 경험 Z가 없다고 움츠린다. 이런 태도는 우리 자신은 물론이고 꿈도 희망도 너무 왜소하게 위축시킨다. 새 출발 지점에 서서 전진하기에는 턱없이 부족한 자신감이다.

기대와 요구가 제동을 건다

우리는 자신이 가진 요구와 기대의 희생자다. 물론 다른 사람이 우리에게 갖는 요구와 기대도 걸림돌이기는 하다. 더욱 음험한 것은 말로 표현되지 않고 속으로 품은 기대와 요구다. 반드시 있어야만 하며, 꼭 이래야 하고, 부족해서는 안 되는 모든 것을 꺼내어보라.

43세의 플로렌티네는 프리랜서 광고 그래픽 디자이너로 항상 고객의 요구에 충실했다. 그녀는 불가능할 정도로 짧은 납품 기일을 맞춰주며 항상 최선을 다했다. 플로렌티네는 고객이 자신의 이런 노력에 맞는 대가를 치러줄 것으로 기대했다. 그러나 그녀는 언제나 금전적으로 곤란에 시달렸고 충분한 대가는 단 한 번도 받지 못했다. 한번은 업계 동료들과 대화를 나누고 나서 자신이 받는 보수가 턱없이 낮다는 것을 확인했다. 분통이 터진 그녀는 더 높은 보수를 요구했고 결국 받아내기도 했다. 플로렌티네는 고객은 물론 자기 자신에게도 화가 났다. "나는 적어도 다른 사람이 받는 것과 같은 보수는 줄 것이라 기대했어! 내가 굳이 요구하지 않아도 고객이 자발적으로 합당한 보수를 주리라고 기대했다고."

39세의 페터는 직장 상사가 자신의 실력을 알아보고 '제때에' 적절한 보상을 주리라고 기대했다. 또 그는 좋은 기회는 '저절로' 온다고 믿었다. 상사 앞에서 자신의 실력을 피력하는 일이 왠지 모르게 창피했던 그는 좋은 자리가 비었다는 소식이 들려도 자발적으로 나서지 않고 하염없이 기다렸다. 좋은 기회가 여러 차례 그를 지나쳐 갔다. 그는 상사에게 막연한 기대를 품고 적극적으로 뭔가 바꾸려는 노력을 전혀 하지 않았다.

49세의 스반테는 이런 말을 했다. "야심이 있는 것이 잘못일 순 없다. 하지만 나는 야심이 갈등을 일으킨다는 것을 배워야만 했다. 야심은 악명을 떨친다. 특히 젊은 여자가 야심이 있는 것을 두고 세상 사람들은 쑥덕거렸다. 그래서 나는 되도록 내 야심을 숨기려 애를 썼다. 예를 들면 시부모에게 내가 무슨 일을 하는지, 실제로 얼마나 대단한 성공을 거두는지 절대 이야기하지 않았다. 시부모는 내게 전혀 다른 기대를 갖고 있기 때문이다. 시부모는 내가 가정을 잘 돌보고 아들, 곧 남편을 잘 내조하기를 원한다. 이런 마당에 내 출세 운운했다가 무슨 일이 벌어질지는 불을 보듯 환하지 않은가. 물론 시부모는 직접 대놓고 요구하지는 않는다. 하지만 내가 일이 많아서 명절 준비를 할 시간이 없다고 하면 표정이 기묘하게 일그러진다. 친구들도 야심을 좋지 않게 듣기는 마찬가지다. 남자에게는 당연하게 여겨지는 출세 이야기를 왜 여자는 그처럼 주저할까. 성공하고 싶다는 희망과 열정을 보인다고 해서 주변이 이상한 눈초리로 바라보는 태도는 견디기 힘들다. 하지만 다른 사람들의 그런 기대를 간단하게 무시할 수도 없다. 맙소사, 나는 이런 게 정말 싫다!"

'기대와 요구'라는 주제는 중년에 이르러 반드시 맞닥뜨려야만 하는 것이다. 변화를 원하는 사람은 자신과 주변의 기대와 요구를 면밀히 살피고 정리해야만 한다. "지금 자네가 가진 것에 만족할 수는 없어?" "그 정도면 충분한데 왜 항상 자네는 더 많은 걸 바라나?" 친구나 배우자, 가족은 이해할 수 없다는 표정을 짓는다. "저 사람은 야심이 너무 커." 마치 무슨 몹쓸 병을 진단하듯 사람들은 중얼거린다. 이런 시선은 새로운 길을 시도하고 출발하는 데 제동을 거는 아름답지 못한 비난이다. 자신이 누구이고 무슨 일을 하는지, 그 누구에게도 용서를 구하거나 사과할 이유는 없지 않은가.

야심은 본래 자신을 더욱 성장시키려는 즐거운 욕구가 아닐까. 다른 사람의 기대에 휘둘려 자신의 소망을 포기하는 것이야말로 어리석은 일이다. 저들의 기대는 그냥 저들의 기대로 내버려두자. "너 자신에게 충실해라. 자신을 지킬 줄 아는 사람이 되어야 한다." 내게 세례를 주었던 목사님이 해준 말이다. 자신의 느낌이나 추구하는 목표를 가지고 용서를 구해야 하는 법은 없다. 자신을 가둔 기대의 틀에서 벗어나자. 자신에게 충실하자. 중년은 그러기에 좋은 시점이다. 무엇을 더 기다리는가?

많은 경우 우리는 자신이 품은 기대 탓에 비틀거리기도 한다. 직장, 자녀, 결혼 생활, 그 모든 것을 혼자서 깔끔하게 해결할 수 있다는 기대를 품는 바람에 오히려 부담에 시달리는 것이다. 파티를 계획하고 손님들을 초대해 요리를 하며 더할 나위 없이 멋진 주인 노릇을 했으면 하는 기대도 마찬가지다. 비키니 몸매나 탄탄한 복근, 계절에 따라 아름답게 장식한 거실, 마라톤을 달리고 싶은 기대를 채우지 못해 우리는 힘들어한다. 그러나 변화를 추구하려면 시간과 힘을 적절하게 써야 한다. 다시 말해 자신이 품은 모든 기대를 만족시킨다는 것은 있을 수 없다. 꼭 필요한 것에 시간과 힘을 집중하면서 하나하나 차근차근 실현해나가는 자세가 중요하다. 내가 보기엔 기대를 적절히 낮춰 잡는 것을 더 쉽게 받아들이는 쪽은 여성이 아니라 남성이다.

이 책을 쓰는 동안 나는 정규직 조직상담가로 일하면서 동시에 내 아들의 거의 모든 문제를 감당해야 했다. 그래서 몇 달 동안 손님이라고는 거의 맞아본 적이 없다. 성탄절을 가족과 함께 보내는 일도 내가 아니라 할머니가 주관했다. 그리고 나는 여름 휴가를 위해 멋진 수영복을 구입했다. 다시 말하면 나는 이 책을 쓰기 위해 나 자신과 다른 사람의 기대와 요구를 선별적으로 정리해서 다뤄야만 했다. 그렇지 않았다면 이 책은 결코 쓰이지 못했으리라.

우리는 잘못된 충성심을 키운다

나 자신과 내가 품은 희망을 늘 미지근하게만 다루는 태도를 버리자. 심지어 완전히 무시하는 일은 혹시 없는가? 자신을 소홀히 다루는 태도는 장기적으로 커다란 아픔을 부른다. 우리는 주목을 받아 마땅한 특별한 인간이다. 남들을 신경 쓰고 그들의 기대에 맞추는 잘못된 충성심은 버려야 마땅하다. 중년은 일종의 갈림길이다. 중년에 자신을 어떻게 보듬느냐에 따라 인생의 성패가 결정된다. 지금이야말로 전력을 다해 자신을 돌볼 순간이다. 자신의 꿈을 활활 불태워보자.

43세의 도로테아는 밝은 성격에 경험이 많은 훌륭한 교사다. 그녀는 학교를 책임지고 이끄는 자리를 제안받고 고민에 빠졌다. 10대가 된 자녀들을 돌볼 시간이 부족해지지 않을까 하는 두려움 때문이다. 그렇지만 이번 기회를 놓치고 싶지 않은 마음도 간절했다. 필요한 조건은 모두 갖추었으며, 또 제안도 받지 않았는가. 도로테아는 거의 거절할 생각이었다가 막판에 제안을 받아들였다. 거절했다면 그녀의 성장은 막히고 말았으리라.

나와 대화를 나누며 도로테아는 자신이 충실하고자 하는 영역들이 서로 긴장 관계를 이룬다는 사실을 의식하게 되었다. 직업적으로 더 발전했으면 하는 희망과 자녀를 잘 돌볼 수 있을까 하는 의구심이 서로 긴장을 일으킨 것이다. 이처럼 자신이 어떤 문제로 고민하는지 구체적으로 정리하면 대안과 해결책을 찾을 수 있다. 도로테아는 자신의 직업과 자녀 돌보기를 모두 가능하게 해줄 규칙을 가족과 합의할 수 있었다.

이정표 39 손수 만든 감옥에 자신을 가둔 것은 아닌가

변화를 원하면서도 새 출발을 두려워하는 사람은 자신이 만든 감옥 안에 갇혀 있는 것은 아닌지 자문해야 한다. 우리는 흔히 탈출구를 스스로 막아버린다.

다음 질문에 답하면서 정확히 살펴보자.

- 넘어설 수 없다고 여기는 한계가 혹시 스스로 지어낸 것은 아닌가?
- 잘못된 가정과 원칙과 조건으로 손수 만든 감옥은 어떤 모습인가?
- 변화를 거부하게 만드는 현재의 좋은 점, 내심 버릴 수 없어 집착하는 좋은 점은 무엇인지 주의 깊게 살펴보자. 변하지 않는 상황이 가진 긍정적인 점은 무엇인가? 바로 이런 요소가 우리의 발목을 잡는다. 그리고 많은 경우 이런 힘은 목표가 끌어당기는 힘보다 더 강하다.

이정표 40 좋은 임시 대책을 이용하자

중년의 새 출발을 위해서는 곧장 완벽하고 최종적인 해결책을 찾는 대신 임시 대책을 세워보는 것이 도움을 준다. 인생을 떠받드는 틀(직업, 결혼 생활, 부모)이 흔들릴 때 우리는 빨리 보강 공사를 시작해야만 한다. 많은 경우 이런 작업은 대단히 유익하다. 임시 대책은 인생의 낡은 나사를 풀어 새로운 것으로 대체할 시간을 벌어주기 때문이다. 동시에 미래의 인생을 떠받드는 구조물은 어떤 것인지 가늠할 기회도 주어진다. 좋아서 남아야 할 부분은 무엇인가? 어떤 것이 새로 첨가되어야 할까? 나는 어떻게 옛것과 새것을 조화롭게 만들까? 이런 고찰은 즉흥적으로 이뤄지지 않는다. 거듭 부족한 점을 살피면서 생각이 깊어질 시간이 필요하다. 이럴 때 임시 대책은 우리가 자유롭게 헤엄칠 수 있게 돕는다. 일종의 훈련장으로서 과도기를 잘 감당해 새로운 길을 찾을 수 있도록 해준다.

이정표 *41* 탐색하고 시도하자

임시 대책은 탐색의 출발점이다. 우리의 모든 인생 경험과 딱 맞아떨어지는 지혜는 이런 가르침을 준다. 시도를 두려워하지 말고 실천할 때 우리는 단계적으로 나아갈 수 있다.

중년의 변화 문제를 다루는 흥미로운 방법 중 하나로 '수행 누적Effectuation-Ansatz'이라는 것이 있다. 이 방법은 본래 경영학 개념으로, 나는 조직상담가로 일하며 경영학 서적을 읽다가 이 개념을 만났다. 미하엘 파싱바우어Michael Faschingbauer*의 책은 이 수행 누적 개념을 알기 쉽게 설명했다. 나는 이 방법의 핵심이 기업 활동과 관련된 것이기는 하지만 개인의 직업 문제에도 얼마든지 적용할 수 있음을 확인했다. 자신의 인생을 성장시키고자 하는 중년의 탐색은 기획하고 실행하는 기업 경영과 다르지 않다.

수행 누적은 우리의 익숙한 사고방식을 전복시킨다. 우리는 먼저 목표를 세우고 이에 도달하기 위해 필요한 단계를 설정하는 데 익숙해져 있다. 이런 사고방식에 따라 우리는 단계를 밟아나가는 데 필요한 수단을 찾는다. 이를테면 노하우, 돈(자본), 인맥, 공간, 기계 등이 그 수단이다.

---

* 스위스 그라츠에서 경영 컨설팅 회사를 운영한다.

아주 틀렸다고 할 수 없는 사고방식이다. 그러나 수행 누적은 전혀 다르게 접근한다. 먼저 이미 가지고 있는 수단과 방법에 무엇이 있는지 묻는다. 첫 단계에서 기존의 수단과 방법으로 어떤 목표에 도달할 수 있을까? 나는 누구를 아는가? 나는 무엇을 할 수 있는가? 나는 누구인가? 첫 정보나 지원을 얻기 위해 나는 누구와 이야기할 수 있는가? 중요한 것은 자신이 이미 보유한 자원으로 이룰 수 있는 구체적인 첫 목표가 무엇인지 시도하는 태도다. 이것이 첫걸음이다.

그런 다음 수행으로 누적된 성과를 평가하고 다음 단계가 무엇인지 가늠한다. 물론 이 성과는 고작해야 첫 번째 중간 성과다. 그러나 이 성과는 귀중한 정보를 확보해준다. 다시 말해서 우리는 탐색하는 행동으로 무엇인가 배우며 새로운 정보를 얻는다. 이런 방식으로 이미 새로운 길은 모습을 드러낸다. 오랫동안 목표를 가다듬느라 진땀을 흘리는 대신, 수행 누적은 일단 시작할 실마리를 거칠게나마 찾아낸다. 중요한 것은 이런 시도로 이미 변화의 운동이 시작되었다는 점이다. 말하자면 현실적으로 만들어갈 수 있는 것을 차근차근 다듬어가는 것이 수행 누적이다.

변화의 과정에서 예상하지 못한 우연한 요소가 빚어지는 것은 지극히 정상이며 또 그래야 마땅하다. 전혀 생각하지 못한 제안과 맞닥뜨리는 행운은 이런 식으로 주어진다. 이렇게 해서 우리는 완전히 새로운 사업 구상을 얻거나 귀중한 정보를 줄 사람과 만난다.

원인과 결과를 따지는 전형적인 계획과 수행 가운데 어느 것이 더 나은가 따지는 것이 우리의 문제는 아니다. 나는 두 가지를 조합하는 것을 추천하고 싶다. 중요한 것은 충분히 일찌감치 자신이 원하는 목표를 기존의 수단으로 시도해보고 어떤 것이 생겨나는지 살피는 태도다. 이렇게 얻은 정보는 (가까운) 미래의 새로운 목표 설정에 유용하게 쓰일 것이다.

이정표 42 올바른 순간에 심장이 뛰는 프로젝트를 시작하자

사람들은 자신의 심장을 뜨겁게 달구는 일이 무엇인지 대개 정확히 안다. 오래전부터 꿈꿔온 아름다운 이상을 이야기하는 사람의 눈에서는 광채가 난다. 물론 속내를 털어놓기 힘들어하는 경우도 왕왕 있다. 그래도 친절한 미소와 함께 다가가 '인생의 꿈'이 무엇이냐고 물어보면 상대방은 눈빛을 반짝이기 시작한다. 항상 꿈꿔온 일이 뭔가요? 무엇을 했으면 나중에 후회하지 않겠다 싶은가요? 늘 관심을 가져온 주제는요? 생각만 해도 가슴이 뜨거워지는 일은 무엇인가요?

실현되지 못하고 가슴에 담고만 있는 이상과 꿈은 많다. 이런 꿈은 유령처럼 출몰하며 밤잠을 설치게 만든다. 그리고 이런 꿈을 실행하기에 '너무 이른 때'와 '너무 늦은 때'가 있기 마련이다. 그리스 신화에 등장하는 카이로스는 정확한 순간의 신이다. 카이로스는 앞머리는 길고 뒤통수는 대머리인 모습으로 묘사된다. 흔히 말하는 '좋은 기회는 앞머리를 잡아야 한다'는 문장은 카이

로스를 염두에 둔 표현이다.

내가 만나본 많은 중년들은 저마다 속에만 담아둔 꿈이나 프로젝트를 가지고 있었다. '나는 이 꿈을 실현해야만 해'라고 이들은 눈빛으로 말했다. 중년은 이 꿈을 실현에 옮길 '정확한 순간'이다. 꿈에 중년의 시간과 경험과 주의력을 선물한다면 우리는 본격적으로 가슴이 뛰는 새로운 길로 들어설 수 있다.

이정표 43 이상적인 조건을 기다리지 말자

흔히 우리는 '아냐, 지금은 때가 아니야. 조건이 완전히 갖춰질 때까지 더 기다려야 해. 지금은 할 일이 너무 많고 피곤해'라고 생각한다.

물론 지금이 정확한 순간인지 살피는 태도는 필요하다. 그 문제를 다루기에는 몇 주 혹은 몇 달 뒤가 더 적당하지 않을까. 그러나 자신에게 솔직하자. 우리가 바라는 이상적인 때는 절대 찾아오지 않거나, 온다 해도 너무 늦다.

나는 위대한 작가 도리스 레싱Doris Lessing (1919~2013)*의 말을 가슴에 새기곤 한다. "무엇을 하고 싶든 지금 하라. 조건은 언제나 불가능하다."

---

* 영국의 작가. 2007년 최고령의 나이로 노벨문학상을 받았다. 영국령 식민지에서 산 경험을 바탕으로 원주민의 애환을 그린 작품을 주로 썼다.

이정표 44 자신의 가능성은 스스로 만들자

이정표 44는 제목 그대로 자신을 위한 가능성과 기회를 스스로 창출해야 한다는 것이다. 일반적으로 중년의 문제를 싸잡아 해결해주는 표준 해답은 없다. 무엇이 자신에게 맞는지, 또 해야 마땅한 것인지 정장을 맞추듯 우리는 자신의 기회를 만들어내야 한다. 자신의 능력을 키우기 위해 기꺼이 하고 싶은 것은 무엇인가? 어떤 지식, 인맥, 체험이 있었으면 좋겠는가? 적극적인 자세를 가질 때 우리는 좋은 생각을 사냥하고 채집할 수 있다. 기존의 경험과 지식을 바탕으로 새롭게 얻은 생각을 쌓아 올리자. 현재 우리를 가로막는 한계의 벽을 타고 넘어갈 사다리로 자신의 능력을 활용하자.

적극적인 자세로 되도록 일찌감치 내면의 동기를 북돋워주는 것이 좋다. 형편이 피할 수 없는 지경으로 내몰려 변화의 압력이 극도로 높아질 때까지 기다리는 태도는 절대 안 된다. 장기적인 안목으로 기초를 새롭게 다지며 대안을 세워두는 자세가 필요하다. 이런 충고를 나는 30대 중반에 이른 사람들에게 입버릇처럼 말해주곤 한다. 예를 들어 나 자신은 비즈니스 코치라는 일을 전문적으로 하기 4년 전에 이미 해당 교육을 받아두었다. 예술 단체 또는 시민 단체의 회원이나 자원봉사 활동을 하는 중에, 틈날 때마다 받아두는 교육은 중년의 직업 전환에 초석이 되어주지 않을까? 이런 가능성은 개인에 따라 매우 다양하다.

아주 커다란 일을 이루기 위한 새로운 기초는 대개 작은 열정

이다. 자신의 인생을 완전히 뒤엎어 새로운 길을 찾으라는 말이
아니다. 오히려 늘 새로운 측면을 발견하려는 작은 열정으로 자
신의 기회를 키워가는 자세가 큰 변화를 부르는 기폭제다. 새로
움을 받아들이고 새 가능성을 열어가며 새로운 균형을 찾으려는
노력이 중요하다.

디지털 경제의 어떤 경영자는 평소 승마를 즐기다가 승마 치
료사 교육을 받고 이를 부업으로 삼았다. 어느 은행 직원은 수제
초콜릿 과자 만들기에 열정을 느끼고 해당 교육을 받아 작은 가
게를 냈다. 어떤 변호사는 자연을 좋아하는 자신을 발견하고 사
냥 자격증을 취득해 시간이 허락할 때마다 숲을 즐기며 자연과
가까운 생활에 만족하며 지낸다.

이정표 45 위험 요소를 과감하게 돌파하자

지금껏 익숙했던 궤도를 벗어나는 모든 행보는 당연히 위험
요소와 맞물린다. 실패할 위험이 있거나 안전했던 구역을 벗어나
약점과 두려움이 고스란히 노출된다면 누구라도 위축될 것이다.
그러나 좀 더 면밀히 살펴보면 대부분의 위험은 어떤 것인지 파
악할 수 있으며 대처 방안이 있다. 어떻게 하면 위험 요소를 포
착해 뇌관을 제거할 수 있을지 방법을 찾아야 한다.

깊이 생각하지 않고 곧장 모든 것을 포기하고('이정표 2 충분히
생각하지 않고 행동하는 것은 피하자'를 참고하라) 신중하게 차근차
근 접근한다면('이정표 41 탐색하고 시도하자'를 보라) 우리는 위험을

얼마든지 이겨낼 수 있다. 그래서 나는 미래를 정확히 전망하는 일은 어차피 힘든 마당에, 차근차근 작은 행보로 신중하게 나아가는 자세를 추천하고 싶다.

그리고 많은 경우 가장 안전한 방법은 과감하게 위험의 한복판으로 들어가 그 안에 숨은 기회를 찾아내 활용하는 것이다. 아무튼 이런 방법은 새 출발의 첫걸음을 떼게 해준다.

이정표 46 진정한 자유가 치러야 할 대가

자유는 중년들의 희망 목록에서도 맨 위에 자리한다. 자유는 그토록 뜨거운 열망의 대상이지만 중년에 자유를 누리는 일은 정말 힘들다. 우리는 주변 사람들과 맺은 관계로 많은 의무를 감당해야만 한다. 흔히 잘 알아차리지 못하지만 우리는 그물망처럼 서로 얽혀 있고 맞물려 살아갈 수밖에 없다. 동시에 우리는 나이를 먹어가면서 점점 더 커졌다. 언제부터인가 그물망은 성장한 우리를 옥죈다. 숨이 막혀 답답할 지경까지. 그렇기에 우리는 자유와 독립을 소리 높여 외친다.

흔히 우리는 자유와 독립을 전혀 다른 것과 혼동한다. 그래서 짜릿한 자극을 주는 스포츠를 즐기며, 아드레날린을 분출할 자극을 찾아 바람을 피운다. 또 우리는 돈을 많이 버는 것이 자유를 선물한다고 믿는다. 그래서 내키는 대로 비싼 오디오, 자동차, 보석, 여행, 성형수술, 고급 음식에 돈을 펑펑 써댄다. 돈이야 얼마가 들든 중요한 것은 나의 자유로운 결정이라고 생각한다. 모든 소비 결정이 이런 식으로 이뤄진다. 우리는 숨 가쁘게 유행을 따라다닌다. 문제는 이런 식으로는 결코 오래 갈 수 없다는 점이다.

모든 것에는 가격표가 붙는다. 진정한 자유도 상응하는 대가를 요구한다. 그 가격표에는 두려움, 불안함, 이별, 새 출발 등이 적혀 있다.

더 면밀하게 살펴보면 자유에는 다양한 측면이 있다.

중년에 자영업을 택한 52세의 울리히는 독립을 두고 이렇게 말했다. "나는 이제 회사의 내부 규칙에 구속받지 않는 자유를 누린다. 지금 규칙이 무엇인지 정하는 쪽은 고객, 자녀, 아내, 나다. 나는 마침내 상사의 지시로부터 자유로워졌다. 더 이상 부하직원들을 닦달하지 않아도 된다. 승진하기 위해 뛰어넘어야 하는 장벽으로부터도 자유로워졌다. 물론 코앞의 당근으로부터도. 보상이나 인센티브를 주겠다며 선심 쓰는 회장의 전횡으로부터도 자유로워졌다. 물론 독립은 불안을 초래한다. 나는 잘될 거라고 생각했고 처음에는 이토록 불안할지 알지 못했다. 그래도 옛 직장으로 되돌아가고 싶지는 않다."

남편과 갈라선 44세의 비프케는 자유를 얻어 오랜만에 다시 숨을 쉴 수 있어 좋다고 말했다. "나는 드디어 남편의 끊임없는 기대, 요구, 강제, 희망, 문제로부터 자유로워졌다. 걸핏하면 변덕을 부리고 상처를 주며, 못난 짓을 서슴지 않던 그에게서 해방되어 정말 기분이 좋다. 물론 내가 남편에게 가졌던 기대로부터도 자유로워졌다. 옆에 없는 남편, 늘 늦게 귀가하고 아이들에게는 신경조차 쓰지 않는 남편, 우리를 위해 싸우지 않는 남편, 지금 도대체 어디 있는지 단 한 번도 솔직하게 말해주지 않는 남편으로부터 나는 해방되었다. 이혼 이후 나는 그 어느 때보다도 더 자율적이지만 홀로 아이들을 돌봐야만 한다. 내가 정한 테두리 안에서 홀로 모든 것을 해결하는 것이 힘들다. 처음에는 이처럼 갑자기 늘어난 자유를 어찌 다뤄야 좋을지 몰라 난감했다. 그토록 갈망했던 자유임에도 말이다."

자유는 그에 상응하는 대가를 요구한다. 자유로워질수록 스스로 어깨에 걸머져야 하는 책임의 무게도 커진다. 관심과 배려는 오로지 자신이 자신에게 베풀어야 한다. 홀로 있는 외로움을 다룰 방법도 배워야만 한다. 회사를 떠나면서 지위와 명함을 잃어 특정 인물과 자원에 접근할 길도 막힌다. 시장의 중개자가 개인적 관심을 잃어서 그런 게 아니라 특정 지위와 그에 맞물린 자원, 이를테면 예산이나 계약 건수가 사라지기 때문이다.

마찬가지로 독립한 49세의 실비아는 이런 말을 했다. "나는 많은 자유를 얻기는 했지만 활용할 수 있는 자원은 잃고 말았다. 특정 인물, 사건, 여행에 접근할 기회는 확실히 줄어들었다. 이런 기회는 지금까지 내가 가졌던 지위, 계약을 위탁할 잠재적 고객으로서의 내 역할과 맞물린 것이다. 이런 상황에 내가 할 수 있는 것은 많지 않다. 특정 이벤트와 초대가 아쉽지는 않다. 그렇지만 따돌림을 받는다는 느낌은 지우기 힘들다. 이제 나는 당시 공동체의 일원이 아니라 구경꾼이 되고 말았다. 그렇지만 나는 스스로 이렇게 묻곤 한다. 이 공동체가 어떤 점에서 내게 중요한가? 공동체의 무엇이 나를 행복하게 만드는가? 공동체가 도대체 그런 행복을 주기는 할까?"

실직한 44세의 마르티나는 이렇게 말했다. "어쩔 수 없이 직장을 잃는 경험은 한동안 나를 두려움으로부터 해방시켰다. 왜? 이제 나는 내 능력과 자원을 더 잘 알기 때문이다. 나는 안전이라는 것이 그리스 신화에 나오는 키마이라* 같아서 늘 꽁무니만 따라다닐 뿐 붙잡을 수 없음을 이해했다. 나는 지금까지의 경험으로 미루어 직업 안팎의 위기에 잘 대처해왔다고 자부한다. 위기는 나를 강하게 키웠다. 나는 위기를 겪을 때마다 성장했다. 나는 누구도 안전의 품 안에 안주할 수 없음을 깨달았다. 생각해보면 부모, 조부모, 증조부모를 비롯한 나의 선조들도 마찬가지였다. 예전에 나는 필요 이상으로 안전에 집착했다. 이제는 두려움에 시달리지 않고 내 힘만으로 안전을 추구한다는 것, 직업이든 남편이든 친구든 이처럼 손수 만든 안전을 서로 나눌 수 있다는 점이 나를 자유롭게 한다."

이정표 47 자신이 선택하고 결정한 인생을 살자

원하지 않았음에도 그냥 일어나는 일, 우리가 마음대로 통제

---

* 그리스 신화에 등장하는 머리가 셋 달린 동물로, 양과 사자와 뱀의 모습을 하고 있으면서 입으로는 불을 내뿜는다. 사람들을 괴롭히다 페가소스와 벨레로폰에게 처단되었다.

할 수 없는 일은 논외로 한다면 사실 우리는 매일 내리는 결정으로 선택한 인생을 산다. 소소하든 중요하든 많은 결정이 지금의 인생을 살게 했다. 이렇게 자신의 선택으로 결정한 인생, 이것이 우리의 인생이다. 어떤 것은 거부하고 어떤 것은 찬성한 결정의 결과물이 현재 우리 인생이다.

이를 거꾸로 뒤집어보면 뭔가 인생의 변화가 일어나기를 원한다면 우리는 예전과 다르게, 더 잘, 더욱 적절하게, 보다 더 집중하거나 새롭게 결정하는 법을 배워야만 한다. 분명한 이야기이기는 하지만 우리는 결정을 다른 사람이나 정황에, 이를테면 사장이나 배우자나 돈이 있고 없음 따위에 미뤄왔다. 아니면 어떤 변화도 일어나지 않기를 바랐다. 중년에 무력한 상황이 빚어지는 원인은 내려야만 하는 결정을 내리지 않았다는 것이다. 물론 현재 상태를 그대로 받아들이는 것 역시 결정이기는 하다. 그러나 이런 결정이 '나는 확신이 있기 때문에 지금 있는 그대로 받아들일 거야'라는, 충분히 생각하고 내린 결정은 아니다. 오히려 아무런 열정과 진정한 확신이 없이 마지못해, 싱겁게 내린 허약한 결정이다. 본래 어떤 변화가 있어야만 한다는 느낌은 분명한 신호를 보내기 마련이다.

'너는 너 자신이 결정한 바로 그 사람이다'라는 말은 현재의 상태를 감당할 책임이 다른 누구도 아닌 자신에게 있다는 뜻이다. 물론 이런 책임을 스스로 감당하는 것이 책임을 다른 사람에게 떠넘기는 것보다 불편하기는 하다. 그러나 다른 한편으로 원하고 결정하기만 한다면 스스로 작동시킬 스위치를 손에 쥐고 있다는 깨달음은 매우 신선한 기분을 선사한다.

이정표 48 **어려운 결정은 어떻게 내리는가**

체크리스트를 만들어 각 항목이 가진 장점과 단점을 비교해 결정을 내리는 일은 초보자가 하는 것이다. 얼마나 자주 그런 것을 만들어봤는가? 장점과 단점의 목록은 얼마나 길게 늘어나는가? 초등학생 때 아버지는 내게 이런 체크리스트를 만드는 것을 가르쳐주었다. 아버지의 직업은 엔지니어였다. 아버지는 늘 이런 식으로 균형 잡힌 결론을 얻어내려 했다. 이를테면 어떤 항목에는 2점을, 다른 항목에는 1점을 매기는 식으로 체크리스트를 만들었다. 그런데 어떤 항목에 더 점수를 줘야 할까? 무엇으로 점수를 정해야 할까? "네가 중요하다고 여기는 것이야." 아버지는 말했다. 그러면 뭐가 중요한지 나는 어떻게 알까? 이 질문에 아버지는 이렇게만 말했다. "그건 그냥 아는 거야."

앞서 중요한 질문을 앞에 두고 오로지 가치관의 도움을 받을 때만 좋은 결정을 내릴 수 있음을 살펴봤다. '좋다'는 말은 책임 있는 결정을 내리고 수행할 수 있다는 뜻이다. 중년이 선물하는 기쁨은 무엇이 중요하고 어떤 새로운 가치가 우리에게 중요해졌는지 (천천히) 터득하는 깨달음이다. 직업, 부부 관계, 가족, 친구 등의 문제에서 우리는 자신의 가치관을 정립한다. 인간적으로 중요한 가치는 솔직함, 지성, 정확함, 예의 바름, 부지런함, 성실함,

열정, 기쁨, 유머와 재치, 감성, 세련됨이다.

부부 관계가 지켜야 할 가치는 적당한 긴장 관계를 유지하고 갈등을 다스릴 줄 알며 서로 자유, 자율권, 상호성, 자기 책임감, 의리, 관용, 섹스, 부드러움, 친밀함, 서로 존중하는 거리감, 신뢰, 신선함 등으로 계속 늘어난다.

가족의 경우는 기쁨과 아픔의 공유, 서로 보살피기, 상호 자극을 주고받기, 지원해주기 등이 그런 가치에 해당한다.

직업의 경우는 정직하게 돈을 벌며 경력을 키우고 잠재력을 활용하며, 친절한 동료와 뭔가 의미 있는 일을 하려 노력하는 좋은 상사를 만나는 것이 중요한 가치다.

그러면 이런 가치들로 우리는 어떤 결정을 내려야 좋을까? 앞서 말했듯이 아버지의 체크리스트는 초보자를 위한 것이다. 일단 우리는 리스트를 만들어 선택지들을 냉철하게 저울질해야 한다. 이 선택지의 강점은 무엇인가? 약점은 무엇인가? 강점과 약점은 어떻게 균형을 맞출까?

이제 문제는 어려워지기 시작한다. 지금 상황에서 내게 중요한 가치는 무엇인가? 가치 사이의 위계질서는? 내가 중시하는 가치에 비추어 나는 선택지 목록을 어떻게 평가해야 할까? 두 가치 사이에 빚어지는 긴장은 어떻게 해결할까(예를 들어 경제적 안정이냐, 직업적 자유냐 사이의 긴장 관계는)?

아주 중요한 사실은 자신이 원하는 것이 무엇인지 정확히 알때만 각각의 대안이 구체적인 실천 방안을 얻는다는 점이다. 어떤 대안을 내 가치에 더 잘 맞추려면 나는 무엇을 해야 할까? 예를 하나 들어보자. 파트타임 직업은 수입은 많지 않지만 이와 병행해 프리랜서로 일할 기회를 준다. 나중에 직업적 자유를 누리기 위해서는 수입은 많지 않지만 파트타임 직업은 좋은 선택일수 있다. 창업 자금이 조금 부족하기는 하지만 경제적 위험을 자초하지 않기 위해 예금에 손대지 않는 것은 현명한 결정이다.

이정표 *49* 사람들은 대개 쉬운 결정을 내리는 것도 어려워한다

오래 고민한다고 해서 더 나은 결정이 나오는 게 아니라 고작 늦은 결정이 나올 뿐이다. 더 생각해보는 게 실제로 더 나은 결정을 이끄는지, 아니면 빠른 결정이 좋은 결과를 가져오는지 평가해보자.

또는 탐색하기('이정표 41 탐색하고 시도하자'를 보라)를 선택해 차근차근 자신이 의도한 것이 통하겠다는 확신을 심어주는지 살펴보도록 하자. 쉬워 보이기는 하는데 좀체 마음에 들지 않는 중요한 결정은 미뤄두자. 일단 첫걸음을 떼고 이 첫 경험이 결정을 쉽게 해주는지 살펴보는 자세가 필요하다.

이정표 *50* 작별을 받아들이고 놓아 보내자

44세의 옌스는 한 직장에서 오랫동안 근속했다. 그는 이 회사에서 근무하는 것이 갈수록 짜증스럽고 스스로도 더 발전하기 어려울 것 같다는 느낌에 시달렸다. 그럼에도 경제적 안정과 회사의 평판이 그를 붙들어 맨다. 어떻게 해야 경제적 안정과 평판이라는 집착을 내려놓을 수 있을까?

왜 해를 끼친다는 것을 잘 알면서도 집착하는 것일까? 이 질문은 충분히 곱씹어보는 게 좋다. 당신이 쉽게 버리지 못하고 집착하는 것은 무엇인가?

버리지 않아서 얻는 것이 무엇인지 묻는 태도는 많은 경우 큰도움을 준다. 이것이 겉보기에 불합리한 일일지라도 고집할 만한 좋은 이유가 된다. 어떤 게 그런 일일까? 얻는 것은 더 이상 좋아하지 않거나 자신과 맞지 않는 상황을 고집하고 붙드는 대가이기도 하다. 이런 대가가 정당한지, 어려운 측면을 고집할 이유가 무엇인지 자문하고 분명한 답을 찾도록 하자.

작별은 결코 쉬운 일이 아니다. 작별은 저절로 일어나는 일이 아니기 때문이다. 왜 작별이 어려운지 그 이유는 작별에 이르기까지 거쳐야 하는 세 단계를 살펴보면 분명해진다. 1단계인 감정과 2단계인 상념은 충분히 새겨보고 극복해야만 한다. 이런 감정은 어떤 새로운 것이 찾아올지 분명히 알지 못하는 가운데 생겨나는 변화의 감정이다. 새롭게 찾아올 것이 정말 좋은 것일지 분명하지 않지만, 지금의 상황이 지속되어서는 안 된다는 감정이다. 비움과 변화와 지금까지의 삶을 갈아엎는 일은 익숙하지 않아서, 우리 자신과 지금까지의 인생을 회의의 눈길로 바라보게 만들어서, 미래에 수많은 질문을 던지게 만들어서 쉽지 않은 일이다. 우리는 혼란에 빠져 감정과 상념을 곱씹는다. 그러다 적극적으로 대처하기로 결심하고 새롭고 긍정적인 전환점을 만들어 새로운 계단을 오르기까지는 어느 정도 시간이 걸린다.

작별을 받아들이고 놓아주는 이 3단계의 적극적 대처에 헤르만 헤세Hermann Hesse(1877~1962)는 자신의 유명한 시 「계단」에서 이런 축사를 붙였다. "그러면 좋아, 심장이여 작별을 받아들이고 건강하여라."＊ 짧은 구절의 고전이 핵심을 울린다.

무엇을 아직도 기다리는가

중년의 새 출발은 평지를 걷는 지루한 산책이 아니다. 오히려 내딛는 걸음마다 사정없이 흔들리는 흔들다리와 같다. 또는 강을 건너려 조심스레 발을 옮기는 미끄러운 징검다리다. 어쨌거나 앞으로 펼쳐질 땅은 미지의 땅이다. 이에 이르는 길은 미리 닦인 대로가 아니다. 바로 그래서 어렵지만 동시에 신선한 자극을 주는 길이다.

이 길은 아주 개인적이기도 하다. 어떤 이에게는 짧고, 다른 이

＊ 헤세는 오랜 투병 생활 끝에 철학적 성찰을 담은 시 「계단(Stufen)」(1941)을 썼다. 이 시는 그의 소설 『유리알 유희』(1944)에 수록되었다. 본문에 인용된 구절의 원문은 다음과 같다. "Wohlan denn, Herz, nimm Abschied und gesunde." 국내에는 "그러면 좋아, 마음이여 작별을 고하고 건강하여라"로 번역된 사례가 있다. 그러나 'Abschied nehmen'은 '작별을 고하고'가 아니라 '작별을 받아들임'이라고 해야 정확한 번역이다. 독자들이 참고하도록 원문을 밝혀둔다.

에게는 길기만 하다. 전모를 가늠하기 힘들 정도로 꼬였거나 직선으로 뻗어 있기도 하다. 대개 홀로 걸어야 하는 쓸쓸한 길이며 때로는 사랑하는 사람과 함께 손잡고 걸어야 한다. 이는 곧 진정한 어른으로 거듭나기 위한 변화의 길이다. 놀랄 일도 많고 작별해야 할 것도 적지 않다. 바로 그래서 새 출발이다. 흥분되고 긴장도 되지만 그만큼 불안하기도 하다. 매일 감당해야 하는 일상과 맞물려 있기 때문이다. 그러나 이는 곧 새로움을 발견하고 우리 자신을 성장시킬 소중한 기회다. 우리가 진정 누구인지 발견하고 체험할 기회다. 또 우리가 앞으로 누구일 수 있는지 발견하고 체험하기도 할 기회다.

놓치지 말자. 이 기회를 활용하자.

감사의 말

… 나의 스파링 파트너들에게. 너희와의 교류와 심장에서 우러 나온 너희의 격려가 이 책을 만들었어.

크리스토프 쿠클리크, 당신이 아니었다면 초고조차 쓰지 못했 을 거야.

다니엘 그라프, 베를린 그라프 & 그라프 에이전시의 그는 나를 저자와 텍스트와 출판 세계를 확실하게 안내해주었다.

카트린 블룸, 베를린의 프리랜서 저널리스트인 그녀는 내 원고 를 열심히 읽어주고 글 쓰는 법을 코치해주었다. 너에게 정말 많 이 배웠어, 고마워!

율리아 주코르스키, 로볼트 출판사의 편집자인 그녀는 나에게 동기부여와 지지를 아낌없이 베풀었다.

한나 비레슈, 로볼트 출판사의 홍보 전문가로 거장다운 솜씨를 발휘해준 것에 감사한다.

에바 가르디얀, 비르기트 게브하르트, 크리스티안 포트에게 생각을 나누어 주고 귀중한 의견을 들려주어 감사한 마음을 전한다.

… 나의 인생 스승들, 내 아들 레비, 부모님 루시 가르디얀과 만프레트 가르디얀, 나의 가장 오랜 친구이자 시카고 출신으로 현재 86세인 플로렌스 프렌치, 그리고 함부르크에 사는 나의 코치이자 지도교수인 길라 핵켈에게 감사한다.

마지막으로, 그러나 못지않은 감사의 마음은 이렇다. 코치라는 나의 일은 중년의 문제와 대결하며 미래에 시간을 투자하는 많은 지혜로운 여성과 남성을 만나게 해주었다. 매번 배울 게 많았던 이들과의 만남과 대화에 정말 감사한 마음이다.

… 오랜 세월에 걸쳐 격려와 우정과 강력한 지원으로 나로 하여금 중년을 헤쳐나갈 에너지를 베풀어준 다음 분들에게 감사한다. 시모네 브레히트, 주니바 엥겔브레히트, 카르멘 펠텐, 페트라 펠텐가이징거, 엘렌 폰 가이소, 크리스티나 그로트, 잉그리트 하스, 프라우 홀스트, 안네카트린 카를과 제바스티안 카를, 크리스토프 쿠클리크, 타냐 코스티우크, 카렌 크로세프스키, 톰 라이퍼, 카이 마티센, 게르노트 리히만, 파터 지그프리트, 주자네 슈멜츠와 한스울리히 슈멜츠, 울라 슈타우펜베르크, 쿠르트 벨너, 레기네 벨너, 하랄트 빌렌브로크.

… 남과 북의 내 친구들에게 감사를 전한다. 너희와의 우정, 관심과 교류는 내게 많은 것을 의미해. 너희가 없으면 모든 것이 아무것도 아니야.

같이 읽으면 좋은 청미책 소개

중년 이후의 삶에서 창조성과 의미를 발견하기

새로운 시작을 위한 아티스트 웨이

줄리아 카메론 지음 | 정영수 옮김

이 책에서 제시하는 12주 과정의 목표는 당신 자신을 재정의하고 재창조하면서 당신이 소유하고자 하는 인생을 정의하고 창조하는 것이다. 이 책을 통해 당신의 창조적 꿈과 소망, 그리고 욕구를 탐색하며, 다시 시작하기에 결코 늦지 않았음을 깨닫게 될 것이다.

미국 베스트셀러 | 아마존 베스트셀러

나이듦, 그 편견을 넘어서기

미국은퇴자협회 CEO 조 앤 젠킨스 지음 | 정영수 옮김

나이듦은 매 순간 최고의 인생을 살기 위해 도전적인 새 길을 만들어내는 것이다. 이 책은 나이듦을 두려워할 대상이 아니라 기대할 만한 것으로 받아들이고, 쇠퇴가 아닌 성장으로 인식하게 한다.

그랜마 휘트니를 아십니까?

인생은 더 많은 것들을 준비해두었다

마리아 바이어도라지오 지음 | 김희상 옮김

노년을 바라보는 생각을 물구나무 세우자, 미래를 의식적으로 설계하고 확장하자 등 노년을 부정적으로 바라보는 고정 관념을 허물고 활달하고 자유롭게 인생을 즐기는 방법을 제시한다.

이해인 수녀, 슬라보예 지젝 추천

죽음과 죽어감

엘리자베스 퀴블러 로스 지음 | 이진 옮김

미국 《타임》 선정 20세기 100대 사상가인 엘리자베스 퀴블러 로스의 대표작으로 '죽음의 5단계'를 최초로 소개한 죽음학 연구의 고전. 죽음과 죽어감을 통해 삶과 살아감을 이야기한다.

죽음과 죽어감에 답하다

엘리자베스 퀴블러 로스 지음 | 안진희 옮김

이 책에는 '죽음과 죽어감'에 대해 사람들이 궁금해하는 모든 질문이 총망라되어 있다. 의료진, 환자, 환자의 가족, 언젠가는 사랑하는 사람 또는 자신의 죽음과 대면할 수밖에 없는 모든 사람은 이 책을 통해 '죽음'에 대해 성찰해보는 기회를 가질 것이다.

2020 세종도서 교양 부문 선정

외로움의 철학

라르스 스벤젠 지음 | 이세진 옮김

철학자인 저자는 외로움에 정면으로 달려들어 가장 인간적인 이 감정의 긍정적인 면과 부정적인 면을 모두 살펴본다. 철학, 심리학, 사회과학의 최근 연구 결과들에 의지하여 외로움의 다양한 종류를 살피고 여기에 관련된 사람들의 심리적·사회적 특성들을 검토한다.

슬픔을 어떻게 딛고 일어서는가

모친 상실

에노모토 히로아키 지음 | 박현숙 옮김

애착 대상의 상실에 대한 아픔과 상처를 대면하고, 치유와 회복하는 방법을 논한다. 상실을 통해 인간적인 성장을 이룰 수 있도록 이끄는 상실에 대한 심리 인문서이다.

국립중앙도서관 사서추천도서 선정

체리토마토파이

베로니크 드 뷔르 지음 | 이세진 옮김

주인공 잔은 아흔 살, 외딴 시골 농가에서 혼자 사는 할머니다. 아흔 번째 봄을 맞던 날, 잔은 일기를 쓰기로 결심한다. 일 년 동안의 일기는 노년의 소소한 행복, 인생에서 피할 수 없는 슬픔을 우리에게 고스란히 전하는 한편, 우리도 잔처럼 늙고 싶다는 마음을 불러일으킬 것이다.

『연어』의 저자 안도현 시인 추천!

봄을 찾아 떠난 남자 빛으로의 여행

클라라 마리아 바구스 지음 | 김희상 옮김

어른을 위한 동화인 이 책은 자아 탐색이라는 주제를 독창적으로 풀어낸 수작으로 저마다 다른 주제(행복, 지혜, 평정, 의미, 시간, 자아, 재산 등)를 다루면서 잃어버린 꿈과 기회, 새로운 가능성을 이야기한다.

인간의 영혼에 관한 시적이고 철학적인 소설

영혼의 향기

클라라 마리아 바구스 지음 | 김희상 옮김

젊은 유리 세공사 아비브는 수상한 의사 카민스키에게 50개의 유리병을 만들어 달라는 주문을 받는다. 의사는 죽어가는 사람의 영혼을 훔쳐 자신의 완전한 영혼을 빚어내려는 음험한 모략을 꾸민다. 아비브는 이 모험을 하며 얻은 깨달음으로 인간다움이 무엇인지 깊은 이해에 이른다.

인생, 계획대로 되지 않아

1판 1쇄 인쇄   2020년 11월 6일
1판 1쇄 발행   2020년 11월 16일

지은이   안트예 가르디얀
옮긴이   김희상
펴낸이   이종호
편 집   김순영
디자인   씨오디
발행처   청미출판사
출판등록   2015년 2월 2일 제2015-000040호
주 소   서울시 마포구 토정로 158, 103-1403
전 화   02-379-0377
팩 스   0505-300-0377
전자우편   cheongmipub@daum.net
블로그   blog.naver.com/cheongmipub
페이스북   www.facebook.com/cheongmipub
인스타그램   www.instagram.com/cheongmipublishing

ISBN   979-11-89134-19-8   03190

이 도서의 국립중앙도서관 출판예정도서목록(CIP)은 서지정보유통지원시스템 홈페이지
(http ://seoji.nl.go.kr)와 국가자료공동목록시스템(http ://www.nl.go.kr/kolisnet)에서
이용하실 수 있습니다.(CIP제어번호 : 2020047150)
* 책값은 뒤표지에 있습니다.